Collection folio junior

dirigée par
Jean-Olivier Héron
et Pierre Marchand

Au 19 mars 1988

James Campbell

L'Homme au Cheval de Brume

Les Messagers du Temps/3

Traduit de l'anglais
par Camille Fabien

Illustrations de Nathaële Vogel

Gallimard

JOURNAL DE MISSION

MAITRISE
Total de Départ :

FORCE
Total de Départ :

ARGENT (Dollars) :

TALENTS :

. Armurier ❑
. Botaniste ❑
. Charpentier ❑
. Dessinateur ❑
. Musicien ❑
. Prestidigitateur ❑
. Zoologiste ❑

VETEMENTS
ET ACCESSOIRES :

CALENDRIER
DE L'AVENTURE

OFFERT PAR WELLS, FARGO & C°

— 1863 —

21 juin ❑	1er juillet ❑
22 juin ❑	2 juillet ❑
23 juin ❑	3 juillet ❑
24 juin ❑	4 juillet ❑
25 juin ❑	5 juillet ❑
26 juin ❑	6 juillet ❑
27 juin ❑	7 juillet ❑
28 juin ❑	8 juillet ❑
29 juin ❑	9 juillet ❑
30 juin ❑	10 juillet ❑

Prologue

Au Royaume du Temps, on ne connaît ni les siècles, ni les années, ni les heures. On ne connaît ni passé ni avenir, car ici, le présent se confond avec l'Éternité. Les êtres qui peuplent le Royaume du Temps ignorent la durée, et les tourments de l'âge ou la crainte de la mort leur sont à jamais épargnés. Les Pérenniens, en effet, – c'est le nom qu'ils se donnent – s'épanouissent dans la plénitude de la jeunesse dès l'instant de leur naissance, pour ne plus jamais vieillir. Tous, ainsi, semblent conserver uniformément le même âge sans qu'aucun d'eux se soit jamais demandé combien d'années il avait déjà vécues.
Ici, au centre de la Terre, dans cet espace d'eau, de feu et de roc qui forme le cœur de la planète, le Temps est resté à jamais immobile. Sur ce Temps immobile règne Chronalia, votre mère, Chronalia, Reine du Temps, que ses devoirs vont appeler ailleurs, dans une autre dimension. Un nouveau règne commencera pour elle, mais dans un monde qui n'est pas celui que vous connaissez.
Qui succédera à Chronalia sur le trône du Royaume

du Temps ? Peut-être l'un de vous deux, le frère ou la sœur, le Prince ou la Princesse du Temps. L'un de vous se verra peut-être confier le Sceptre d'Éternité, symbole du pouvoir royal. Mais pour accéder à cet honneur suprême, il faut accomplir quatre missions à la surface de la Terre. Ces quatre missions consistent chacune à délivrer un Messager du Temps prisonnier des hommes. Quatre Messagers en tout, dépêchés sur Terre pour intervenir dans l'histoire de l'humanité, quatre Messagers qui avaient pour tâche d'aider les hommes à faire triompher la Liberté et la Justice. Au Royaume du Temps, de nombreuses légendes relatent les hauts faits de ces Pérenniens d'exception qui ont accepté de risquer leur vie au service des hommes. Leur vie, en effet, car si l'on ne meurt pas au Royaume du Temps, si l'Éternité est le lot de chacun, quiconque, parmi les Pérenniens, décide de monter à la surface de la Terre partage alors la destinée des humains : il devient mortel. Votre vie, vous l'avez déjà risquée en vous portant tous deux au secours de Gayok le Preux, enfermé dans les geôles médiévales du seigneur de Malgrâce, puis de Hensock le Follet que vous avez délivré du cachot où il croupissait dans la sinistre forteresse de la Bastille [1]. Il a même fallu une révolution pour libérer le malheureux Hensock, victime d'une diabolique machination. Qui de vous deux a mené à bien ces deux missions ? Le frère ? La sœur ? Il vous est arrivé de vous disputer à ce sujet, mais votre mère a fini par trancher : le mérite vous en revient à égalité ; vous n'avez donc pas réussi à vous départager et la troisième mission que vous allez entreprendre ne fera qu'accentuer votre rivalité. Cette rivalité est connue de tous, dans le Royaume du Temps ; certes, vous êtes nés

1. Voir : *le Carillon de la Mort* et *Le Masque de Sang.*

jumeaux parfaits, votre ressemblance est hallucinante, mais tant de choses vous séparent que vos nombreuses querelles sont devenues légendaires. L'amour que vous éprouvez l'un pour l'autre n'en est pas moins bien réel, et lorsque vous décidez de vous réconcilier naît alors entre vous cette complicité si particulière et si profonde que seuls les véritables jumeaux semblent capables de ressentir.

Vos deux premières missions ont donc été couronnées de succès, mais il vous faut remonter à la surface de la Terre pour tenter d'accomplir la troisième. Chronalia, votre mère, vous a fait venir tous deux dans la salle du Trône. C'est une grande pièce creusée dans la pierre et dont les larges fenêtres donnent sur le Lac aux Sept Clartés. Tout au fond de ce lac, les roches du centre de la Terre bouillonnent de fureurs incessantes que même l'eau ne peut apaiser, et les sept couleurs de l'univers jaillissent ainsi des profondeurs, colorant la surface de flamboiements irisés. L'eau du Lac aux Sept Clartés diffuse une chaleur douce et constante qui se répand dans tout le Royaume, pénétrant les éminences pierreuses étagées en collines, au cœur desquelles s'enfoncent des escaliers aux marches de roc. Assise sur son trône, Chronalia tient dans ses mains le Sceptre d'Éternité, symbole de son pouvoir. Ce sceptre que l'un de vous, le frère ou la sœur, recevra peut-être un jour en récompense de ses exploits. A la gauche de Chronalia se tiennent Gayok le Preux et Hensock le Follet, les deux Messagers que vous avez secourus au terme de vos deux précédentes aventures. Gayok gardera à jamais sur le visage la trace des épreuves qu'il a subies sur Terre, mais Hensock, en revanche, paraît frais et pimpant, comme à l'accoutumée. Cette fois encore, votre mère a beaucoup de choses à vous dire. Rendez-vous au **1** pour savoir de quoi il s'agit.

1

— Mes enfants, dit Chronalia en vous accueillant dans la salle du Trône, j'ai demandé à Gayok le Preux et à Hensock le Follet d'être présents tandis que je vous expliquerai la nature de votre troisième mission. Leur sagesse et leur expérience vous aideront à mieux comprendre ce que nous attendons de vous. Sachez tout d'abord que cette mission vous amènera sur le continent américain, aux États-Unis, très exactement.

— On va jouer aux cow-boys et aux Indiens ? demandez-vous par manière de plaisanterie.

Votre mère n'apprécie guère vos facéties, cependant, et elle vous lance à tous deux un regard courroucé qui met aussitôt fin à vos badinages.

— On verra si vous aurez le cœur à jouer lorsque vous serez là-bas, lance Chronalia d'un ton sec. Vous allez arriver dans un pays en guerre, une guerre fratricide qui oppose le Sud au Nord, une guerre dont dépend l'avenir de tout un continent, et la liberté ou l'asservissement de millions d'hommes et de femmes. Sachez également que le Messager qu'il vous faudra délivrer s'appelle Oclock le Bon...

Cette fois, vous n'avez vraiment plus la moindre envie de rire.

Oclock le Bon, prisonnier des hommes ? Cette nouvelle vous consterne. Plus que tout autre, en effet, Oclock a mérité son surnom : il est la bonté incarnée et chacune de ses actions porte la marque de son infatigable générosité. Seules des créatures dénuées de cœur et d'âme pourraient lui en vouloir au point de le retenir prisonnier.

— Oclock a voulu combattre pour la liberté des Indiens et des esclaves noirs sur la terre d'Amérique, déclare Gayok le Preux, il a voulu que la fraternité l'emporte sur la barbarie, mais il est désormais captif des Sudistes, ceux-là mêmes qui mettent le plus d'acharnement à maintenir l'esclavage.

— Voici comment se présente la situation, reprend Chronalia. Oclock le Bon était tout d'abord parti pour essayer d'apporter son aide aux Indiens victimes de l'invasion des colons blancs. Or, quelques mois — pour parler le langage des hommes — après son arrivée aux États-Unis, plusieurs États du Sud ont fait sécession. Un conflit armé s'en est suivi avec les États du Nord. Le pays a été alors séparé en deux : au sud, les Confédérés — c'est le nom que se donnent les Sudistes —, au nord, les Yankees — c'est ainsi qu'on appelle les Nordistes. Oclock le Bon a pris aussitôt le parti des Yankees...

— Et il a eu raison, chaussette à poule ! s'exclame Hensock le Follet. Les Sudistes sont d'ignobles esclavagistes ! C'est un devoir de les combattre !

« Chaussette à poule » : le juron préféré de Hensock le Follet fait naître un sourire fugitif sur les lèvres de Chronalia, mais la Reine du Temps se reprend et lui lance un regard sévère pour l'avoir interrompue. Hensock baisse alors la tête d'un air contrit.

— Chez les Sudistes, en effet, poursuit votre mère, les Noirs, hommes, femmes, enfants, sont esclaves des Blancs. C'est pour lutter contre cette barbarie que Oclock le Bon s'est engagé dans ce conflit. Quelle forme a pris cet engagement ? Nous n'en savons rien. J'imagine difficilement Oclock le Bon les armes à la main, c'est un être trop doux. Quoi qu'il en soit, il a été fait prisonnier par les Confédérés, nous en avons la certitude. D'où nous vient cette certitude ? demanderez-vous. Il m'est impossible de vous le révéler, nous en sommes sûrs, c'est tout. Votre troisième mission consistera donc à délivrer Oclock. Nous ignorons où il se trouve, le seul début de piste que nous puissions vous indiquer, c'est le nom d'un chef apache avec lequel il a pris contact dès son arrivée à la surface de la Terre, sur le territoire de l'Arizona. Ce chef s'appelle Hashkala et il appartient à la tribu de la Montagne Blanche. Le territoire des Apaches de la Montagne Blanche est situé à quelques miles seulement de l'endroit où vous arriverez vous-mêmes. Il vous faudra prendre la direction du nord puis suivre un sentier au flanc d'une haute montagne. Ensuite... Ce sera à vous de découvrir Hashkala. Qui parviendra à retrouver la trace d'Oclock le Bon et à le délivrer ? Toi, ma fille ? Ou toi, mon fils ? Je l'ignore. Vous avez carte blanche pour mener votre mission comme vous l'entendez, pourvu qu'elle soit couronnée de succès. Ce succès dépend en grande partie des conseils que je vais vous donner. Aussi, écoutez-moi bien.

Si vous avez déjà vécu l'aventure du *Carillon de la Mort* ou du *Masque de Sang* (ou les deux), rendez-vous au **3**. Dans le cas contraire, rendez-vous au **2**.

2

— Avant que vous ne soyez transportés à la surface de la Terre, il vous faut encore savoir certaines choses, reprend votre mère. Vous aurez, n'en doutez pas, de nombreux ennemis à combattre et votre MAÎTRISE des armes sera essentielle pour vaincre ceux qui chercheront à vous nuire. Vous l'évaluerez exactement en lançant deux dés et en ajoutant 10 au chiffre obtenu. Vous inscrirez alors ce total dans la case MAÎTRISE du *Journal de Mission* que je confie à chacun de vous. Lorsque vous connaîtrez votre total de MAÎTRISE, vous devrez aussi déterminer la valeur de votre FORCE. C'est cette FORCE qui vous permettra de résister aux blessures, à la fatigue et, d'une manière générale, à toutes les épreuves qui vous obligeront à puiser dans les ressources de votre énergie vitale. Vous saurez quelle est votre FORCE en lançant à nouveau deux dés et en ajoutant 20 au chiffre obtenu. N'oubliez pas d'inscrire ce total dans la case FORCE de votre *Journal de Mission.* Au cours de votre aventure, vous aurez parfois à combattre physiquement des adversaires, c'est hélas la loi dans le monde des hommes. En un tel cas, voici comment il faudra procéder lors de chaque Assaut.

- Lancez deux dés pour vous-même. Ajoutez vos points de MAÎTRISE au résultat obtenu. Vous aurez ainsi calculé votre Total d'Attaque.

- Lancez également deux dés pour votre adversaire et ajoutez ses points de MAÎTRISE au résultat obtenu. Vous connaîtrez ainsi son propre Total d'Attaque.

- Si votre Total d'Attaque est supérieur à celui de votre adversaire, vous lui avez infligé une blessure.

- Si le Total d'Attaque de votre adversaire est supérieur au vôtre, c'est vous qui aurez reçu une blessure.

- Si votre adversaire et vous-même obtenez deux résultats égaux, ni l'un ni l'autre n'aura été blessé.

- Déterminez ensuite quelle est la gravité de la blessure, pour vous-même ou pour votre ennemi, puis lancez le deuxième Assaut et ainsi de suite jusqu'à la fin du combat.

Pour savoir quelle est la gravité d'une blessure infligée à un adversaire ou à vous-même, lancez à nouveau deux dés et reportez-vous aux dessins que j'ai tracés pour vous. Si vous obtenez un total de :

- 2 : vous ou votre adversaire aurez été atteint à la tête. Dans ce cas, relancez aussitôt un dé. Le chiffre obtenu vous indiquera le nombre de points de FORCE perdus.

- 3 : le coup aura été porté à la main qui tient l'arme. Cette blessure entraîne une perte de 2 points de FORCE, mais elle réduit également de 1 point le total de MAÎTRISE de celui qui la reçoit (vous-même ou votre ennemi) et ce, pendant toute la durée du combat. Vous retrouverez votre total habituel de MAÎTRISE dès le combat suivant.

- 4 : le coup aura été porté au bras qui brandit l'arme. Cette blessure coûte 3 points de FORCE, mais elle réduit également de 1 point le total de MAÎTRISE de celui qui la reçoit (vous-même ou votre adversaire) et ce, pendant toute la durée du combat. Vous retrouverez votre total habituel de MAÎTRISE dès le combat suivant.

DROITIER GAUCHER

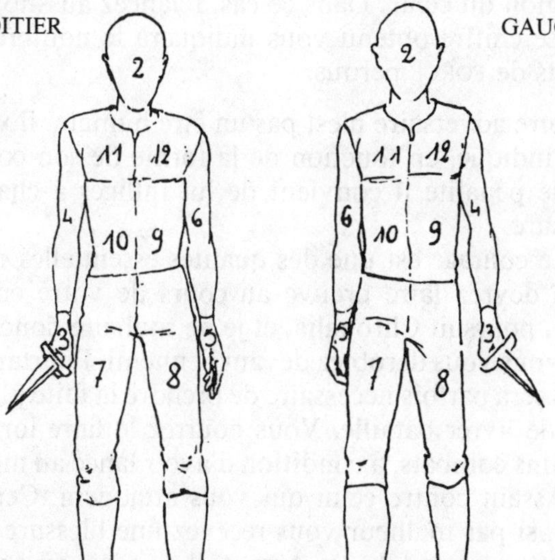

Si, par extraordinaire, il arrivait que votre total de MAÎTRISE, ou celui de votre adversaire, soit réduit à zéro à la suite de blessures répétées à la main ou au bras qui brandissent l'arme, l'affrontement cesserait aussitôt, vous ou votre ennemi, selon le cas, étant alors considéré comme mort.
- 5 : le coup aura été porté à la main qui ne tient pas l'arme. La blessure entraîne la perte de 1 point de FORCE.
- 6 : le coup aura été porté au bras qui ne brandit pas l'arme. Cette blessure coûte 2 points de FORCE.
- 7 ou 8 : c'est l'une ou l'autre jambe qui aura été blessée. Il en résultera une perte de 2 points de FORCE et l'impossibilité de fuir le combat engagé.
- 9, 10, 11 : ces blessures au thorax font perdre 3 points de FORCE.
- 12 : vous ou votre adversaire aurez été atteint dans la région du cœur. Dans ce cas, relancez aussitôt un dé. Le chiffre obtenu vous indiquera le nombre de points de FORCE perdus.

Si votre adversaire n'est pas un être humain, il vous sera indiqué, en fonction de la forme de son corps, quelle pénalité il convient de lui infliger à chaque blessure.
— Le courage est une des qualités essentielles dont vous devrez faire preuve au cours de votre entreprise, poursuit Chronalia, et je ne souhaite donc pas que vous vous dérobiez devant l'ennemi. Pourtant, il vous sera parfois nécessaire de prendre la fuite plutôt que de livrer bataille. Vous pourrez le faire lors de certains combats, à condition d'avoir lancé au moins *un* Assaut contre celui qui vous attaquera. Cependant, si par malheur vous recevez une blessure aux jambes au cours de cet Assaut, il ne vous sera alors plus possible de vous échapper et vous devrez de ce fait poursuivre le combat jusqu'à son terme. Un

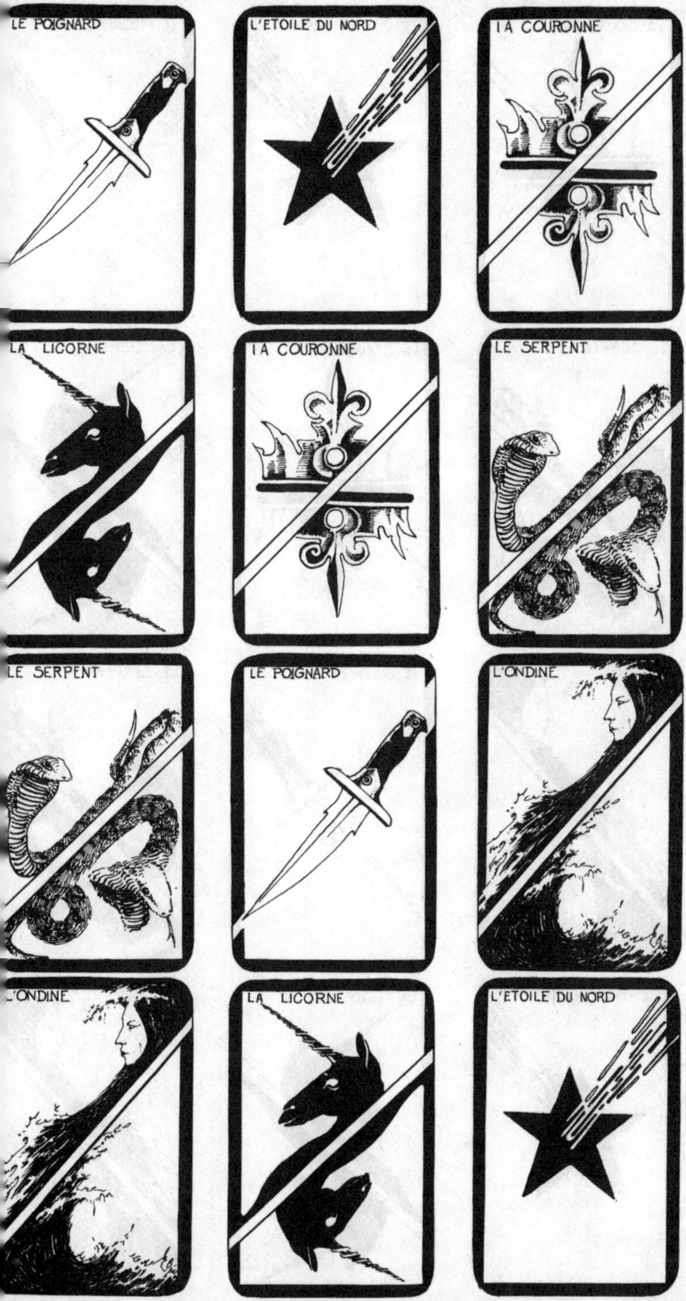
LE POIGNARD
L'ETOILE DU NORD
LA COURONNE
LA LICORNE
LA COURONNE
LE SERPENT
LE SERPENT
LE POIGNARD
L'ONDINE
L'ONDINE
LA LICORNE
L'ETOILE DU NORD

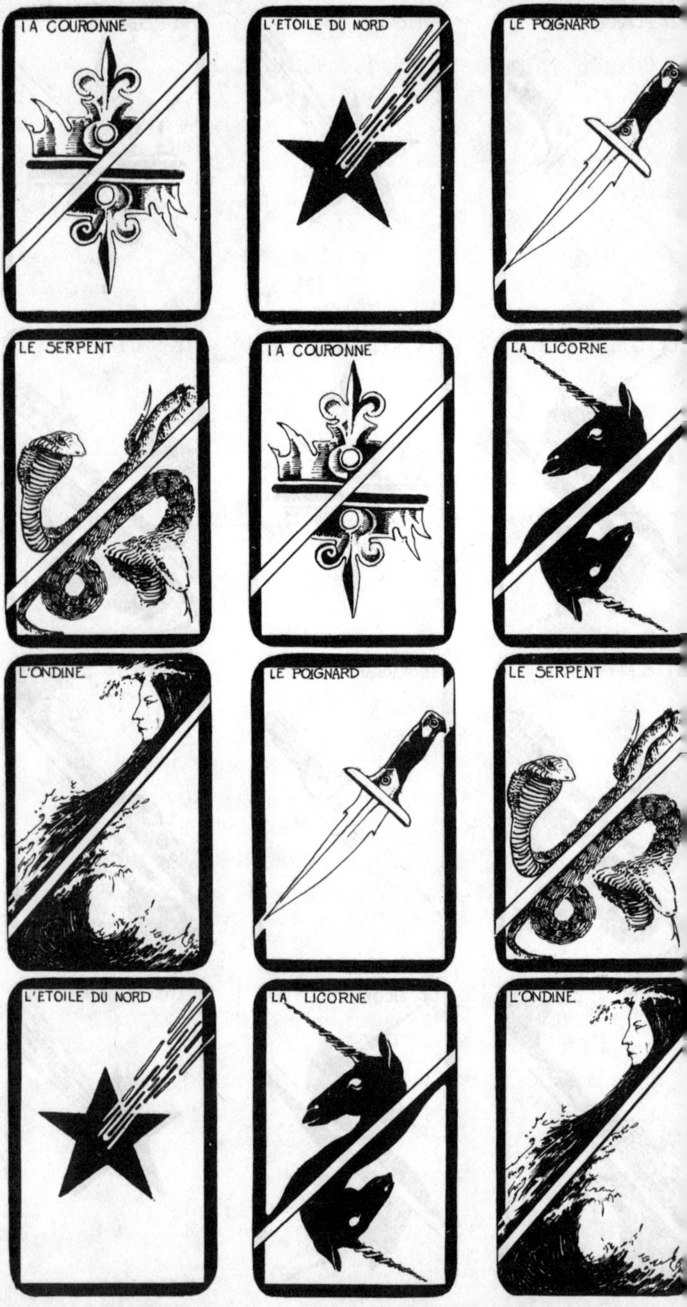
LA COURONNE
L'ETOILE DU NORD
LE POIGNARD
LE SERPENT
LA COURONNE
LA LICORNE
L'ONDINE
LE POIGNARD
LE SERPENT
L'ETOILE DU NORD
LA LICORNE
L'ONDINE

combat prend fin lorsque les points de FORCE de l'un des deux adversaires ont été réduits à zéro, l'entraînant ainsi dans la mort. Dieu fasse que cela ne vous arrive jamais, soupire votre mère, j'en serais à jamais désespérée...
J'ai déjà parlé du courage qui devra vous animer pour mener à bien votre mission. Sachez que vous devrez également vous montrer *Audacieux* à bon escient. Vous aurez en effet à plusieurs reprises l'occasion de tenter des *Coups d'Audace.* Pour cela, voici comment vous devrez procéder : je vais donner à chacun de vous un parchemin sur lequel sont gravées les Cartes d'Audace, au nombre de six : *La Licorne, La Couronne, Le Serpent, L'Ondine, L'Étoile du Nord, Le Poignard.* Chaque fois que la possibilité vous sera offerte de tenter un *Coup d'Audace,* vous pourrez tirer l'une de ces cartes, soit en les mélangeant dans un chapeau après les avoir découpées, soit en fermant les yeux et en plantant au hasard la pointe d'un crayon sur le parchemin. Chaque carte ainsi désignée par le sort entraînera des conséquences dont le détail vous sera indiqué en temps utile. Je dois cependant vous avertir que choisir d'être *Audacieux* présente bien des dangers. Il se peut que vous en tiriez des avantages exceptionnels, mais le plus souvent, les *Coups d'Audace* vous feront courir le risque de subir de grands malheurs. Sachez donc vous montrer prudents.

Autre chose à présent : vous ne pourrez réussir votre mission qu'en vous maintenant dans la meilleure condition physique possible ; pour cela vous devrez absorber régulièrement une nourriture équilibrée en prenant deux repas par jour qui vous feront gagner chacun 2 points de FORCE. Soyez rigoureux dans votre alimentation, car s'il vous arrivait de manger pour la troisième fois dans la même journée, vous perdriez alors 1 point de FORCE pour cause d'indigestion.

Venons-en maintenant au dernier point de mes recommandations : pour faciliter votre adaptation au monde des hommes, je vais vous donner la possibilité d'acquérir deux talents qui vous permettront de mieux affronter certaines situations difficiles. Grâce aux pouvoirs dont je dispose, vous assimilerez ces deux talents à votre insu, sans avoir le moindre effort à faire pour cela. C'est à chacun de vous de décider quels talents vous souhaitez pouvoir exercer ; vous les choisirez parmi les sept que je vais vous énumérer à présent :

1. Le talent d'ARMURIER vous permet de fabriquer ou de réparer certaines armes sans vous donner pour autant d'habileté supplémentaire dans leur maniement.
2. Le talent de BOTANISTE permet de distinguer les bonnes plantes des mauvaises et de fabriquer des potions bienfaisantes pour soi-même ou des poisons pour ses ennemis.
3. Le talent de CHARPENTIER donne l'habileté nécessaire pour construire ou réparer une maison, une embarcation, etc.
4. Le talent de DESSINATEUR permet de faire des portraits très ressemblants. Vous pourrez ainsi, par exemple, dessiner le visage de quelqu'un que vous recherchez et montrer ce croquis à des témoins qui vous indiqueront éventuellement où trouver cette personne.
5. Le talent de MUSICIEN donne la possibilité d'adoucir les mœurs de certains êtres hostiles et aussi de gagner un peu d'argent en jouant dans des fêtes ou des cabarets. Si vous possédez ce talent, l'occasion

vous sera donnée par la suite de vous procurer un ou plusieurs instruments de musique dont vous pourrez jouer à votre convenance.

6. Le talent de PRESTIDIGITATEUR permet de faire des tours de magie impressionnants, mais aussi de subtiliser habilement un objet ou de créer une illusion au moment opportun.

7. Enfin, le talent de ZOOLOGISTE vous donne une bonne connaissance du monde animal grâce à laquelle il vous sera parfois possible d'éviter l'attaque d'une bête féroce ; vous pourrez même, le cas échéant, vous faire de cette créature un allié contre vos ennemis.

Choisissez dès à présent deux de ces talents et dès votre arrivée à la surface de la Terre, ils vous seront acquis.

Votre mère a encore quelque chose à vous dire. Rendez-vous au **3** pour entendre la suite.

3

— Puisque vous allez entreprendre votre troisième mission, reprend Chronalia, vous aurez droit à un avantage supplémentaire. Vous pourrez en effet ajouter un talent à ceux que vous possédez déjà. C'est la seule faveur qu'il me soit possible de vous accorder, aussi, sachez en tirer le meilleur profit en faisant un choix judicieux. Aux États-Unis, vous devrez parler anglais, ce qui ne présentera pour vous aucune difficulté car les Pérenniens ont le pouvoir d'assimiler toutes les langues ; l'anglais que l'on utilise en Amérique n'est d'ailleurs pas difficile à apprendre : c'est une langue très sommaire qui ne comporte que quelques centaines de vocables et une grammaire rudimentaire. Les chevaux et les armes ont là-bas plus d'importance que les mots. Les armes, parlons-en, justement, mais je préfère laisser à Gayok le

Preux le soin de vous donner à ce sujet des indications indispensables à votre survie.

— Sans doute avez-vous eu l'occasion lors de votre mission à Paris de manipuler des armes à feu, dit alors Gayok. Mais les pistolets du XVIIIe siècle n'ont rien à voir avec les revolvers dont vous allez devoir vous servir désormais. Ces revolvers sont pourvus de barillets qui contiennent six balles, d'où le nom de « six-coups » que l'on donne à ces armes. Pour vaincre un adversaire lors d'un duel au revolver, il faut savoir viser, certes, mais il est également essentiel d'être le plus rapide à dégainer. Pour savoir qui, de votre adversaire ou de vous-même, aura dégainé le premier, vous lancerez un dé par deux fois, une fois pour vous, une fois pour lui. Si le chiffre que vous donne le dé est supérieur à celui obtenu par votre ennemi, vous aurez été le plus rapide à dégainer et à tirer. Vous bénéficierez alors d'autant de points de MAÎTRISE supplémentaires qu'il y aura de différence entre les deux chiffres et ce, pendant *six Assauts,* un pour chaque balle. Si, à l'issue de ces six Assauts, les adversaires sont encore en vie, ils devront recharger leurs armes avant de recommencer à tirer. Pour déterminer qui aura été le plus rapide à recharger et à tirer de nouveau, vous relancerez le dé en observant la même règle que précédemment et ainsi de suite jusqu'à ce que l'un des combattants ait été vaincu. Bien entendu, si le dé donne à votre ennemi un chiffre plus élevé que le vôtre, c'est lui qui bénéficiera des points de MAÎTRISE supplémentaires. Si les deux chiffres obtenus sont égaux, vous aurez dégainé ou rechargé en même temps et il n'y aura aucun changement dans le total de MAÎTRISE de l'un ou de l'autre. Je vous souhaite à tous deux d'être toujours les premiers à dégainer.

— Malheureusement, nous ne pourrons pas vous

fournir d'armes, reprend votre mère, vous devrez en découvrir par vous-même ou en acheter. Pour cela, il vous faudra de l'argent, c'est-à-dire des dollars, la monnaie qui a cours dans ce pays. Mais les dollars, nous n'en avons pas non plus, à vous de vous en procurer.

— Il faudra également vous procurer des chevaux, chaussette à poule ! intervient Hensock le Follet. Les chevaux, à l'Ouest, c'est aussi important que les revolvers, pour sûr !

A nouveau, Chronalia esquisse un sourire, puis elle redevient sérieuse.

— Vous parviendrez à la surface de la Terre au moment du solstice d'été de l'année 1863 du Temps des hommes, poursuit-elle, c'est-à-dire le 21 juin.

— Pourquoi cette date ? demandez-vous avec une légitime curiosité.

— Ne cherchez pas à en savoir trop, répond sèchement votre mère, il est des mystères que je ne puis vous dévoiler. Ce 21 juin 1863, il y aura exactement 3 ans que Oclock le Bon sera lui-même arrivé sur le territoire de l'Arizona. La guerre proprement dite entre Sudistes et Nordistes a commencé au printemps 1861. Au moment où votre aventure commencera, le conflit sera à son apogée et la vie d'Oclock le Bon plus menacée que jamais. Le temps vous sera alors compté : il vous faudra tenir un calendrier précis du déroulement de votre mission en notant soigneusement dans votre *Journal* la date de chaque jour qui passera depuis le moment où vous aurez mis le pied sur le sol de l'Arizona. Cette recommandation est essentielle, ne l'oubliez jamais. Dernière chose, enfin, Oclock, avant de partir, avait choisi d'adopter le pseudonyme de John Goodman. C'est donc sous ce nom qu'il se sera présenté dès son arrivée en Amérique. Voilà. Je vous ai dit tout ce que

vous deviez savoir. Je n'ai rien d'autre à ajouter sinon que vous devrez, comme lors de vos précédentes missions, faire preuve de sagesse, de courage, de générosité et d'intelligence si vous voulez avoir quelque chance de recevoir de mes mains le Sceptre d'Éternité, symbole de mon pouvoir.

— Et n'hésitez pas à tirer les premiers, chaussette à

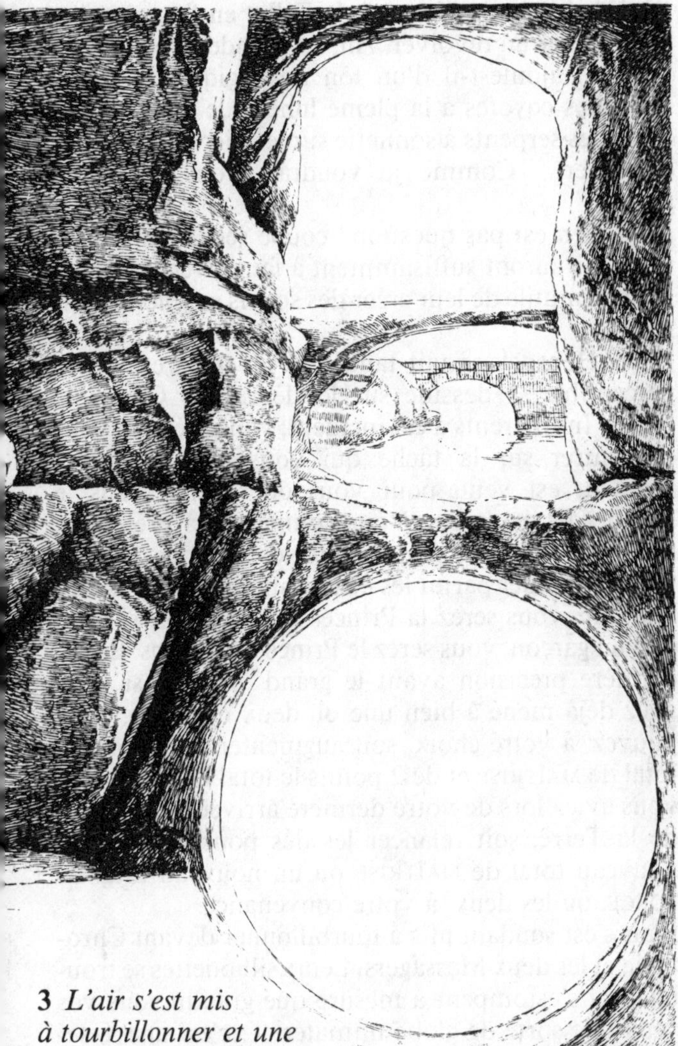

3 *L'air s'est mis à tourbillonner et une sorte de globe immatériel grandit sous vos yeux.*

poule ! s'exclame Hensock le Follet en faisant mine de dégainer un revolver. Ah, les grandes étendues de l'Ouest ! ajoute-t-il d'un ton nostalgique, le hurlement des coyotes à la pleine lune et le bruissement furtif des serpents à sonnette sur les pierres brûlantes du désert... Comme je voudrais vous accompagner !

— Il n'en est pas question ! coupe sèchement votre mère, ils auront suffisamment à faire avec les Américains, inutile de leur créer des soucis supplémentaires !

Vexé, Hensock se tait tandis qu'un sourire à peine perceptible se dessine sur les lèvres de Gayok le Preux. Indifférents à cet incident, vous préférez vous concentrer sur la tâche qui vous attend. Car le moment est venu pour vous de repartir dans le monde des hommes. Vous connaissez à présent la nature de votre mission et les règles qui vous permettront d'évoluer parmi les êtres humains. Si vous êtes une fille, vous serez la Princesse du Temps, si vous êtes un garçon, vous serez le Prince du Temps. Enfin, dernière précision avant le grand voyage : si vous avez déjà mené à bien une ou deux missions, vous pouvez, à votre choix, soit augmenter de 1 point le total de MAÎTRISE et de 2 points le total de FORCE que vous aviez lors de votre dernière arrivée à la surface de la Terre, soit relancer les dés pour calculer un nouveau total de MAÎTRISE ou un nouveau total de FORCE, ou les deux, à votre convenance.

L'air s'est soudain mis à tourbillonner devant Chronalia et les deux Messagers. Leurs silhouettes se troublent et s'estompent à mesure que grandit sous vos yeux une sorte de globe immatériel : c'est une Télégéosphère qui vient de se former, ce phénomène d'énergie centrifuge hydro — ou aéro — cinétique qui permet de quitter le Royaume du Temps pour entrer dans le monde des hommes. La Télégéosphère vous enveloppe tous deux, et vous sentez la force du tourbillon vous entraîner peu à peu hors de la salle du Trône.

— Allez, mes enfants, et que le sort vous soit favorable, murmure votre mère en guise d'au revoir.

Bientôt, vous êtes emportés vers la rive du Lac aux Sept Clartés. Vous avez déjà l'expérience d'un tel voyage et vous n'éprouvez donc aucune appréhension lorsque la Télégéosphère plonge dans l'eau du lac. Vous respirez librement, bien que vous ayez maintenant la tête sous l'eau, et vous voyez alors les septs clartés de l'univers se confondre en une lumière aveuglante ; comme les autres fois, un vertige vous gagne, une sensation d'engourdissement se répand peu à peu dans tout votre corps ; il vous devient impossible de faire le moindre geste, vous avez l'impression d'être paralysés, pétrifiés. Vous sentez confusément que vous vous éloignez l'un de l'autre, puis, brusquement, tout s'obscurcit et vous plongez tous deux dans les ténèbres. Rendez-vous au **4**.

4

Pas plus que lors de vos précédents voyages à la surface de la Terre vous n'avez la moindre idée du trajet qu'a pu emprunter la Télégéosphère pour vous transporter dans le monde des hommes. Comme les autres fois, lorsque vous revenez à vous, vous vous retrouvez à plat ventre dans une grotte faiblement éclairée par la lumière du jour. Vous clignez les yeux, vous vous frottez les paupières, et vous vous réveillez peu à peu, comme si l'on venait de vous arracher à un sommeil lourd et sans rêves. La Télégéosphère a disparu, à présent. Vous êtes à nouveau libre de vos mouvements et vous vous relevez avec lenteur, les muscles encore engourdis. Vous avez tôt fait, cependant, de reprendre vos esprits et vous retrouvez sans difficulté votre souplesse habituelle. Dans votre hâte de revoir le ciel et la surface de la Terre, vous vous dirigez aussi vite que possible vers la lumière qui entre un peu plus loin par une large ouverture. Le sol est relativement plat et vous n'avez pas trop de mal à avancer. Vous voici maintenant à l'entrée de la grotte. Comme vous sortez de la pénombre, la clarté du jour vous paraît d'abord insoutenable, mais vous avez l'habitude de cette sensation et vous savez qu'elle ne dure guère. Quelques instants plus tard, en effet, vos yeux se sont accoutumés à la lumière et vous contemplez alors... un spectacle de désolation... Vous vous faisiez pourtant une telle joie de retrouver les paysages de la Terre ! Hélas, les beautés du désert de l'Arizona n'ont guère de charme lorsque s'étalent sous la brûlure du soleil... des rangées de cadavres ! Combien sont-ils ? Dix ? Douze ? Vingt ? Vous n'en savez rien et peu importe. C'est tout un convoi qui a été ainsi attaqué et les corps transpercés de flèches gisent sur le sol pierreux ou dans les carcasses disloquées des chariots. Seul survivant : un cheval sellé, immobile, comme indifférent à la tragédie, et qui semble observer d'un air pensif les vautours déjà à l'œuvre auprès des victimes, pitance miraculeuse offerte aux appétits des nécrophages dans cette aridité sans fin de rocailles nues. Sous le choc, vous demeurez un moment sans bouger, puis vous vous avancez enfin vers les restes de la caravane. La plupart des morts sont des hommes mais vous comptez également quelques femmes que les assaillants n'ont pas épargnées. Les flèches indiquent nettement les auteurs de l'attaque : des Indiens, probablement des Apaches. Votre arrivée dérange les charognards qui s'écartent à contrecœur, croyant voir en vous un rival affamé. A en juger par l'état des corps, il n'y a guère longtemps que le massacre a eu lieu. On ne peut évidemment plus rien faire pour ces malheureux, sinon leur creuser des sépultures décentes. Vous n'en avez pas le temps, cependant, et mieux vaut considérer la situation sous un angle plus pratique : l'occasion vous est en effet donnée de vous procurer de nombreux acessoires qui vous seront nécessaires au cours de votre mission. Surmontant votre mauvaise conscience à détrousser ainsi des cadavres, vous décidez donc de prendre ce dont vous avez besoin. En premier lieu, le cheval ; une couverture et un lasso sont attachés à sa selle. Si vous avez le talent de PRESTIDIGITATEUR, et uniquement dans ce cas, vous aurez suffisamment d'adresse pour utiliser ce lasso à la manière des cow-boys. Il pourra alors vous rendre de grands services en certaines circonstances. Si vous ne possédez pas ce talent, ce lasso vous servira simplement de corde, ce qui lui enlèvera une grande partie de son utilité. Voici les autres accessoires que vous pouvez prendre sur les corps des victimes ou dans les chariots :

Une ceinture avec holster
Un revolver Colt à six coups (calibre 44)
48 cartouches
Une carabine Henry à 15 coups (calibre 44)
15 cartouches pour le chargeur de la carabine
Un couteau de chasse
Une boîte d'allumettes
Une gourde remplie d'eau
118 dollars et 75 cents

Tous ces objets vous seront d'une aide précieuse, mais vous devez également songer à votre habillement. Il faut en effet vous vêtir à la manière des Américains, ce que vous allez pouvoir faire sans tar-

4 *Les corps tranpercés de flèches gisent sur le sol pierreux ou dans les carcasses disloquées des chariots.*

der. Il vous suffit pour cela de vous rendre au **189** si vous êtes le Prince du Temps ou au **277** si vous êtes la Princesse du Temps.

5

Vous portez un morceau de hachis à vos lèvres et vous faites semblant de l'introduire dans votre bouche alors qu'en fait, vous le cachez dans la paume de votre main. Malheureusement, vous n'avez pas été suffisamment habile et Fléau des Plaines a compris votre manège.

— Tu cherchais à m'empoisonner ! s'indigne-t-il. Donne-moi ce maudit tabac !

Vous n'avez d'autre choix que de vous exécuter et votre gardien laisse tomber tout votre hachis de champignons du Mexique dans une cruche d'eau. Le produit, ainsi dilué, n'a plus aucun effet et vous venez donc de perdre les 12 dollars qu'il vous a coûtés. Il va falloir trouver autre chose pour tenter de vous évader. Et comme vous avez l'esprit vif, vous avez déjà votre petite idée. Rendez-vous au **19**.

6

— Ah non, ce serait trop facile ! proteste le Mexicain lorsque vous annoncez votre intention d'abandonner la partie. Vous devez nous donner une chance de récupérer notre argent, Señora !

— Sûr, approuve Oliver, vous avez gagné un peu trop facilement, ne crois-tu pas, Stan ?

— Elle n'a qu'à nous offrir une bouteille à chacun, propose Stan, comme ça, nous serons remboursés en liquide...

— Tu n'es qu'un ivrogne, Stan ! s'indigne Oliver. Et en plus, tu fais des plaisanteries douteuses devant une dame ! La partie n'est pas finie, Mademoiselle, poursuit-il en se tournant vers vous, il faut jouer au moins un tour encore.

Vous avez tout intérêt à vous montrer conciliante, sinon, vous risquez de vous attirer des ennuis. Vous allez donc jouer à nouveau. Si vous souhaitez continuer à tricher, rendez-vous au **311**. Si, en revanche, vous estimez préférable de jouer honnêtement, rendez-vous au **264**.

7

Vous avez de la chance ! L'un des plus riches propriétaires de bétail de Dallas se désole de voir la plupart de ses bêtes malades. Or, vous parvenez, au prix d'une rude journée de travail, à les guérir toutes, ce qui vous vaut un salaire de 50 dollars. Mais vous avez tellement travaillé que vous n'avez pas eu le temps de manger. La fatigue et la faim vous ont fait perdre 3 points de FORCE. Rendez-vous à présent au **111**.

8

Vous serrez la corde de toutes vos forces et vous la tirez vers vous. Le cheval que vous avez attrapé ralentit alors l'allure, imité par son compagnon, et tous deux finissent par s'arrêter. Les passagers sont sauvés ! Avec des hurlements de joie, ils descendent de la diligence pour venir vous serrer dans leurs bras, mais vous n'avez vraiment pas le temps de vous livrer à ces effusions. L'un des passagers s'est proposé de remplacer le cocher et de mener la diligence jusqu'au prochain relais, vous n'avez donc plus rien à faire ici et vous pouvez continuer votre route en vous rendant au **299**.

9

— Très bien, Mademoiselle ! lance Nimbly Jack, visiblement vexé. Puisque vous préférez jouer avec ces trois idiots, libre à vous ! Espérons que vous n'aurez pas à le regretter !

Vous allez vous asseoir à la table du dénommé Oliver qui vous présente ses deux amis.
— Voici Stan, dit-il en montrant le cow-boy maigre à l'air ahuri, et lui, c'est Pipo, ajoute-t-il en tournant la tête vers le Mexicain. Stan, distribue les cartes.
— Les cartes ? Mais c'est toi qui les as, Oliver, proteste le grand maigre.
— Allons, Stan, ne fais pas l'enfant, je te les ai données tout à l'heure ! insiste le cow-boy dodu.
Le Mexicain, lui, reste muet et se contente de faire un geste en direction du chapeau de Stan. Ce dernier semble d'abord ne pas comprendre. Le Mexicain répète son geste. Stan ôte alors son Stetson et découvre le jeu de cartes, coincé dans le bord relevé du couvre-chef.
— Tu vois bien que je te les avais données, dit Oliver.
— Mon chapeau était sur la table, tu as dû les poser dessus.
— Et tu as remis ton chapeau sans t'en apercevoir. En plus, on ne reste pas couvert devant une dame ! Quel idiot tu fais ! Et quel manque d'éducation ! soupire Oliver en levant les bras au ciel.
Au même moment, un cow-boy passe derrière lui, un long cigare entre les lèvres. La main d'Oliver heurte alors le bout incandescent du cigare. Sous l'effet de la douleur, Oliver se dresse d'un bond et son ventre proéminent soulève brusquement la table qui se renverse en entraînant dans sa chute les verres qu'on avait posés dessus. Nimbly Jack éclate de rire tandis que Stan et le Mexicain, la chemise trempée de whisky, hochent la tête d'un air navré.
— Je vous avais prévenue, Mademoiselle ! lance Nimbly Jack. On ne peut pas jouer sérieusement au poker avec ces trois imbéciles !
Quelques instants plus tard, la table a été remise sur

ses pieds et les consommations renouvelées. On va pouvoir enfin engager la partie. Si vous avez le talent de PRESTIDIGITATEUR, rendez-vous au **193**. Dans le cas contraire, rendez-vous au **96**.

10

L'un des Comanches s'avance vers vous et vous ordonne, dans un anglais approximatif, de les suivre sans résistance. Mais qui songerait à résister à douze Indiens armés jusqu'aux dents et manifestement décidés à faire usage de leurs arcs et de leurs tomahawks ? Vous vous laissez donc faire et les Comanches vous escortent jusqu'à leur camp, situé à quelques miles au sud de l'endroit où vous vous trouvez. Rendez-vous au **226**.

11

– Vous ne voulez rien m'acheter ? A votre aise ! lance Jonathan Quack, vexé. Mais ne venez pas vous plaindre le jour où vous aurez succombé à vos blessures faute de médicaments appropriés. Après tout, chacun est libre de laisser passer sa chance !
Il secoue ses rênes d'un coup sec et son cheval se met alors en mouvement.
– Pour rejoindre Albuquerque, prenez la direction du nord-est jusqu'à l'endroit où vous verrez deux rivières se rencontrer. Suivez celle de gauche jusqu'à sa source, puis continuez droit vers l'est. Vous serez à Albuquerque ce soir. Si vous êtes encore en vie ! Adieu, que le ciel vous protège !
La carriole s'éloigne vers l'ouest tandis que vous repartez de votre côté en vous rendant au **64**.

12

Vous avancez à bonne allure à travers les plaines du Texas et, vers midi, vous avez parcouru une distance appréciable sans rencontrer d'obstacle. Bientôt, cependant, vous percevez derrière vous un grondement sourd et vous avez l'impression que le sol s'est mis à trépider. Vous vous retournez et vous apercevez alors à moins d'un quart de mile un immense troupeau de bisons qui semblent pris de panique. Des centaines, peut-être des milliers de bisons foncent ainsi vers vous, menaçant de vous écraser. Vous jetez aussitôt un regard alentour, cherchant un abri. Vous pourriez essayer d'atteindre une petite éminence boisée un peu plus loin, mais aurez-vous le temps de galoper jusque-là avant que les bisons ne soient sur vous ? Si vous avez toujours votre carabine, peut-être parviendrez-vous à tuer suffisamment de bisons pour détourner tout le troupeau ? A moins que vous ne préfériez tenter un Coup d'Audace en espérant que le destin manifestera quelque clémence à votre égard ? A vous de choisir :

Si vous souhaitez vous réfugier sur l'éminence boisée	Rendez-vous au **229**
Si vous préférez faire usage de votre carabine – si vous l'avez encore	Rendez-vous au **57**
Si vous jugez judicieux de tenter un Coup d'Audace	Rendez-vous au **282**

13

Malgré la faiblesse de votre jeu, vous pourrez peut-être gagner en « bluffant », c'est-à-dire en faisant croire à vos adversaires que vous avez de bonnes cartes. Pour cela, vous devrez d'abord miser une deuxième somme d'argent *au moins* égale à la première. Si vous souhaitez miser davantage, libre à vous ! Vous vous rendrez ensuite au **68**. Si, en revanche, vous estimez que, même en bluffant, vous ne pouvez gagner, rendez-vous au **206**.

12 *Des centaines, peut-être des milliers de bisons foncent vers vous.*

14

Le chemin semble suivre la bonne direction pendant une dizaine de miles, puis il tourne brusquement vers le nord. Va-t-il s'orienter à nouveau à l'est ? C'est ce que vous espérez. Malheureusement, il continue vers le nord et il est bordé d'une étendue de buissons et de cactus qui vous interdit de vous en écarter sous peine de blesser gravement les jambes de votre cheval. Après avoir encore parcouru quelques miles, vous estimez qu'il vaut mieux faire demi-tour pour essayer une autre voie. Vous vous trouvez alors devant une éminence rocheuse qui s'avance en surplomb au-dessus de votre tête. Soudain, deux hommes atterrissent devant vous, revolver au poing. De toute évidence, ils étaient postés au sommet du rocher et ont sauté à terre pour vous attaquer. Si vous êtes le Prince du Temps, rendez-vous au **162**. Si vous êtes la Princesse du Temps, rendez-vous au **274**.

15

Avec un jeu comme celui-là, vous ne pouviez que l'emporter ! Grâce aux relances successives, vous avez gagné *huit* fois votre mise de départ. Par exemple, si vous aviez misé 10 dollars, votre bénéfice net se monte à 80 dollars. Si vous souhaitez continuer à jouer, vous recevez de nouvelles cartes en vous rendant au **239**. Si vous préférez abandonner définitivement la partie, inscrivez votre gain et quittez la table. Vous demanderez ensuite au barman la clé de votre chambre, puis vous monterez à l'étage en vous rendant au **154**.

16

La touffe de poils de putois que vous a donnée Ours Mou dans le camp apache dégage une odeur si pestilentielle que le chien fronce la truffe dans une grimace de dégoût en la flairant. Vous parvenez ainsi à le faire reculer jusque dans un placard dont vous refermez la porte sur lui. La porte est en bois épais, on ne l'entendra pas gémir. La voie est libre à présent : vous pouvez sans crainte vous rendre au **73**.

17

Vous parvenez à vous porter à la hauteur de la diligence et vous lancez votre lasso en direction des chevaux. Votre habileté fait merveille : la boucle se resserre en effet sur l'encolure d'un des deux animaux, mais gare au choc ! Il va falloir tenir bon pour arrêter la course folle de l'attelage. Lancez un dé : si vous obtenez un chiffre pair, rendez-vous au **8** ; si vous obtenez un chiffre impair, rendez-vous au **184**.

18

Misez la somme qui vous convient. C'est à vous maintenant de distribuer les cartes, et cette fois, vous donnez un carré d'as à Nimbly Jack. Mais vous avez pris la précaution de vous réserver un jeu encore meilleur : une quinte flush ! C'est-à-dire cinq cartes de la même couleur qui se suivent. Rien ne peut battre un tel jeu, mais Nimbly Jack, croyant avoir gagné grâce à son carré d'as, accumule les relances et vous empochez finalement *huit* fois la somme que vous avez misée ! Étant donné l'importance de vos gains, vous avez tout intérêt à présent à abandonner la partie, et vous vous levez donc en vous apprêtant à remercier Nimbly Jack pour la bonne idée qu'il a eue de vous inviter à jouer avec lui. Celui-ci n'a cependant pas l'intention de vous laisser partir aussi facilement ! Si vous êtes le Prince du Temps, rendez-vous au **167**. Si vous êtes la Princesse du Temps, rendez-vous au **276**.

19

La seule arme donc vous puissiez disposer dans ce tipi, c'est l'une des pierres qui ont servi à faire cuire les galettes de maïs que vous avez mangées. Si vous jetiez avec force une de ces pierres à la tête de Fléau des Plaines, peut-être réussiriez-vous à l'assommer pour le compte ? Vers le milieu de la nuit, alors que tout le monde dort dans le camp, vous remarquez que votre gardien présente des signes de fatigue. Vous faites semblant de dormir, mais vous observez son visage du coin de l'œil et vous remarquez bientôt, à la lueur d'un rayon de lune qui pénètre dans le tipi, qu'il a baissé les paupières. Sa respiration est régulière, sa tête se met à dodeliner : aucun doute, il somnole. C'est le moment où jamais. Lancez un dé. Si vous obtenez :

1 ou 6	Rendez-vous au **139**
2 ou 5	Rendez-vous au **161**
3 ou 4	Rendez-vous au **283**

20

Le plus grand armurier de la ville a justement besoin de quelqu'un pour l'aider à réparer un lot important de revolvers et de fusils endommagés. Au prix d'une rude journée de travail, vous recevez un salaire de 20 dollars. Vous avez tellement travaillé que vous n'avez pas eu le temps de manger. La fatigue et la faim vous ont fait perdre 3 points de FORCE. Rendez-vous à présent au **111**.

21

Vous prenez dans votre poche la petite gourde de cuir que vous a donnée Klayoka et vous buvez une gorgée du liquide qu'elle contient. Vous perdez 2 points de FORCE tandis que la potion fait son effet. Un vertige vous saisit soudain et vous voyez apparaître devant vous, comme dans un rêve, le Cheval de Brume tel que l'aviez déjà vu dans le tipi du vieil Apache. Le cheval se cabre, reste un instant en équilibre, puis se tourne vers le chemin orienté au nord-est. C'est donc cette piste qu'il vous faut prendre. Bientôt, l'image du Cheval de Brume s'évanouit au loin et vous vous rendez au **130**.

22

Bien que votre jeu ne soit guère brillant, vous pourrez peut-être gagner en « bluffant », c'est-à-dire en faisant croire à vos adversaires que vous avez de bonnes cartes. Pour cela, vous devrez d'abord miser une deuxième somme d'argent *au moins* égale à la première. Si vous souhaitez miser davantage, libre à vous ! Vous vous rendrez ensuite au **108**. Si, en revanche, vous estimez que, même en bluffant, vous ne pouvez gagner, rendez-vous au **206**.

23

Bravo ! En terrassant Fléau des Plaines, vous venez d'accomplir un exploit dont il y a tout lieu de s'enorgueillir. Le moment n'est pas aux congratulations, cependant, car le bruit de la bagarre a fini par réveiller quelques Comanches qui se demandent ce qui se passe. Pour votre part, vous vous hâtez de sortir du tipi en enjambant la masse inerte de votre adversaire et vous vous échappez. Il faut faire vite si vous voulez éviter qu'on ne vous rattrape. Par chance, les chevaux sont nombreux dans le camp et vous n'avez que l'embarras du choix. Avisant un mustang blanc, vous l'attrapez par la bride et vous l'enfourchez d'un bond. Vous lancez l'animal au galop et vous vous enfoncez dans la nuit. Vous avez réussi à prendre suffisamment d'avance pour être hors de danger, mais votre situation n'est guère brillante pour autant : la journée que vous avez passée au camp est en effet perdue pour votre voyage — notez-le dès à présent sur votre calendrier — et vous avez dû laisser derrière vous les armes et la plupart des objets que vous possédiez. Il vous faut faire l'inventaire de tout ce que vous avez perdu, mais auparavant, calculez de la manière habituelle le total de MAÎTRISE et de FORCE de votre nouveau cheval. Ensuite, vous vous rendrez au **309** si vous êtes le Prince du Temps, ou au **320** si vous êtes la Princesse du Temps.

24

Vous débouchez le flacon et vous en avalez le contenu en espérant que l'antidote va aussitôt faire son effet. Hélas, Jonathan Quack n'est qu'un charlatan et les produits qu'il fabrique sont non seulement inefficaces, mais dangereux par surcroît. En l'occurrence, à peine avez-vous bu le liquide que de violentes douleurs vous déchirent l'estomac. C'est presque avec soulagement que vous sentez le venin du serpent répandre la mort en vous, tant les souffrances occasionnées par l'huile de crotale sont intenses. Lorsque vous mourez enfin, un sourire se dessine sur vos lèvres : tout, même la mort, valait mieux que cet atroce supplice ! Votre mission se termine ici, pour la plus grande joie des vautours et des coyotes qui, déjà, s'avancent vers votre cadavre, le regard gourmand.

25

Vous appliquez aussitôt l'essence de cactus sur la piqûre. Bien que Jonathan Quack soit un charlatan, ce produit a de réelles vertus et s'il n'efface pas complètement les effets du venin, du moins limite-t-il les dommages subis. Ainsi, votre cheval perd 4 points de FORCE, ce qui est un moindre mal, car cette piqûre aurait pu lui coûter beaucoup plus cher ! A présent, vous allez pouvoir repartir — n'oubliez pas de remettre votre foulard – en vous rendant au **12**. Si, par extraordinaire, votre cheval n'avait pas survécu à cette perte de 4 points de FORCE, rendez-vous au **128**.

26

– On se sent mieux quand le gros Bulky n'est pas là ! lancez-vous d'un air réjoui. Mais ça manque d'attractions, ici !
Vous vous dirigez alors vers une table où des cow-boys jouaient au poker et vous ramassez leurs cartes sous les regards perplexes des consommateurs qui se demandent bien où vous voulez en venir. Avec une extraordinaire virtuosité, vous vous mettez aussitôt à exécuter des tours de cartes qui laissent pantois d'admiration vos spectateurs. Ils n'ont jamais vu quelqu'un faire preuve d'une telle adresse et finissent par croire que vous êtes une véritable magicienne dotée de pouvoirs surnaturels. Votre démonstration est si captivante que la nouvelle de votre présence a tôt fait de se répandre dans toute la ville, attirant de nouveaux clients qui se pressent autour de vous, ravis de pouvoir assister gratuitement à un spectacle d'une telle qualité. Le patron du saloon, enchanté de l'aubaine, s'affaire derrière son comptoir en remplissant les verres que ses clients assoiffés lui réclament entre deux tours de magie. On peut dire que vous avez parfaitement réussi à vous rendre sympathique auprès des habitants de Passivitt-Montgayo – sauf Bulky Joe, bien entendu ! Hélas, il se trouve toujours quelques grincheux pour troubler les fêtes auxquelles on ne les a pas conviés et, en l'occurrence, vous voyez surgir une demi-heure plus tard un groupe d'une bonne douzaine de mégères habillées de noir, armées de parapluies et de bibles reliées : ce sont les adhérentes de l'Union des Femmes Chrétiennes pour la

Tempérance et la Morale Publique. Celle qui mène le groupe, une virago efflanquée, au teint jaunâtre et au visage émacié, s'avance en donnant, de droite et de gauche, de vigoureux coups de parapluie à quiconque passe à sa portée.

— Les magiciens sont des créatures du diable ! profère-t-elle en brandissant une bible au-dessus de sa tête. Et surtout les magiciennes ! Le Malin se sert de cette pécheresse pour déployer devant vous ses artifices ! Arrière, Satan ! Passivitt-Montgayo ne deviendra pas la nouvelle Babylone ! Rentrez chez vous ! Repentez-vous ! Nous sommes le bras de Dieu !

Les choses semblent tourner mal pour vous. Il est temps de vous esquiver au plus vite en vous rendant au **241**.

27

Voici les trois nouvelles cartes qui vous reviennent : dame de trèfle, 9 de carreau, 9 de cœur. Si vous venez du :

65	Rendez-vous au **360**
362	Rendez-vous au **354**
82	Rendez-vous au **348**
288	Rendez-vous au **342**
300	Rendez-vous au **336**
223	Rendez-vous au **330**

28

En y regardant de plus près, vous vous apercevez qu'en fait, c'est la tête de votre sœur qui est ainsi mise à prix ! Mais comme — faut-il le rappeler — vous êtes jumeaux, le visage représenté sur l'affiche est aussi le vôtre. Crazy Jane — c'est le nom imprimé sous le portrait de votre sœur — est recherchée, dans l'ordre, pour : vol de chevaux, attaque à main armée, meurtre et tapage nocturne. La justice la réclame morte ou vivante et la population est prévenue qu'il s'agit d'une criminelle extrêmement dangereuse. Qu'a-t-elle bien pu faire pour en arriver là ? Vous êtes bien placé pour savoir que votre sœur n'est pas toujours commode, mais de là à la considérer comme dangereuse... Voilà en tout cas qui ne fait pas votre affaire car, désormais, tout le monde va vous prendre pour elle ! Heureusement, les affiches ont été collées à l'aube et rares sont les passants qui ont déjà en mémoire le portrait de votre sœur. Quelques précautions s'imposent, cependant : vous devrez éviter les endroits trop fréquentés et prendre soin de vous dissimuler le visage en rabattant le bord de votre chapeau. Dommage que vous n'ayez pas un sombrero ! Si vous avez décidé de poursuivre votre voyage à cheval, rendez-vous au **110**. Si vous comptez prendre la diligence, rendez-vous au **236**.

29

Jonathan Quack est un charlatan, mais ce baume indien n'a pas été fabriqué par lui et il offre de réels avantages. Il se présente en effet sous la forme d'une huile épaisse qui peut guérir certaines blessures de la manière suivante : lorsque vous l'appliquerez sur vos plaies, vous lancerez 1 dé et vous regagnerez autant de points de FORCE que le chiffre obtenu. Bien entendu, si vous vous servez du baume pour soigner une blessure qui vous a coûté 3 points, vous ne pourrez pas récupérer plus que ces 3 points, même si le dé vous donne 4, 5 ou 6. Le flacon contient 3 doses du produit mais chaque dose peut être appliquée, au besoin, sur plusieurs plaies — deux ou trois blessures à 2 points chacune, par exemple. Si vous avez des blessures par balles à soigner, vous pouvez utiliser ce baume dès maintenant, mais attention : il ne soulage que les plaies. Si vous avez perdu des points de FORCE à cause d'une insolation ou d'une fatigue excessive, par exemple, il restera sans effet. Rendez-vous au **146** pour reprendre votre chemin.

30

Au moment où Bulky Joe s'y attend le moins, vous faites un bond de côté et vous dégainez votre revolver. Pris au dépourvu, le colosse a un instant d'hésitation que vous mettez à profit pour tirer sur lui. Avez-vous été assez rapide ? Ce sont les dés qui jugeront car vous allez devoir vous battre à présent contre le cow-boy en observant la règle qui vous a été précisée par Gayok le Preux avant votre départ du Royaume du Temps.

BULKY JOE MAÎTRISE : 16 FORCE : 18

Si vous êtes vainqueur, rendez-vous au **237**.

31

Vous ne connaissez pas suffisamment la région pour savoir quels endroits précis représente le plan ; une chose est certaine, cependant : la croix qui est tracée sur le morceau de papier — et dont il y a tout lieu de penser qu'elle marque l'emplacement de la mine — indique un lieu proche d'Albuquerque. Vous prenez donc la direction de l'ouest et vous parcourez plusieurs miles. La chaleur est intense, mais vous n'avez pas l'intention de vous laisser décourager par le soleil ! Soudain, alors que vous traversez une étendue rocailleuse, votre cheval s'arrête net. Vous lui donnez quelques coups d'éperon, mais il refuse d'avancer, comme si quelque chose lui faisait peur. Ce comportement vous intrigue et vous mettez pied à terre. Avec prudence, vous faites quelques pas pour voir ce qui a bien pu effrayer ainsi votre monture, et brusquement... un serpent à sonnette dissimulé derrière une grosse pierre se dresse à cinquante centimètres de vous ! La tête oscillant d'avant en arrière, les crochets découverts, il est prêt à mordre. Vous n'avez qu'une fraction de seconde pour réagir. Lancez deux dés. Si vous faites un double, rendez-vous au **142**. Dans le cas contraire, rendez-vous au **369**.

32

Vous vous hâtez de récupérer votre cheval et vous quittez le campement apache en prenant la direction de l'est, ainsi que Klayoka vous l'a recommandé. Le soleil descend lentement derrière vous tandis que vous chevauchez dans la torpeur du désert. Aujourd'hui, 21 juin, est le jour le plus long de l'année, mais l'après-midi était déjà bien avancé lors de votre arrivée à la surface de la Terre et dans deux heures, tout au plus, la nuit sera tombée. La haute montagne que vous a indiquée l'homme-médecine n'est pas très éloignée, mais le chemin qui mène au Roc du Guerrier est escarpé et l'ascension difficile. Lorsque vous parvenez enfin en vue du village de Passivitt-Montgayo, votre cheval est fourbu et vous vous arrêtez quelques instants au bord de la route pour le laisser reprendre souffle. Le village se trouve à un quart de mile environ et vous distinguez nettement le roc en forme de profil d'Apache qui surplombe le saloon. Passivitt-Montgayo ne comporte que quelques maisons bâties d'un côté au bord d'un précipice et de l'autre à l'abri du Roc du Guerrier. L'endroit semble calme ; vous apercevez des silhouettes d'hommes qui bavardent sous un porche, un cheval attaché devant une maison et quelques passants qui avancent à pas lents le long de la grande rue. L'endroit où vous avez fait halte se trouve un peu en hauteur par rapport au village, ce qui vous permet de repérer facilement la façade du saloon au

32 *Passivitt-Montgayo ne comporte que quelques maisons accrochées à flanc de rocher.*

fond duquel se cache le passage donnant accès à la tombe d'Hashkala. Le soleil continue de décliner, projetant une lumière cuivrée sur la montagne aux flancs torturés par les siècles et le vent. Il serait cependant mal venu de vous abandonner à la contemplation du paysage. Vous avez mieux à faire, mais quoi ? C'est ce que vous allez déterminer en vous rendant au **134** si vous êtes le Prince du Temps ou au **227** si vous êtes la Princesse du Temps.

33

Avec un jeu aussi faible, vous ne pouvez espérer gagner contre Nimbly Jack. Vous préférez donc ne pas insister et vous perdez votre mise. Si vous voulez continuer à jouer, vous recevrez de nouvelles cartes en vous rendant au **239**. Si vous estimez plus sage d'abandonner définitivement la partie, vous quittez la table, vous demandez au barman la clé de votre chambre et vous montez à l'étage en vous rendant au **154**.

34

Vous avez beau tendre le bras, vous ne parvenez pas à attraper le levier. Au moment où vous faites une nouvelle tentative en essayant de vous étirer au maximum, une des roues de la diligence heurte soudain une grosse pierre et le véhicule se renverse sur vous. Le choc est effroyable : il vous tue sur le coup tandis que la diligence se disloque littéralement. Un dramatique accident de la route vient de mettre fin à votre mission : dommage, car vous approchiez du but !

35

Le chemin que vous avez choisi est orienté à l'est. Vous vous y lancez au triple galop et vous parcourez ainsi plusieurs miles sans apercevoir votre voleur.

Vous ralentissez alors l'allure, puis vous vous arrêtez en vous demandant où a bien pu disparaître le jeune homme au sombrero. Soudain, vous entendez un bruit derrière un rocher qui se dresse sur votre droite. Se serait-il caché là ? Vous mettez pied à terre, vous dégainez votre revolver et vous approchez à pas prudents de l'endroit d'où provient le bruit : un son étrange, en vérité, comme le crépitement d'une crécelle. Préparant votre effet de surprise, vous retenez votre souffle, puis vous bondissez derrière le rocher, votre arme à la main. Vous vous retrouvez alors face à face avec... un serpent à sonnette ! Le reptile est en position d'attaque. En vous voyant surgir, il se détend d'un geste vif, la tête en avant, les crochets découverts, prêt à mordre. Vous n'avez qu'une fraction de seconde pour réagir. Lancez deux dés. Si vous faites un double, rendez-vous au **269**. Dans le cas contraire, rendez-vous au **287**.

36

Vous n'avez pas réussi à tuer cinq bisons et le troupeau ne va pas tarder à vous piétiner, vous écraser, vous réduire en charpie. Vous ne pouvez plus tenter autre chose à présent qu'un Coup d'Audace. Rendez-vous pour cela au **282**.

37

La nuit est déjà bien avancée. La rage au cœur, vous somnolez, allongée sur une planche de bois fixée au mur de votre cellule, et qui fait office de couchette. Chargé de vous surveiller, l'adjoint au shérif, vautré dans un fauteuil, dort comme une souche, la bouche ouverte, en ronflant bruyamment. Soudain, vous entendez un chuchotement. Quelqu'un vous appelle.

— Señora... Señora...

Tout d'abord, vous avez l'impression que ce murmure n'est qu'un rêve, puis vous sortez brusquement de votre demi-sommeil et vous tournez la tête vers les barreaux de votre prison. Dans la faible lumière diffusée par une lampe à pétrole, vous distinguez une silhouette. Vous vous levez et vous vous approchez : c'est le jeune Mexicain qui avait essayé de vous voler vos dollars !

— Qu'est-ce que ?... vous étonnez-vous.

— Chut, Señora, il ne faut pas le réveiller, coupe le jeune garçon en désignant d'un geste de la main l'adjoint au shérif. J'ai réussi à prendre les clés, je vais vous ouvrir.

Avec des gestes précautionneux, le jeune Mexicain glisse alors une grosse clé dans la serrure de la grille qui ferme votre cellule et parvient à vous libérer. Il vous fait signe de le suivre et vous traversez tous deux le bureau du shérif sur la pointe des pieds. L'adjoint, plongé dans son sommeil épais, continue de ronfler sans se douter de rien. Quelques instants plus tard, vous vous retrouvez au-dehors, dans la ville silencieuse et déserte.

— Je vous ai amené votre cheval, chuchote le Mexicain, je lui ai même donné à manger.

Voilà une excellente initiative, car, grâce à ce repas, votre monture a repris 2 points de FORCE, ce qui lui fait le plus grand bien.

— Mais... Pourquoi m'as-tu aidée ? lui demandez-vous, intriguée. Tu as pris de grands risques...

— Vous avez été très généreuse avec moi, Señora, répond le garçon. Vous m'avez pardonné de vous avoir volée et vous avez eu pitié de ma misère. Vous ne vous êtes pas contentée de me donner un ou deux dollars, comme d'autres auraient pu le faire. Alors, quand j'ai appris que vous étiez en prison, j'ai voulu vous prouver ma gratitude en vous aidant à vous évader. Et puis...

Il s'interrompt et baisse les yeux.
— Et puis quoi ? interrogez-vous.
— Vous... Vous êtes si belle... Je ne pouvais pas supporter de vous savoir en prison... Allons, venez, Señora, il faut vous dépêcher de quitter la ville, maintenant.
Il a raison, le temps presse. Vous le remerciez donc chaudement et vous pouvez même lui donner encore quelques dollars pour le récompenser, si toutefois vous en avez les moyens... Vous quittez ensuite Albuquerque en prenant la précaution de ne pas emprunter la grand'rue, de peur qu'on ne vous aperçoive à la clarté de la lune. Quelques minutes plus tard, vous vous éloignez au grand galop sur un chemin orienté à l'est. Vous parcourez ainsi plusieurs miles et vous décidez alors de vous arrêter pour passer là les dernières heures de la nuit. Dans la prison, on vous a donné à manger, mais ce repas était si maigre qu'il ne vous a pas permis de reprendre le moindre point de FORCE. Vous dormez encore trois heures, puis, le soleil s'étant levé, vous vous remettez aussitôt en chemin. Rendez-vous au **263**.

38

La propriété du général Wayward est une luxueuse maison blanche à colonnade, entourée d'un vaste jardin aux pelouses bordées d'arbres. Un esclave noir en livrée vient vous ouvrir et vous fait entrer dans un grand vestibule. Bien entendu, le général est absent : il n'est toujours pas revenu des champs de bataille. En revanche, Samantha, sa fille, vient de rentrer de voyage. Vous allez donc pouvoir la rencontrer après vous être fait annoncer. Si vous êtes le Prince du Temps, rendez-vous au **152**. Si vous êtes la Princesse du Temps, rendez-vous au **153**.

39

— Personne ne me roulera dans le goudron, ni dans les plumes, et je resterai ici aussi longtemps qu'il me plaira ! clamez-vous fièrement. Tu es une canaille, Bulky Joe, il est temps que tu cesses d'exister ! Vous dégainez alors votre revolver et vous affrontez le colosse en respectant la règle qui vous a été précisée par Gayok le Preux avant votre départ du Royaume du Temps.

BULKY JOE MAÎTRISE : 16 FORCE : 18

Si vous êtes vainqueur, rendez-vous au **237**.

40

Bravo ! Votre jeu l'emporte ! Additionnez votre première et votre deuxième mise : vous avez gagné *trois* fois cette somme. Par exemple, si le total de vos deux mises est de 10 dollars, votre bénéfice net se monte à 30 dollars. Si vous souhaitez continuer à jouer, vous recevrez de nouvelles cartes en vous rendant au **239**. Si vous préférez abandonner définitivement la partie, inscrivez votre gain et quittez la table. Vous demanderez ensuite au barman la clé de votre chambre, puis vous monterez à l'étage en vous rendant au **154**.

41

Il ne reste plus qu'à vous adresser de très chaleureuses félicitations : votre épouse sera en effet tendre et attentionnée et fera sans nul doute l'admiration de tous vos amis. Peut-être même pourrez-vous prétendre devenir un jour chef comanche, qui sait ? Votre mission, bien entendu, se termine ici, car il n'est plus question désormais que vous quittiez ce camp, sauf pour aller chasser le bison avec les guerriers. Si d'aventure il vous prenait l'envie de vous enfuir, vous seriez très vite rattrapé et mis à mort : les Indiens ne plaisantent pas avec la parole donnée. Pour l'instant, reposez-vous des fatigues du voyage et préparez-vous aux cérémonies qui vous uniront définitivement à votre fiancée si belle, si douce et de si bonne famille ! Vous pouvez vous vanter d'être un fameux séducteur : nombreux sont ceux qui auraient rêvé de se trouver à votre place !

42

Vous avez parcouru une trentaine de miles, environ, lorsque vous apercevez au loin une diligence qui avance en zigzag à une allure telle qu'elle menace à tout moment de verser. La diligence suit la même direction que vous et bientôt vous la rattrapez, mais ses embardées d'un bord à l'autre de la piste vous empêchent de la dépasser. Vous entendez alors des cris de terreur qui proviennent de l'intérieur du véhicule. Une tête de femme apparaît soudain à la portière.

— Au secours ! hurle la femme. Des bandits nous ont attaqués, le cocher est mort ! Les chevaux se sont emballés ! Au secours !

Il faut à tout prix faire quelque chose pour les malheureux passagers de la diligence folle. Si vous avez encore votre lasso et que vous possédiez le talent de PRESTIDIGITATEUR, rendez-vous au **17**. Si vous n'avez plus votre lasso, ou si vous ne possédez pas le talent de PRESTIDIGITATEUR, rendez-vous au **166**.

43

Vous vous retrouvez bientôt dans la petite pièce où sont entreposés les tonneaux. Avant de quitter le saloon, vos rebouchez, à l'aide des pierres qui l'obstruaient, l'entrée de la sépulture d'Hashkala afin que nul n'ait l'idée de la violer. Vous éteignez ensuite votre lampe et vous la raccrochez au plafond. Vous sortez alors par la même fenêtre qui vous avait servi à entrer, puis vous allez récupérer votre cheval qui vous attend dehors. Vous remontez aussitôt en selle, et vous quittez Passivitt-Montgayo pour vous rendre au **144**.

44

Hélas, le scorpion a été plus rapide que vous ! Certes, vous avez réussi, à l'aide du foulard, à arracher l'insecte de la jambe de votre cheval. Par malchance, cependant, le scorpion n'est pas resté prisonnier des plis du tissu, il est parvenu à remonter le long de votre main et à vous piquer au poignet ! La blessure est douloureuse, mais peut-être avez-vous acheté à Jonathan Quack une fiole contenant de l'essence de cactus ? Dans ce cas, hâtez-vous de vous rendre au **210**. Si vous n'avez pas d'essence de cactus, rendez-vous au **301**.

45

— Tramposo ! lance le Mexicain d'une voix sourde.

Vous n'avez aucune difficulté à comprendre les langues étrangères et vous savez donc que « tramposo » signifie : tricheur !

— Que dis-tu, Pipo ? s'étonne Oliver. L'étranger est un tricheur ? Entends-tu, Stan ?

— J'ai entendu, Oliver. Mais de toute façon, pour moi, ça ne change rien : je perds toujours au poker...

Stan se gratte le sommet du crâne en souriant niaisement.

— D'ailleurs, ajoute-t-il, je n'ai jamais réussi à comprendre les règles...

Oliver pousse un profond soupir.

— Quel idiot tu fais, Stan ! dit-il en hochant la tête d'un air désolé.

— J'ai toujours été idiot, Oliver, réplique Stan, c'est pour ça que nous nous entendons si bien !
Si vous n'aviez affaire qu'à ces deux farfelus, vous pourriez sans doute vous tirer à votre avantage de cette situation. Malheureusement, le Mexicain semble beaucoup moins naïf et il est bien décidé à récupérer l'argent que vous vous êtes frauduleusement approprié.
— Tramposo ! répète-t-il en se levant d'un bond. Rends-nous l'argent !
— Pipo a raison, intervient alors Nimbly Jack, j'ai vu l'étranger tricher. Il s'est distribué les meilleures cartes et au tour d'avant, il a pris discrètement dans le talon celles qui l'arrangeaient.
— Et c'est un connaisseur qui parle ! fait remarquer quelqu'un.
— Ouais, Pipo et Nimbly Jack ont raison ! L'étranger est un tricheur ! s'exclame un cow-boy.
— Un tricheur ! répètent plusieurs voix.
— Allez chercher le goudron et les plumes, les gars !
— Ouais ! On va lui faire passer le goût du poker !
Vous voilà dans une situation tout à fait désagréable. Sans possibilité de fuir ni de résister, compte tenu du nombre de vos adversaires, vous n'avez plus qu'à accepter votre sort. On vous entraîne alors dans la grand'rue, on vous roule dans le goudron, puis dans un tas de plumes et l'on vous promène enfin dans la ville à cheval sur une barre de fer. Inutile de vous préciser qu'on vous a également repris *tout* l'argent que vous aviez gagné en trichant, *plus* vos deux mises successives. Alerté par tout ce remue-ménage, le shérif d'Albuquerque est venu aux nouvelles : apprenant que vous avez triché au jeu, il vous condamne aussitôt à un jour et deux nuits de prison et vous vous retrouvez donc derrière les barreaux après avoir eu le

droit, toutefois, de prendre un bon bain pour vous débarrasser de vos plumes. Le traitement qu'on vous a fait subir vous a coûté 3 points de FORCE et vous regrettez amèrement d'avoir utilisé votre talent de PRESTIDIGITATEUR pour tricher alors que vos partenaires de jeu étaient d'honnêtes cow-boys.
Au cours de la journée, il se peut que vous ayez poursuivi et rattrapé un jeune Mexicain qui vous avait volé de l'argent. Si tel est le cas, peut-être alors lui avez-vous donné, par compassion, quelques dollars ? Si vous lui avez fait l'aumône *d'au moins* 3 dollars, rendez-vous au **180**. Si vous n'avez pas eu affaire à ce Mexicain, ou si vous lui avez donné *moins* de 3 dollars, rendez-vous au **294**.

46

Le chemin que vous avez choisi est orienté au sud. Vous vous y lancez au triple galop et vous parcourez ainsi plusieurs miles sans apercevoir votre voleur. A mesure que vous progressez, le sol se recouvre d'une végétation épineuse qui rend votre avance plus difficile. Soudain, votre cheval trébuche : il n'a pas vu un large trou qui s'ouvre dans le sol et que dissimulent d'épais buissons. Si le total de MAÎTRISE de votre cheval est inférieur à 16, rendez-vous au **242**. Si ce total est égal ou supérieur à 16, rendez-vous au **235**.

47

Vous avez failli réussir ! Malheureusement, vous n'avez pas été tout à fait assez rapide et la bombe a explosé juste avant de toucher l'eau. Vous avez certes sauvé le bateau, mais vous avez reçu des éclats qui vous blessent sérieusement, puisque vous perdez autant de points de FORCE que le chiffre obtenu en lançant un dé. Si vous avez survécu, on vient vous féliciter de toutes parts pour avoir su déjouer cet attentat qui porte la signature des Sudistes : de toute évidence, ils cherchaient à atteindre les officiers Nordistes qui se trouvent à bord. Inutile, cependant, d'essayer de poursuivre les coupables : ils ont sauté dans une barque et regagneront bientôt la rive où ils se perdront parmi les arbres. En tout cas, vous l'avez échappé belle ! Vous pouvez aller vous coucher, à présent, et vous rendre ensuite au **317** dès que le bateau sera arrivé à Memphis.

48

Vous tournez précautionneusement la poignée de la porte que vous essayez d'ouvrir en douceur. Mais le battant pivote brusquement sur ses gonds et vous réalisez alors que le shérif s'était adossé contre la porte pour s'endormir. Sous son poids, celle-ci s'est ouverte d'un coup et, bien entendu, votre ange gardien s'est réveillé. Ses réflexes sont d'ailleurs impressionnants, car en une fraction de seconde, il se lève d'un bond et dégaine son revolver, prêt à tirer. Fort heureusement, il vous reconnaît à temps.

— Ah, c'est vous, dit-il. Vous avez besoin de quelque chose ?

Prise au dépourvu, vous improvisez tant bien que mal une réponse.

— Je... Je voulais un verre d'eau... prétendez-vous.

— De l'eau ? Mais il y en a dans la chambre.

En effet, une cruche et un verre sont posés sur la table ; vous ne les aviez pas remarqués auparavant.

— Vous... Vous dormez tout habillée ? s'étonne alors le shérif.

— Je... j'étais si fatiguée... répondez-vous.

— Ah oui, je comprends... Eh bien, bonne nuit, et ne craignez rien, personne ne pourra ouvrir votre porte sans me trouver en travers de son chemin.

Il referme le battant et vous n'avez plus qu'à attendre

qu'il se rendorme. Heureusement, c'est bientôt chose faite : vous l'entendez à nouveau ronfler et vous décidez alors de quitter la chambre par la seule issue possible, c'est-à-dire la fenêtre. Rendez-vous pour cela au **179**.

49

A la réflexion, cette idée de chercher une mine d'or vous semble soudain déraisonnable : vous avez une mission beaucoup plus importante à accomplir ! Vous décidez donc de revenir sur vos pas en direction du Pecos. Pour rattraper le temps perdu, vous lancez votre cheval au grand galop. L'effort que vous lui demandez de fournir lui fait perdre 2 points de FORCE : c'est le prix à payer pour ne pas prendre trop de retard. Le chemin orienté au nord-est vous mène droit au Pecos dont vous atteignez la rive au moment où le soleil disparaît à l'horizon. Grâce à la viande séchée du chercheur d'or, vous pouvez manger à votre faim et reprendre de 2 à 4 points de FORCE, selon vos besoins. Si votre total de FORCE n'a pas subi trop de dommages, mangez frugalement afin de conserver des provisions pour demain : elles seront les bienvenues ! Avant de vous coucher, vous allez devoir vous occuper de votre cheval. Celui-ci a perdu 3 points de FORCE supplémentaires au cours de l'après-midi, en raison de la longue distance qu'il a eu à parcourir, mais l'avoine que vous lui donnez lui permet de regagner 2 points de FORCE. Vous vous étendez ensuite à l'abri d'un rocher, puis vous vous endormez en vous laissant bercer par le doux clapotis de la rivière qui vous accompagne dans vos rêves. Lorsque le soleil se sera levé, vous vous rendrez au **53**.

50

Lorsque vous abattez vos cartes, Nimbly Jack paraît tout déconfit. Il ne s'attendait certainement pas à ce que votre jeu soit aussi bon ! Vous l'emportez donc haut la main contre ce vieux renard, ce qui réjouit tout le monde dans le saloon ! Grâce aux relances successives, vous avez gagné *dix* fois votre mise de départ ! Par exemple, si vous aviez misé 10 dollars, votre bénéfice net se monte à 100 dollars. Si vous souhaitez continuer à jouer, vous recevrez de nouvelles cartes en vous rendant au **239**. Si vous préférez abandonner définitivement la partie, inscrivez votre gain et quittez la table. Vous demanderez ensuite au barman la clé de votre chambre, puis vous monterez à l'étage en vous rendant au **154**.

51

Vous avez le choix entre deux chemins pour vous rendre au relais d'où part la diligence : une rue large et fréquentée, et une autre plus étroite qui, elle, semble déserte. Il faut vous hâter de prendre une décision ; vous attireriez les soupçons en hésitant trop longtemps. Vous n'avez même pas la possibilité d'invoquer le Cheval de Brume : votre regard halluciné tandis qu'il apparaîtrait devant vous semblerait louche à quiconque viendrait à vous croiser. Si vous souhaitez emprunter la rue large et fréquentée, rendez-vous au **175**. Si vous préférez la rue étroite, rendez-vous au **87**.

52

Touché à mort, votre adversaire s'écroule lourdement sur le sol. Vous vous hâtez alors de récupérer votre cheval, vous remontez en selle, puis vous quittez Passivitt-Montgayo au triple galop pour vous rendre au **144**.

53

Vous vous réveillez dès les premières lueurs de l'aube et vous vous préparez à repartir après avoir pris soin de noter, comme chaque matin, la date du jour. Peut-être avez-vous subi au cours de votre voyage des blessures qui vous ont fait perdre trop de points de FORCE à votre goût. Si c'est le cas et si vous avez acheté à Jonathan Quack, le marchand ambulant, un flacon de baume indien, rendez-vous au **29**. Si votre total de FORCE est satisfaisant et que vous possédiez ce baume vous pouvez toujours vous rendre au **29** pour en découvrir les effets. Si vous n'avez pas fait l'acquisition de ce produit, rendez-vos au **146**.

54

Commencez par miser une somme dont vous êtes libre de fixer le montant. Sachez cependant que vous ne pourrez miser *plus* de 10 % de la somme totale que vous possédez. Si, par extraordinaire, il ne vous restait que quelques dollars, vous n'en miserez qu'un seul. La partie s'engage ensuite. Bien que ce soit Nimbly Jack qui distribue les cartes, vous parvenez, par un tour de passe-passe, à prendre dans le talon celles qui vous arrangent, c'est-à-dire un carré d'as ! Voilà un jeu quasiment imbattable et vous n'avez aucune difficulté à l'emporter. Avec les relances, vous gagnez *quatre* fois la somme que vous aviez misée ! Mais peut-être pourrez-vous faire encore mieux en continuant à jouer — et à tricher ! Si telle est votre intention, rendez-vous au **18**. Si vous préférez mettre un terme à la partie et empocher vos gains, rendez-vous au **201**.

55

Figée de stupeur, vous contemplez bouche bée le visage du jeune homme qui a ouvert la porte : c'est en effet... votre frère !

— Eh bien ! lance-t-il, tu arrives après la bataille, comme d'habitude ? Je suis ici depuis ce matin. En compagnie d'Oclock le Bon, bien sûr ! J'ai réussi à le délivrer avant toi, dirait-on !

Eh oui, il faut vous y résigner : c'est votre frère qui a accompli l'exploit d'arracher le Messager du Temps à ses geôliers. Comment s'y est-il pris ? Sans doute a-t-il perdu moins de temps que vous. Il se fera, en tout cas, un plaisir de vous raconter son aventure, en insistant bien sur cette pénible réalité : c'est lui qui succédera à Chronalia, votre mère, et non vous ! Mais bravo quand même, vous avez fait ce que vous pouviez, ce qui n'est déjà pas si mal !

56

Tandis que vous chevauchez le long du sentier qui descend au flanc de la montagne, une lueur éclaire soudain les alentours. Vous jetez un regard par-dessus votre épaule et vous voyez alors de hautes flammes monter vers le ciel : un incendie s'est déclaré au saloon ! C'est à ce moment-là seulement que vous vous rappelez avoir oublié d'éteindre la lampe à huile avant de la raccrocher au plafond. Sans doute est-elle tombée par terre, mettant aussitôt le feu à l'alcool répandu sur le sol. Le saloon est en bois, et dans quelques instants, il ne sera plus que cendres, ce qui ravira sans nul doute les mégères puritaines ! Mais, par votre faute, on s'ennuiera ferme, désormais, à Passivitt-Montgayo ! Vous poursuivez votre chemin au galop et lorsque vous avez parcouru une bonne dizaine de miles dans la nuit, vous décidez de vous arrêter pour prendre un peu de repos. Vous dormez à l'abri d'un rocher et vous vous réveillez à l'aube en ayant regagné 2 points de FORCE. Vous remontez alors en selle et vous vous dirigez vers l'est, sans très bien savoir quelle est la meilleure route pour rejoindre Memphis. Rendez-vous au **127** pour essayer de trouver le bon chemin.

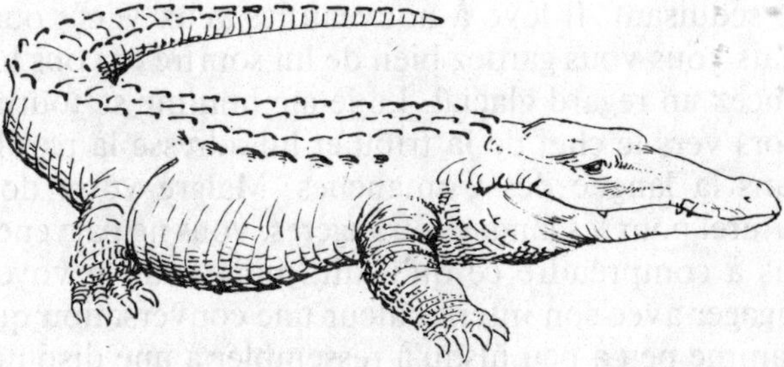

57

Votre carabine peut tirer 15 coups de suite et il vous faudra tuer au moins trois bisons pour réussir à détourner le troupeau. A chaque fois que vous tirerez une cartouche, vous lancerez deux dés. Si vous faites un double, vous aurez visé juste et tué un bison. Dès que vous aurez fait trois doubles, vous pourrez vous rendre au **213**, mais attention : vous n'avez le droit de lancer les dés que 15 fois en tout, une fois par cartouche. N'oubliez pas de noter combien de balles vous aurez utilisées avant de réussir à tuer les trois bisons. Si vous ne parvenez pas à obtenir trois doubles sur 15 lancers, rendez-vous au **36**.

58

Tandis que les Comanches se livrent à divers préparatifs avant de vous faire subir les supplices qu'ils vous réservent, un jeune homme fait quelques pas dans votre direction et vous contemple avec insistance. Puisqu'il vous faut mourir, autant le faire avec courage et vous soutenez son regard sans faiblir en affichant une expression de profond mépris. Le jeune homme finit par rougir et baisse les yeux. En le regardant plus attentivement, vous remarquez que ce garçon est plutôt attirant. Grand, athlétique, le visage fin, le regard intelligent, tout chez lui a quelque chose de séduisant. Il lève à nouveau les yeux vers vous, mais vous vous gardez bien de lui sourire et vous lui lancez un regard glacial. Le jeune homme se tourne alors vers le chef de la tribu et lui adresse la parole dans la langue des Comanches. Malgré votre don naturel pour les langues étrangères, vous ne parvenez pas à comprendre ce qu'il dit, mais vous le voyez engager avec son interlocuteur une conversation qui s'anime peu à peu jusqu'à ressembler à une dispute. Les autres Indiens ont soudain interrompu leur besogne et écoutent dans un silence recueilli les propos qui s'échangent. Enfin, le chef semble réfléchir un instant, puis il donne un ordre et les deux guerriers qui vous avaient attachée au poteau viennent aussitôt vous libérer. On vous amène ensuite devant le vieux Comanche qui vous annonce, dans son anglais malhabile, que son fils désire vous prendre pour femme !

Interloquée, vous restez muette en vous demandant comment réagir. La perspective d'une vie matrimoniale dans les plaines du Texas ne vous enchante guère, mais cette demande en mariage comporte au moins un avantage appréciable : dans l'immédiat, elle vous sauve la vie !

— Acceptes-tu d'épouser mon fils ? demande le chef.
Vous allez devoir prendre là une grave décision qui risque de vous engager pour longtemps. Aussi, réfléchissez bien avant de parler. Si vous souhaitez :

Accepter cette demande en mariage	Rendez-vous au **291**
La refuser poliment	Rendez-vous au **246**
Invoquer le Cheval de Brume en espérant qu'il pourra vous sortir de ce mauvais pas — à condition que vous n'ayez pas déjà fait appel à lui par deux fois	Rendez-vous au **187**

59

— C'est la fin de la route pour toi, Dick the Killer ! dit l'homme. Dans quelques instants, je serai plus riche de 500 dollars...
Un chasseur de primes ! Et cet imbécile vous prend pour votre frère dont il a vu la tête mise à prix ! En tout cas, vous voilà dans de mauvais draps : le moustachu refusera de vous croire si vous lui dites que vous n'êtes pas la personne qu'il cherche et il va falloir livrer un combat acharné pour sauver votre peau ! Par ailleurs, il est inutile de songer à fuir, ce charognard n'hésiterait pas à vous tirer dans le dos. Préparez-vous à dégainer et à livrer un duel sans pitié : l'un de vous deux doit disparaître !

CHASSEUR DE PRIMES	MAÎTRISE : 16	FORCE : 18

Si vous l'emportez, rendez-vous au **370**.

60

Hélas, vous n'arriverez jamais à Memphis. La bombe vient en effet d'exploser entre vos mains, ne laissant de vous que quelques lambeaux de chair qui feront le bonheur des alligators. Votre mission s'achève ici, mais bravo quand même pour votre courage !

61

Si vous êtes maintenant en possession de la somme dont vous avez besoin, vous pouvez cesser de travailler et vous rendre au **368** si vous êtes le Prince du Temps, ou au **92** si vous êtes la Princesse du Temps. Si, en revanche, il vous manque des dollars, vous devrez travailler demain toute la journée et peut-être même également le soir. En attendant, vous allez passer une nuit à l'hôtel pour 3 dollars après avoir pris un copieux repas qui vous aura coûté 2 dollars et rapporté 2 points de FORCE. Si vous avez toujours votre cheval, un employé de l'hôtel lui donnera de l'avoine qui lui permettra de regagner 2 points de FORCE. Lorsque vous vous lèverez demain matin (sans oublier de mettre votre calendrier à jour), vous repartirez au travail pour exercer l'un des talents suivants :

ARMURIER (1 journée de travail à 20 dollars)	Rendez-vous au **20**
CHARPENTIER (1 journée de travail à 20 dollars)	Rendez-vous au **308**
DESSINATEUR (1 journée de travail à 40 dollars)	Rendez-vous au **165**
ZOOLOGISTE (1 journée de travail à 50 dollars)	Rendez-vous au **7**
BOTANISTE (1 journée de travail à 30 dollars)	Rendez-vous au **234**

62

Oubliant toute retenue, la femme descend de la diligence et vous saute au cou, tandis que la gamine applaudit en vous lançant des regards énamourés.

— Vous êtes un héros ! s'écrie la femme. Seul un vrai cow-boy pouvait accomplir un tel exploit ! Avec l'aide de Dieu, ajoute-t-elle, prudente, en joignant les mains vers le ciel.

— Bravo, jeune homme ! lance le mari replet qui est descendu à son tour et s'éponge le front à l'aide d'un mouchoir. Je n'aurais pas fait mieux moi-même !

— En attendant, vous n'avez rien fait du tout, Elmer ! réplique sa femme, l'air méprisant.

— Mais, Thelma, je ne voulais pas déranger ce jeune homme qui avait la situation bien en main. Une initiative de ma part aurait été malvenue...

Vous n'avez vraiment pas le temps d'écouter davantage ces disputes oiseuses et vous faites remonter tout le monde dans la diligence que vous allez mener vous-même jusqu'au prochain relais où un autre cocher prendra la relève. Rendez-vous pour cela au **81**.

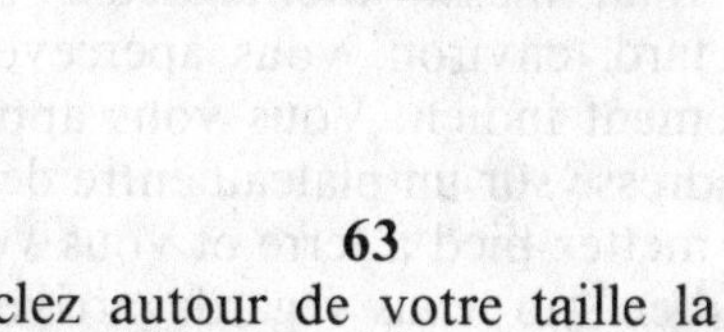

63

Vous bouclez autour de votre taille la ceinture à laquelle est fixé le holster dans lequel vous glissez votre « six-coups ». Vous mettez dans vos poches les cartouches du revolver, la boîte d'allumettes et les dollars. Dans les deux sacs de cuir accrochés à la selle du cheval, vous rangez le couteau de chasse, la gourde d'eau et les cartouches de la carabine après avoir attaché cette dernière au pommeau, crosse en l'air et prête à l'emploi. Vous enfourchez à présent votre monture et vous vous dirigez vers des montagnes dont vous distinguez au loin les contours. C'est là sans doute que vous trouverez la tribu apache dont Hashkala est le chef. Afin de ne pas trop fatiguer votre cheval, vous vous contentez d'avancer au trot sous le soleil pesant du désert. Il fait chaud. Si chaud que vous sentez des gouttes de sueur couler le long de vos tempes et dans votre dos. Jamais encore vous n'aviez eu à subir une chaleur aussi accablante et ce premier contact avec l'Ouest américain n'a décidément rien de très plaisant. A mesure que vous avancez, le paysage se modifie. Des mesas, ces hautes collines aux flancs verticaux et au sommet plat, se dressent autour de vous, austères et silencieuses, telles des forteresses mortes. Le sol nu se couvre peu à peu de végétation, des cactus, des buissons, quelques arbres aux troncs noirs et contournés, comme torturés par la chaleur. Votre progression devient plus difficile en raison des buissons épineux qui se multiplient sous vos pas et dont les branches hérissées écorchent votre cheval. Vous avancez ainsi sur une bonne distance, puis vous commencez à monter les contreforts d'un massif montagneux. Une demi-heure plus tard, environ, vous apercevez les tipis d'un campement indien. Vous vous approchez : le camp a été dressé sur un plateau entre deux montagnes. Vous mettez pied à terre et vous vous dirigez vers un Indien qui vous regarde arriver d'un air méfiant. Sa méfiance est telle, à vrai dire, qu'il saisit

63 *L'Indien saisit un tomahawk et le brandit d'un geste menaçant.*

un tomahawk passé dans sa ceinture et le brandit d'un geste menaçant. Comment allez-vous réagir ?

En dégainant votre revolver ? Rendez-vous au **147**
En essayant de lui faire comprendre que vos intentions sont pacifiques ? Rendez-vous au **224**
En prenant la fuite ? Rendez-vous au **103**

64

Il vous faut environ trois heures pour parvenir à l'endroit « où deux rivières se rencontrent », selon les termes de Jonathan Quack. En fait de rivières, il s'agit plutôt de lits asséchés qui s'enfoncent entre des collines rocailleuses. Vous suivez la rivière de gauche, comme vous l'a indiqué l'homme au chapeau rond, en avançant au pas. Le sol, en effet, est inégal et votre cheval risque de trébucher en allant trop vite. A propos de cheval, le moment est d'ailleurs venu pour vous de savoir quelque chose d'essentiel : vous ne pourrez arriver au terme de votre voyage qu'à la condition de ménager votre monture. Car dans ces régions, perdre son cheval signifie s'exposer à une mort certaine. Tout comme vous, votre monture possède un total de MAÎTRISE et un autre de FORCE qu'il vous appartient de déterminer comme vous l'avez fait pour vous-même : ajoutez 10 au chiffre obtenu en lançant deux dés et vous connaîtrez son total de MAÎTRISE ; ajoutez 20 au chiffre donné par un autre lancer de dés et vous saurez à combien se montent ses points de FORCE. Plus votre cheval aura de MAÎTRISE, plus il sera rapide et habile à évoluer sur des terrains difficiles. Plus il aura de FORCE, plus il résistera aux fatigues du voyage. Au cours de chaque étape, votre cheval perdra des points de FORCE dans une proportion qui vous sera indiquée en fonction des circonstances. Mais vous lui donnerez chaque jour au moins un repas qui lui fera regagner 2 points de FORCE. Quant à sa MAÎTRISE, elle se révélera très importante en certaines occasions : les précisions nécessaires vous seront fournies en temps utile. Quoi qu'il en soit, sachez que si votre cheval venait à mourir en perdant tous ses points de FORCE, ce serait pour vous la fin du voyage : vous ne pourriez survivre sans monture et votre mission, dans ce cas, serait terminée. Pour le moment, vous continuez d'avancer dans le désert qui s'étend devant vous. Ce paysage aride aux couleurs ocres et orangées semble être né avec la Terre elle-même, demeurant immuable à travers les âges, tel un vestige des premiers temps. Le soleil est si brûlant, si lumineux, qu'il donne l'impression d'attirer vers lui la planète tout entière, comme pour l'engloutir dans sa fournaise. La chaleur qui règne ici est implacable, obsédante, elle vous consume à petit feu avec une cruauté sauvage. Vous buvez un peu de l'eau que contient votre gourde. A en juger par la position du soleil, il doit être onze heures du matin, environ. Si vous avez un pâté en croûte, vous pouvez le manger — à condition que vous ayez des points de FORCE à rattraper, sinon, conservez-le pour une autre occasion. Peut-être aurez-vous également envie de faire un petit somme à l'ombre ? Si tel est le cas, rendez-vous au **199**. Si vous préférez poursuivre votre chemin sans vous arrêter, rendez-vous au **74**.

65

Voici les cartes qui vous reviennent : 4 de trèfle, 8 de carreau, 2 de pique, 10 de carreau, 5 de cœur. Ce n'est pas un jeu très favorable et vous décidez, comme vous en avez le droit au poker, d'échanger certaines de vos cartes. Vous ne gardez que le 8 et le 10 de carreau en espérant obtenir trois autres cartes de la même couleur, ce qui constituerait alors un bon jeu.

Vous demandez donc trois cartes. Lancez à nouveau un dé. Si vous faites :

1	Rendez-vous au **231**
2	Rendez-vous au **245**
3	Rendez-vous au **148**
4	Rendez-vous au **27**
5	Rendez-vous au **217**
6	Rendez-vous au **302**

Mais attention : avant de continuer notez *soigneusement* le numéro où vous vous trouvez actuellement, il vous sera en effet indispensable pour poursuivre la partie.

66

Si vous pensez pouvoir découvrir la mine par vos propres moyens, rendez-vous au **31**. S'il vous semble plus sage de faire appel au Cheval de Brume pour vous aider – à condition que vous ne l'ayez pas déjà invoqué par deux fois –, rendez-vous au **200**.

67

Il vous semble plus sage d'adopter une attitude conciliante que de chercher les ennuis en répondant à la violence par la violence. Vous continuez donc de « danser » sagement jusqu'à ce que Bulky Joe se soit fatigué de son jeu. Lorsque les coups de feu s'arrêtent enfin, vous arborez un large sourire, comme si cette petite plaisanterie vous avait autant amusé que les clients du saloon.

– Tu es un bon musicien, Bulky Joe, lancez-vous au colosse d'un ton réjoui, mais dans un autre genre, moi aussi, je me défends pas mal.

Vous vous dirigez alors vers un piano dont vous aviez remarqué la présence dans un coin de la salle et vous vous installez devant le clavier sous les regards

perplexes des consommateurs, surpris par votre réaction.
— Et maintenant, à vous de danser ! vous écriez-vous en vous adressant à l'assistance.
Vous commencez aussitôt à jouer un air de « square dance » avec un tel entrain que les cow-boys se lèvent et se mettent à danser. L'un d'eux va chercher son violon et vous accompagne tandis que la nouvelle se répand dans toute la ville qu'on fait la fête au saloon. Des femmes viennent alors se mêler au quadrille et en peu de temps, le saloon, plus bondé que jamais, se transforme en un joyeux cabaret. C'est une aubaine pour le patron de l'établissement qui s'affaire derrière son comptoir en remplissant les verres que lui réclament ses clients assoiffés. Bulky Joe n'est pas le dernier à s'amuser et on peut dire que vous avez parfaitement réussi à vous rendre sympathique auprès des habitants de Passivitt-Montgayo. Hélas, il se trouve toujours quelques grincheux pour troubler les fêtes auxquelles on ne les a pas conviés et, en l'occurrence, vous voyez surgir une demi-heure plus tard un groupe d'une bonne douzaine de mégères habillées de noir, armées de parapluies et de bibles reliées : ce sont les adhérentes de l'Union des Femmes Chrétiennes pour la Tempérance et la Morale Publique. Celle qui mène le groupe, une virago efflanquée, au teint jaunâtre et au visage émacié, s'avance en donnant, de droite et de gauche, de vigoureux coups de parapluie à quiconque passe à sa portée.
— Le Seigneur vous regarde, vils pécheurs ! profère-t-elle en brandissant une bible au-dessus de sa tête. C'est le diable qui vous fait danser ! Arrière, Satan, Passivitt-Montgayo ne deviendra pas la nouvelle Babylone ! Rentrez chez vous ! Repentez-vous ! Nous sommes le bras de Dieu !

Les choses semblent tourner mal pour vous. Il est temps de vous esquiver au plus vite en vous rendant au **241**.

68

Lancez deux dés. Si vous faites un double 6, rendez-vous au **198**. Si vous obtenez tout autre chiffre, rendez-vous au **220**.

69

Le destin a décidé de vous laisser une chance en vous faisant tirer cette carte, mais vous avez malgré tout fort à pâtir de cette mésaventure. Vous avez en effet pris la fuite vers l'éminence boisée, mais votre cheval n'a pas réussi à l'atteindre suffisamment à temps et vous avez été l'un et l'autre violemment malmenés par des bisons qui se trouvaient en bordure du troupeau. Lancez un dé pour votre cheval. Le chiffre obtenu vous indique le nombre de points de FORCE qu'il a perdus. Lancez ensuite le dé pour vous. Le chiffre qu'il vous donnera représente votre propre perte de points de FORCE. Si votre cheval est toujours en vie après le passage du troupeau, vous pourrez poursuivre votre chemin en vous rendant au **158**. S'il a succombé à ses blessures, vous vous rendrez au **128**.

70

Lorsque vous donnez votre réponse, la fille du chef éclate en sanglots et court se réfugier dans son tipi.
— Tu as gravement offensé ma fille, dit alors le vieux Comanche, mais je veux te donner encore une chance : tu auras jusqu'au lever du soleil pour réfléchir et revenir sur ta décision. Si tu maintiens ton refus, tu seras mis à mort. J'ai dit.
Ayant ainsi parlé, le chef s'éloigne dignement tandis

qu'on vous emmène dans un tipi où vous allez être gardé prisonnier par un véritable colosse.
— Mon nom est Fléau des Plaines, déclare ce dernier, je resterai avec toi dans ce tipi jusqu'à l'aube. Personne ne peut s'échapper s'il est gardé par Fléau des Plaines.
Voilà une affirmation qui vous paraît bien présomptueuse ! Vous avez au contraire l'intention de tout faire pour vous enfuir, l'essentiel étant d'attendre le moment opportun. Aucune tentative n'est cependant possible dans la journée et vous restez donc assis bien sagement jusqu'au soir. Là, on vous sert des galettes de maïs cuites sur des pierres chaudes entassées au centre du tipi. Vous mangez également de la viande de bison séchée et ce repas vous permet de regagner 2 points de FORCE, si toutefois vous en avez besoin. On a également donné à manger à votre cheval qui, lui aussi, reprend 2 points de FORCE. Maintenant que vous êtes rassasié, il va falloir songer à partir d'ici ! Si vous avez acheté à Jonathan Quack du hachis de champignons du Mexique, rendez-vous au **205**. Dans le cas contraire, rendez-vous au **19**.

71

Vous décidez de jouer un rôle de jeune écervelée pour endormir leur méfiance.
— Seriez-vous des bandits ? vous exclamez-vous. Comme c'est passionnant ! J'ai toujours rêvé de rencontrer des desperados. C'est pour ça que je voyage seule dans le désert. J'ai tellement envie de vivre des aventures...
Les deux bandits éclatent de rire.
— Ta première aventure, ce sera de nous donner tes dollars ! dit l'un.
— Après, on te racontera notre vie, si tu y tiens, pas vrai Sam ? dit l'autre.

— Sûr, Tom.
Votre comportement les amuse et leur attention s'est relâchée. Vous en profitez pour dégainer. Lancez un dé, puis ajoutez à votre total de MAÎTRISE autant de points que le chiffre obtenu : c'est l'avantage que vous donne l'effet de surprise au cours du premier Assaut que vous allez livrer. Dès le deuxième Assaut, votre MAÎTRISE reviendra à son niveau habituel et vous poursuivrez le combat normalement. Vous pourrez affronter les bandits soit l'un après l'autre, soit en même temps, en menant un Assaut contre l'un, puis l'Assaut suivant contre l'autre et ainsi de suite. Choisissez la manière qui vous convient le mieux, en sachant que vous pourrez en changer au cours du combat si cela vous chante. Pour recharger votre révolver, vous vous mettrez à l'abri d'un rocher, ce qui vous permettra d'échapper aux balles de vos adversaires pendant l'opération. Et maintenant, battez-vous !

Premier BANDIT	MAÎTRISE : 16	FORCE : 15
Second BANDIT	MAÎTRISE : 15	FORCE : 16

Si vous parvenez à tuer l'un des bandits et à réduire le total de FORCE de l'autre à 4 ou moins, rendez-vous au **230**.

72

Toujours caché derrière votre cheval, vous vous engagez dans la rue étroite. Un peu plus loin, elle forme un coude et lorsque vous tournez l'angle, vous vous retrouvez face... au bureau du shérif ! Celui-ci est précisément en train d'examiner l'affiche mettant à prix la tête de votre sœur et, avant que vous n'ayez pu tenter quoi que ce soit, il tourne les yeux vers vous

et vous reconnaît aussitôt. Inutile d'essayer de fuir, vous êtes pris !
— Haut les mains, Crazy Jane ! lance le shérif en dégainant son révolver d'un geste prompt. On dirait que c'est moi qui vais toucher la récompense, pas vrai ?
Ne songez surtout pas à résister, vous ne feriez qu'aggraver votre cas ! La seule attitude raisonnable consiste à vous laisser emmener docilement en prison. Là, vous protestez de votre innocence, mais le shérif ne veut rien entendre. Un peu plus tard, vous recevez la visite du juge à qui vous expliquez que vous n'êtes pas la personne recherchée, puisque celle-ci est une femme ! Cet argument fait réfléchir le magistrat qui, dans la soirée, convoque des témoins. Ces derniers ont eu à subir les méfaits de votre sœur et ils sont formels : Crazy Jane est bel et bien une femme, ce n'est donc pas vous. Le juge se donne une nuit pour prendre une décision et, au matin, il ordonne qu'on vous libère. Vous avez ainsi perdu une journée — notez-le sur votre calendrier — et le maigre repas qu'on vous a servi la veille ne vous a même pas permis de reprendre le moindre point de FORCE. Votre cheval, en revanche, a été bien nourri et il a regagné 2 points de FORCE. Hâtez-vous, à présent : ce stupide incident vous a déjà fait perdre trop de temps, il vous faut au plus vite quitter la ville et poursuivre votre voyage vers l'est en vous rendant au **42**.

73

Vous n'avez aucun mal à retrouver la bibliothèque et le secrétaire, par chance, n'est pas fermé à clé. Vous augmentez la flamme de la lampe et vous vous mettez à chercher la lettre dans laquelle le général Wayward indique l'endroit où Oclock le Bon est retenu prisonnier. Il vous faut plus d'une heure de lecture pour la découvrir. Vous poussez alors un grand soupir de soulagement en lisant enfin les lignes suivantes : « J'ai surpris John Goodman pendant qu'il transmettait aux Nordistes des renseignements sur les mouvements de notre armée. J'ai aussitôt ordonné son arrestation. Il restera prisonnier au camp de Rottenwood, à dix miles au sud de Tullahoma jusqu'à ce que j'aie pris une décision à son sujet. Je devine la tristesse que tu dois ressentir à la pensée qu'un tel homme ait pu vivre sous notre toit... » La suite ne vous intéresse pas, seul compte maintenant ce nom : Rottenwood. Il faut vous y rendre à l'instant même. Vous remettez en hâte les lettres dans le secrétaire puis vous refermez l'abattant. Entendant alors un bruit derrière vous, vous faites aussitôt volte-face. Avec soulagement, vous constatez que c'est Jessie qui vient d'entrer dans la pièce.

— J'ai découvert la lettre, lui annoncez-vous. Savez-vous où se trouve Rottenwood ?

— Ah, si seulement vous pouviez sauver M. Goodman ! s'exclame Jessie.

Il vous indique alors la route à suivre pour atteindre Rottenwood. Avec un bon cheval, vous pouvez y être à l'aube. Et ce ne sont pas les bons chevaux qui manquent dans les écuries du général Wayward ! Vous réfléchissez rapidement au moyen de délivrer Oclock le Bon et une idée vous vient bientôt : il suffit de rédiger un faux ordre de libération prétendument signé par le général Wayward. Sa signature, vous l'avez vue à des dizaines d'exemplaires, vous n'aurez donc aucun mal à l'imiter. Par ailleurs, le secrétaire contient du papier à en-tête qui vous permettra de fabriquer un document d'apparence officielle. Avec un peu d'audace et de chance, votre stratagème réussira. Jessie trouve votre idée excellente, mais il a encore mieux à vous proposer : un uniforme ayant appartenu à Herbert Wayward au temps où il était colonel ! Si vous êtes le Prince du Temps, rendez-vous au **174**. Si vous êtes la Princesse du Temps, rendez-vous au **186**.

74

Vous suivez scrupuleusement les indications de Jonathan Quack et vers quatre heures de l'après-midi, vous arrivez à l'endroit où la rivière que vous suiviez prend sa source. Vous prenez alors la direction de l'est et vous traversez bientôt une forêt qui vous change agréablement des paysages désertiques que vous avez parcourus jusqu'à présent. Le voyage est encore long : il est plus de dix heures du soir lorsque vous arrivez enfin en vue d'Albuquerque. Votre cheval est épuisé, vous aussi. Cette course harassante lui a fait perdre 3 points de FORCE : une bonne ration d'avoine et une longue nuit de repos lui seront nécessaires pour reprendre un peu de vigueur. Par chance, vous n'avez fait aucune mauvaise rencontre en chemin. Ne criez pas victoire trop tôt, cependant, car vous êtes encore loin de Memphis. Mais en attendant, vous allez pouvoir, vous aussi, prendre un peu de repos. Albuquerque est une petite ville dans laquelle il n'est pas trop difficile de trouver son chemin et vous ne tardez pas à repérer le saloon où vous comptez passer la nuit. Vous vous arrêtez devant la porte de l'établissement, vous mettez pied à terre, vous attachez votre cheval, puis vous entrez dans la salle. Si vous êtes le Prince du Temps, rendez-vous au **159.** Si vous êtes la Princesse du Temps, rendez-vous au **172**.

75

Vous avez remarqué que la bouteille du colosse est presque vide et une idée vous vient alors pour essayer de détendre l'atmosphère.

— Si tu n'aimes pas mon odeur, peut-être préféreras-tu celle du whisky ? Barman, donnez donc une nouvelle bouteille à Monsieur, c'est moi qui l'offre, déclarez-vous avec un sourire.

— Aussi vrai que je m'appelle Bulky Joe, voilà qui est parlé, étranger ! s'exclame le colosse. Et le premier qui dit que l'étranger sent le putois aura affaire à moi ! ajoute-t-il en se tournant vers la salle.

Vous avez gagné la partie ! La bouteille vous coûte 5 dollars et pour cette somme modique, vous vous êtes fait du dénommé Bulky Joe un allié, ce qui va vous permettre de passer la nuit au saloon en toute tranquillité. Pour 2 dollars de plus, le barman vous loue la chambre 3, située au premier étage. Vous avez hâte d'y monter pour pouvoir ôter enfin cette satanée moustache qui finit par vous donner la nausée. Vous laissez donc Bulky Joe à sa bouteille toute neuve et vous empruntez l'escalier qui mène au premier étage. Pour dire la vérité, personne n'essaye de vous retenir : on préfère nettement que vous transportiez ailleurs les effluves qui émanent de votre moustache. Toutefois, ne la jetez pas lorsque vous l'aurez enlevée : elle pourra peut-être se révéler encore utile par la suite. Vous pousserez la porte de votre chambre en vous rendant au **292**.

76

Il aurait été plus prudent de vous installer dans le wagon de queue : le choc y aurait été moins violent qu'au milieu du convoi. L'homme aux béquilles, brutalement projeté contre une cloison, meurt sur le coup après avoir proféré un ultime juron à l'adresse de ces « chiens de Yankees ». Quant à vous, il n'est pas certain que vous ayez survécu à la catastrophe. Pour le savoir, lancez un dé : vous perdez autant de points de FORCE que le chiffre obtenu. Si vous êtes encore en vie, la compagnie des chemins de fer vous fera transporter par diligence à Memphis où vous arriverez dans la soirée, avec deux heures de retard sur l'horaire prévu, ce qui n'est pas trop grave. Dès que vous aurez atteint votre destination, rendez-vous au **317**.

77

Le chemin que vous avez choisi est orienté à l'ouest. Vous vous y lancez au triple galop et vous parcourez ainsi plusieurs miles sans apercevoir votre voleur. En revanche, vous finissez par arriver dans un cul-de-sac dû à un éboulis de rochers qui ont roulé entre deux flancs de colline. Inutile d'essayer d'aller plus loin, il est impossible de passer. Vous avez mal interprété les signes des Indiens et il ne vous reste plus qu'à rebrousser chemin pour reprendre la route d'Albuquerque. Mais pour rattraper le temps perdu, vous allez devoir galoper à bride abattue, ce qui fera perdre 2 points de FORCE à votre cheval. Il aurait été plus sage de renoncer à poursuivre le jeune homme au sombrero : votre temps est infiniment plus précieux que vos dollars. Lorsque vous retrouvez enfin le chemin d'Albuquerque, vous vous rendez au **74**.

78

Le travail que vous allez faire dépend de vos talents. Vous allez choisir dans la liste ci-dessous ce qui vous convient le mieux. Le temps que vous prendra chacun des travaux proposés est indiqué entre parenthèses, ainsi que le salaire versé. Si vous avez besoin de travailler plusieurs fois pour réunir la somme qui vous est nécessaire, vous pouvez par exemple combiner une soirée (ce soir) et une journée (demain). Peut-être aurez-vous besoin de travailler deux jours de suite : c'est tout à fait possible. Sachez seulement que chaque jour supplémentaire passé à Dallas vous coûte 5 dollars en logement et nourriture (à retirer de votre salaire) et que vous risquez de perdre ici un temps précieux. Mais d'autre part, il vous sera impossible de continuer votre voyage si vous ne possédez pas la somme requise. Voilà qui vous placera peut-être devant un cruel dilemme, mais c'est la vie... Choisissez, parmi les talents que vous avez, celui que vous souhaitez exercer, puis rendez-vous au numéro indiqué. Vous pourrez ensuite revenir ici pour chercher un autre travail si besoin est. Bien entendu, vous avez le droit d'exercer deux jours ou deux soirées de suite, selon le cas, un seul et même talent, à votre convenance.

ARMURIER (1 journée de travail à 20 dollars) Rendez-vous au **20**
CHARPENTIER (1 journée de travail à 20 dollars) Rendez-vous au **308**
DESSINATEUR (1 journée de travail à 40 dollars) Rendez-vous au **165**
ZOOLOGISTE (1 journée de travail à 50 dollars) Rendez-vous au 7
BOTANISTE (1 journée de travail à 30 dollars) Rendez-vous au **234**
MUSICIEN (1 soirée de travail à 10 dollars) Rendez-vous au **188**
PRESTIDIGITATEUR (1 soirée de travail à 10 dollars) Rendez-vous au **377**

Si vous comptez travailler dès ce soir — il faut pour cela que vous possédiez le talent de MUSICIEN ou de PRESTIDIGITATEUR —, rendez-vous directement à l'un des deux numéros correspondants. Si, faute d'avoir les talents demandés, vous ne pouvez travailler que demain matin, vous irez tout d'abord vous louer une chambre d'hôtel qui vous coûtera 3 dollars. Ensuite, vous prendrez pour 2 dollars un repas qui vous rapportera 2 points de FORCE. Si vous avez encore votre cheval, un employé de l'hôtel lui donnera un sac d'avoine qui lui permettra de regagner également 2 points de FORCE. Si, par extraordinaire, vous n'aviez plus le moindre dollar pour payer votre chambre et votre repas, l'hôtelier vous fera crédit jusqu'à ce que vous ayez suffisamment d'argent pour régler la note. Mais n'oubliez pas : chaque jour passé à Dallas coûte 5 dollars ! Et maintenant allez vous coucher, car une longue journée de travail vous attend demain, dès que vous aurez choisi le talent que vous souhaiteriez exercer.

79

Il faut espérer qu'aucun de vos adversaires ne possède un meilleur jeu que le vôtre. Si vous souhaitez suivre les relances pour essayer de gagner, vous devrez tout d'abord miser une deuxième somme d'argent *au moins* égale à la première. Si vous souhaitez miser davantage, libre à vous ! Vous vous rendrez ensuite au **190**. Si, en revanche, vous estimez que vos cartes ne sont pas assez bonnes pour l'emporter, rendez-vous au **256**.

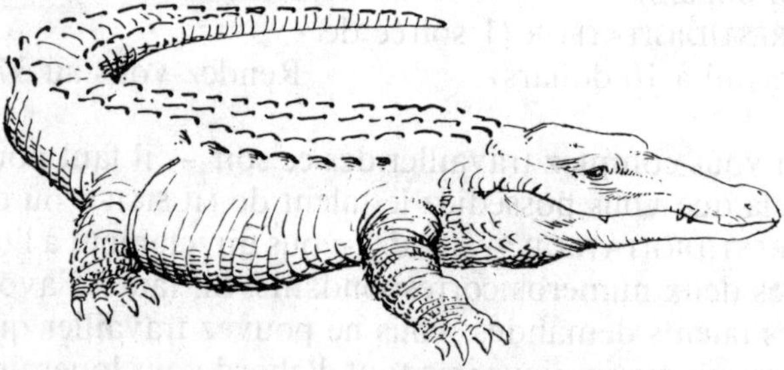

80

Vous avez pris là une judicieuse décision. Dans les circonstances présentes, en effet, qu'auriez-vous donc pu faire d'une mine d'or — en admettant que vous ayez réussi à la retrouver ! Vous continuez donc sagement votre voyage et vous parvenez sans difficulté au bord de la rivière Pecos au moment même où le soleil disparaît à l'horizon. Grâce à la viande séchée, vous pouvez manger à votre faim et reprendre de 2 à 4 points de FORCE, selon vos besoins. Si votre total de FORCE n'a pas subi trop de dommages, mangez frugalement afin de conserver des provisions pour demain : elles seront les bienvenues ! Ainsi donc, contrairement à ce que vous avait annoncé Jonathan Quack, votre voyage ne se présente pas si mal ! Avant de vous coucher, vous allez devoir vous occuper de votre cheval. Celui-ci a perdu 3 points de FORCE au cours de la journée, en raison de la longue distance qu'il a eu à parcourir, mais grâce à l'avoine du chercheur d'or, vous pouvez lui donner un repas qui lui rend 2 points de FORCE. Vous vous étendez ensuite à l'abri d'un rocher, puis vous vous endormez en vous laissant bercer par le doux clapotis de la rivière qui vous accompagne dans vos rêves. Lorsque le soleil se sera levé, vous vous rendrez au **53**.

81

Le reste du voyage se poursuit sans incident. Le soir venu, vous couchez au relais de la diligence, dans une chambre coquette et confortable qui vous coûte 3 dollars. Vous prenez également — au prix de 2 dollars — un copieux repas qui vous permet de regagner 2 points de FORCE. Vous passez une bonne nuit et la diligence repart à l'aube, dès que vous avez noté sur votre calendrier la date du jour qui commence. Vous arrivez le soir à Greenville, avant-dernière étape de votre voyage, et vous vous rendez alors au **321** si vous êtes le Prince du Temps, ou au **215** si vous êtes la Princesse du Temps.

82

Voici les cartes qui vous reviennent : as de cœur, valet de cœur, 8 de carreau, 7 de pique, 4 de trèfle. L'as et le valet sont des cartes intéressantes et vous décidez de les garder. Les trois autres, en revanche, sont sans valeur, il vaut donc mieux les échanger, comme vous en avez le droit au poker. Pour obtenir trois autres cartes, lancez à nouveau un dé. Si vous faites :

1 Rendez-vous au **231**
2 Rendez-vous au **245**
3 Rendez-vous au **148**
4 Rendez-vous au **27**
5 Rendez-vous au **217**
6 Rendez-vous au **302**

Mais attention : avant de continuer, notez *soigneusement* le numéro où vous vous trouvez actuellement, il vous sera en effet indispensable pour poursuivre la partie.

83

Ce Mexicain vous a fait perdre un temps précieux – plus précieux, même, que vos dollars – et il vous faut rebrousser chemin sans tarder afin de reprendre la route d'Albuquerque. Pour rattraper le temps perdu, vous allez devoir galoper à bride abattue. Votre cheval a déjà dû fournir un gros effort pour rejoindre votre voleur, il lui faudra à nouveau forcer l'allure et cette course acharnée va lui coûter en tout 3 points de FORCE. Lorsque vous retrouverez enfin la route d'Albuquerque, le moment sera alors venu de vous rendre au **74**.

84

Votre cheval galope si vite qu'il n'a aucune difficulté à atteindre l'éminence boisée avant le passage du troupeau. Vous ne subissez donc aucun dommage, mais votre monture a quand même perdu 1 point de FORCE en fournissant ce bel effort. Vous pouvez à présent reprendre votre route en vous rendant au

158. Si, par extraordinaire, la perte de ce point de FORCE avait été fatale à votre cheval, rendez-vous au **128**.

85

Vous vous sentez si bien en ces lieux, si sereine, si confiante, que vous auriez envie de rester là encore longtemps. Il faut partir, cependant, et vous vous engagez donc en sens inverse dans le passage qui donne accès à la sépulture d'Hashkala. Si vous étiez vêtue d'une robe lorsque vous êtes entrée dans la ville de Passivitt-Montgayo, rendez-vous au **168**. Si vous portiez une fausse moustache, rendez-vous au **275**. Si vous n'aviez ni robe ni fausse moustache, rendez-vous au **244**.

86

Voici la liste des armes et objets que vous avez laissés derrière vous :

Votre colt, votre carabine, toutes vos munitions
La couverture et le lasso
Le couteau et la gourde d'eau

En revanche, il vous reste vos dollars, vos allumettes, les potions et remèdes que vous avez éventuellement achetés à Jonathan Quack, votre chapeau et vos bottes, ainsi qu'une touffe de poils de putois, si toutefois l'Apache nommé Ours Mou vous en a donné une. Traverser le Texas sans armes serait considéré comme une véritable folie par la plupart des habitués de l'Ouest américain. C'est pourtant ce que vous allez être obligé de faire en priant le ciel qu'il ne vous arrive pas malheur. Pour l'instant, il vous faut poursuivre votre chemin coûte que coûte sur votre nouveau cheval. Rendez-vous pour cela au **381**.

87

Le chapeau rabattu sur les yeux, le pas vif et l'air affairé, vous vous engagez dans la rue étroite. Un peu plus loin, elle forme un coude et lorsque vous tournez l'angle, vous vous retrouvez face... au bureau du shérif ! Celui-ci est précisément en train d'examiner l'affiche mettant à prix la tête de votre frère et avant que vous n'ayez pu tenter quoi que ce soit, il tourne les yeux vers vous et vous reconnaît aussitôt. Inutile d'essayer de fuir, vous êtes prise !

— Haut les mains, Dick the Killer ! lance le shérif en dégainant son revolver d'un geste prompt. On dirait que c'est moi qui vais toucher la récompense, pas vrai ?

Ne songez surtout pas à résister, vous ne feriez qu'aggraver votre cas ! La seule attitude raisonnable consiste à vous laisser conduire docilement en prison. Là, vous protestez de votre innocence, mais le shérif ne veut rien entendre. Un peu plus tard, vous recevez la visite du juge à qui vous expliquez que vous ne pouvez pas être l'homme qu'on recherche puisque vous êtes une femme ! Cet argument fait réfléchir le magistrat qui, dans la soirée, convoque des témoins. Ces derniers ont eu à subir les méfaits de votre frère et ils sont formels : Dick the Killer est bel et bien un homme, donc, ce n'est pas vous. Le juge se donne une nuit pour prendre une décision et, au matin, il ordonne qu'on vous libère. Vous avez ainsi perdu une journée — notez-le sur votre calendrier — et le maigre repas qu'on vous a servi la veille ne vous a même pas permis de reprendre le moindre point de FORCE. Hâtez-vous, à présent : ce stupide incident vous a déjà fait perdre trop de temps, il vous faut au plus vite quitter la ville et poursuivre votre voyage vers l'est. La diligence vous attend au **207**. Dépêchez-vous d'aller la prendre.

88

Vous avez fait un mauvais choix en vous installant dans ce wagon. C'est en effet celui qui a le plus à souffrir du déraillement. L'homme aux béquilles, violemment projeté contre une cloison, meurt sur le coup après avoir proféré un ultime juron à l'adresse de ces « chiens de Yankees ». Quant à vous, il n'est pas certain que vous ayez survécu à la catastrophe. Pour le savoir, lancez deux dés : vous perdez autant de points de FORCE que le chiffre obtenu. Si vous êtes encore en vie, vous ne pourrez pas repartir tout de suite : la commotion que vous avez subie vous oblige à prendre une journée de repos. C'est donc le lendemain seulement que vous pourrez poursuivre votre voyage (notez-le sur votre calendrier). La compagnie des chemins de fer vous fera alors conduire à Memphis en diligence et vous arriverez là-bas avec 24 heures de retard sur l'horaire. Dès que vous aurez atteint votre destination, rendez-vous au **317**.

89

Ce chien vous a fait perdre beaucoup de temps mais vous avez enfin réussi à vous en débarrasser. Vous n'avez aucun mal à retrouver la bibliothèque et, par chance, le secrétaire n'est pas fermé à clé. Vous augmentez la flamme de la lampe, et vous vous mettez à chercher la lettre dans laquelle le général Wayward indique l'endroit où Oclock le Bon est retenu prisonnier. Il vous faut plus d'une heure de lecture pour la découvrir. Vous poussez alors un grand soupir de soulagement en lisant enfin les lignes suivantes : « J'ai surpris John Goodman pendant qu'il transmettait aux Nordistes des renseignements sur les mouvements de notre armée. J'ai aussitôt ordonné son arrestation. Il restera prisonnier au camp de Rottenwood, à dix miles au sud de Tullahoma jusqu'à ce

que j'aie pris une décision à son sujet. Je devine la tristesse que tu dois ressentir à la pensée qu'un tel homme ait pu vivre sous notre toit... » La suite ne vous intéresse pas, seul compte maintenant ce nom : Rottenwood. Il faut vous y rendre à l'instant même. Vous remettez en hâte les lettres dans le secrétaire, puis vous refermez l'abattant. Entendant alors un bruit derrière vous, vous faites aussitôt volte-face. Samantha et Zénon le Colosse se tiennent devant vous.
— Ainsi donc, vous ne cherchiez qu'à nous espionner, lance Samantha d'une voix sourde. Sachez que vous payerez cher votre curiosité ! Zénon ! Au travail !
— Bien, Madame, répond le colosse en s'avançant vers vous.
Vous n'avez que le temps de saisir votre revolver pour le combattre. Et c'est à un adversaire redoutable que vous avez affaire !

ZÉNON LE COLOSSE MAÎTRISE : 18 FORCE : 20

Si vous remportez la victoire, rendez-vous au **303**.

90

Pas si vite, mignonne ! lance Nimbly Jack d'un ton menaçant. On n'aime pas les tricheuses, à Albuquerque !
Un éclat de rire général salue cette déclaration.
— Tu as peur de la concurrence ? ironise quelqu'un.
— Rends-moi mon argent, tricheuse ! ordonne Nimbly Jack sans prêter attention aux autres.
— Ne lui rendez rien du tout, Mademoiselle ! conseille le dénommé Oliver. Ce sera une bonne leçon pour ce damné coyote de se faire délester de quelques dollars !

— Tais-toi, Oliver, ne te mêle pas de ça ! s'écrie Nimbly Jack en se tournant vers le gros cow-boy jovial.
— Laisse donc cette demoiselle tranquille ! réplique ce dernier. Sois un peu galant, pour une fois ! Après tout, c'est un exploit de gagner contre toi, tu devrais plutôt la féliciter ! D'ailleurs, tout le monde en a assez de te voir tricher dans ce saloon ! Va donc tricher dans une autre ville !
— Ouais, il a raison ! approuve un autre cow-boy. Laisse la demoiselle tranquille, Nimbly Jack, et va au diable !
La situation évolue en votre faveur : bientôt, en effet, Nimbly Jack est pris à partie par les clients du saloon qui finissent par l'entraîner au-dehors en lui annonçant qu'ils vont le rouler dans le goudron et les plumes. Vous êtes donc sauvée et vous pouvez tranquillement conserver l'argent que vous a rapporté cette brève partie de poker. Le barman vous a remis la clé de votre chambre, il ne vous reste donc plus qu'à monter à l'étage en vous rendant au **154**.

91

— Hashkala conservait le message de l'Homme au Cheval de Brume dans le manche de son poignard, poursuit le vieil Indien. Selon la volonté de notre chef, le poignard a été déposé au pied de sa tombe, dans une cavité dissimulée par une grosse pierre.
— Et où se trouve la tombe d'Hashkala ? demandez-vous.
— Au flanc d'une montagne, au lieu-dit : Passivitt-Montgayo. Hashkala repose au fond d'une caverne à laquelle on peut accéder par un étroit passage. Hélas !...
Klayoka s'interrompt. Vous attendez, le cœur battant : cet « hélas » ne présage rien de bon...

— Hélas ! Il y a trois lunes, les visages pâles ont construit un village à Passivitt-Montgayo et devant le passage qui mène à la sépulture d'Hashkala se dresse maintenant la maison où l'on vient boire l'eau de feu.

— Vous voulez dire le saloon ?

— C'est le nom que lui donnent les visages pâles, en effet. L'entrée de la caverne où Hashkala repose se trouve sous le « Roc du Guerrier ». On appelle ainsi le surplomb qui s'élève juste au-dessus : de loin, on dirait le profil d'un Apache. Peut-être est-il encore possible d'accéder à la caverne en passant par le fond du « saloon », comme tu dis. Si tu y parviens, tu verras une grosse pierre qui marque l'emplacement de la tombe d'Hashkala. C'est sous cette pierre que j'ai moi-même caché le poignard dont le manche renferme le message de l'Homme au Cheval de Brume. Peu avant sa mort, Hashkala m'a fait jurer de ne révéler l'existence et la cachette de ce message qu'à celui ou celle qui viendrait du pays des abîmes où Chronalia est reine. Chronalia est ta mère, aussi avais-tu plus que tout autre le droit de savoir. En chevauchant vers l'est, tu distingueras bientôt une haute montagne. Le « Roc du Guerrier » se dresse à mi-hauteur de cette montagne.

Le vieux sorcier se tait, comme pour vous donner le temps de réfléchir à la difficulté de la tâche qui vous attend. Si seulement vous aviez pu arriver avant la construction de ce maudit saloon ! Qui sait si le passage qui mène à la caverne n'a pas été définitivement obstrué ?

— Mais avant que tu ne partes, reprend Klayoka, je veux encore te dire quelque chose. Sans doute n'avais-tu jamais entendu nommer celui que tu cherches : « l'Homme au Cheval de Brume ». C'est nous qui lui avons donné ce nom.

En même temps qu'il parle, le vieil Apache prend dans un sac de cuir une substance dont vous ignorez la nature : c'est une sorte de pâte qui ressemble à de l'argile et d'où se dégage une odeur âcre. Avec des gestes lents, il se met à malaxer cette pâte entre ses doigts puis la dépose au fond d'un bol de terre cuite. Dans un coin de la tente couvent des braises. Klayoka en approche le bol. Il souffle alors sur les braises et bientôt des flammes s'élèvent. Le sorcier verse ensuite un liquide dans le bol qu'il pose sur le feu.

– Hashkala avait donné à ton frère de race un cheval, reprend l'Indien, un cheval si beau, si élancé, si vif qu'on aurait dit en le voyant galoper un nuage de brume poussé par le vent. Aussi lui avait-on donné le nom de « Cheval de Brume ». Mais il possédait plus encore que la beauté et la vélocité. Dans ses yeux, il y avait comme une flamme qui animait son regard. C'était comme si l'esprit du dieu des chevaux s'était incarné en lui. Ton frère de race est donc devenu l'Homme au Cheval de Brume. Un jour, il est parti sur sa monture et nous ne l'avons plus jamais revu. Hélas ! le cheval est mort, bien loin d'ici. Mais rassure-toi, son cavalier est toujours vivant.

– Comment savez-vous que le cheval est mort ? vous étonnez-vous. John Goodman... je veux dire l'Homme au Cheval de Brume vous l'a-t-il lui-même annoncé ?

– Oh non, je sais que le cheval est mort car son esprit m'a visité en songe. Il est mort sous les coups destinés à son maître, lui sauvant ainsi la vie.

Une fumée s'élève maintenant du bol qui contient la mixture préparée par le sorcier. Celui-ci prend alors le bol et le tient devant lui. En chauffant, le contenu du récipient a répandu dans la tente une odeur douceâtre qui vous monte à la tête. La fumée s'épaissit

tandis que les flammes projettent sur le visage cuivré du vieil Apache une clarté mouvante.
— Ton voyage sera difficile, reprend Klayoka, mais tu as le cœur pur et l'esprit du Cheval de Brume veillera sur toi.
Comme il prononce ces paroles, vous sentez un vertige vous envahir et vous voyez avec stupéfaction se dessiner dans la fumée s'élevant du bol une forme d'abord indécise qui se métamorphose peu à peu en la silhouette d'un cheval. L'apparition devient de plus en plus nette et bientôt vous avez l'impression de voir un vrai cheval au pelage blanc se cabrer devant vous. Étrangement, cette vision ne fait naître en vous aucune crainte, vous éprouvez au contraire un grand bien-être et un sentiment de sécurité, comme si ce cheval immatériel avait le pouvoir de vous protéger de tous les dangers.
— Je sais ce que tu ressens, dit alors Klayoka dont le visage a presque disparu derrière le panache de fumée, mais ne t'y trompe pas : les périls qui t'attendent sont bien réels et le Cheval de Brume ne peut t'en préserver. Il a en revanche le pouvoir de t'aider au cours de ton aventure en t'indiquant par deux fois le chemin à prendre lorsque tu chercheras ta route. Il te suffira pour cela de boire une gorgée du liquide contenu dans ce bol et tu verras alors le Cheval de Brume galoper dans la direction qu'il te faudra suivre. Mais attention : ne laisse jamais la cupidité envahir ton âme car, dans ce cas, le cheval te montrerait la mauvaise voie. Garde un cœur sincère et n'oublie jamais la noblesse de ta mission.
La silhouette du cheval blanc s'estompe peu à peu et vous ne voyez bientôt plus qu'une simple fumée qui se dissipe lentement tandis que Klayoka verse un peu du liquide que contient le bol dans une petite gourde de cuir qu'il vous tend. Prenez-la et rangez-la soi-

91 *Dans la fumée s'élevant du bol se dessine la silhouette de plus en plus nette d'un cheval.*

gneusement dans votre poche. Désormais, lorsque vous hésiterez entre plusieurs chemins, vous pourrez, *mais à deux reprises seulement*, boire une gorgée de ce liquide : le Cheval de Brume vous apparaîtra alors pour vous indiquer le choix à faire. Sachez cependant que l'on ne boit pas impunément la mixture du sorcier : à chaque fois que vous en ferez usage, vous perdrez 2 points de FORCE, c'est le prix à payer pour que le cheval blanc vous vienne en aide.

— Je t'ai dit tout ce que tu devais savoir, déclare l'homme-médecine, il ne me reste plus qu'à te souhaiter de vaincre les dangers qui te guettent. Retrouve l'Homme au Cheval de Brume, ton frère de race, et sauve-le. Car je sens qu'il est en grand péril, mais vivant et indemne. Va, puisse le message qu'il a laissé te conduire jusqu'à lui.

La tête vous tourne encore un peu, mais vous vous sentez parfaitement bien, l'esprit beaucoup plus calme et confiant qu'à votre arrivée.

— Puisque vous possédez le pouvoir d'invoquer le Cheval de Brume, ne pourriez-vous lui demander où se trouve son maître ? interrogez-vous alors.

Klayoka sourit comme il sourirait à un enfant.

— Et puisque tu as le pouvoir de voyager des entrailles de la Terre jusqu'ici, ne pourrais-tu pas aussi t'élever dans les airs jusqu'à la lune ?

Voilà une réponse pleine de bon sens qui devrait vous inciter à réfléchir davantage avant de poser des questions inconsidérées. Dans l'immédiat, le moment est venu de prendre congé du vieil Apache qui vous adresse un signe de tête en guise d'adieu avant de replonger dans l'immobilité de sa méditation. Vous vous éloignez à pas feutrés, pour ne pas troubler son silence, et vous sortez du tipi. Si Puma Rouge était avec vous quand vous avez pénétré dans la tente, rendez-vous au **177**. Si personne ne vous accompagnait, rendez-vous au **32**.

92

La chambre d'hôtel dans laquelle vous allez passer la nuit vous coûte 3 dollars. Si vous n'avez plus de révolver, vous devrez obligatoirement en acheter un au prix de 30 dollars, holster et ceinturon compris. Vous aurez aussi besoin de munitions (30 cartouches) que vous payerez 10 dollars. Notez dès à présent cet achat, si nécessaire. Lorsque vous serez arrivée à Greenville, avant-dernière étape de votre voyage, vous devrez vous habiller en femme, les vêtements de cow-boy n'étant pas recommandés de l'autre côté du Mississippi. Vous pourrez choisir alors de conserver votre robe ou d'en acheter une autre pour 25 dollars. Si vous ne souhaitez pas garder la robe que vous avez, vous pouvez la vendre pour 15 dollars, mais attention : prévoyez les 25 dollars indispensables pour en acheter une autre à Greenville. Dans l'immédiat, sans doute avez-vous faim après cette longue journée : pour 2 dollars, vous ferez un solide repas qui vous rapportera 2 points de FORCE. Il se peut que votre voyage ait été particulièrement éprouvant : dans ce cas, si votre total de FORCE est tombé à un niveau inquiétant, vous pouvez essayer de l'améliorer, à la condition expresse que vous ayez acheté à Jonathan Quack de la potion de jouvence ou du hachis de champignons du Mexique. Mais attention : sachez que si vous décidez d'utiliser l'un ou l'autre de ces produits, ce sera *à vos risques et périls ;* ils sont peut-être efficaces, peut-être pas... Si vous avez de la potion de jouvence et que vous souhaitiez en boire, rendez-vous au **373**. Si vous avez du hachis de champignons du Mexique et que vous souhaitiez en manger, rendez-vous au **202**. Enfin, si votre total de FORCE est satisfaisant, ou si vous préférez ne pas vous risquer à absorber les produits de Jonathan Quack, rendez-vous au **361**.

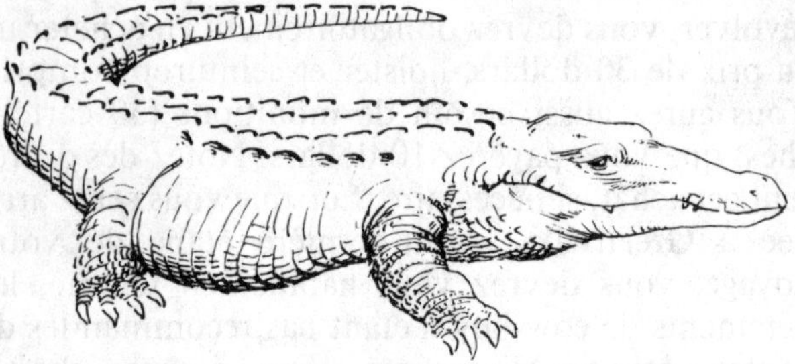

93

— Pour rejoindre Albuquerque, prenez la direction du nord-est jusqu'à l'endroit où vous verrez deux rivières se rencontrer, indique Jonathan Quack. Suivez celle de gauche jusqu'à sa source, puis continuez droit vers l'est. Vous serez à Albuquerque ce soir. J'espère que vous avez emporté des provisions ?
Avec un sourire gêné, vous répondez par la négative. Vous pensiez en effet pouvoir trouver de quoi manger en route. L'homme au chapeau rond lève alors les yeux au ciel en poussant un soupir.
— Quelle inconscience ! s'exclame-t-il. Ah, on peut dire que vous avez vraiment de la chance de m'avoir rencontré !
Tout aussitôt, il va chercher au fond d'un panier un pâté en croûte qu'il vous tend et que vous rangez dans votre sac de selle. Le pâté représente un repas complet.
— Adieu ! lance Jonathan Quack. Que le ciel, mes

remèdes et ce pâté en croûte vous protègent des dangers du désert ! Moi, je vais tenter ma chance à l'ouest !
Il secoue ses rênes d'un coup sec pour faire avancer son cheval et vous adresse un dernier signe de la main tandis que la carriole s'éloigne vers l'ouest. Il ne vous reste plus qu'à repartir de votre côté en vous rendant au **64**.

94

Vous décidez de faire semblant d'avoir très peur et vous vous jetez à genoux, en vous tordant les mains dans un geste de supplication.
— Je vous en prie, ne me tuez pas ! implorez-vous, je vous donnerai tout ce que vous voudrez, mais ne me faites pas de mal !
Les deux bandits éclatent de rire.
— C'est presque trop facile de dévaliser ce pied tendre ! dit l'un.
— Avec les foies jaunes, il suffit de tendre la main pour ramasser les dollars ! plaisante l'autre.
Amusés de vous voir si pleutre, leur attention s'est relâchée et vous en profitez pour dégainer. Lancez un dé, puis ajoutez à votre total MAÎTRISE autant de points que le chiffre obtenu : c'est l'avantage que vous donne l'effet de surprise au cours du premier Assaut que vous allez livrer. Dès le deuxième Assaut, votre MAÎTRISE reviendra à son niveau habituel et vous poursuivrez le combat normalement. Vous pourrez affronter les bandits soit l'un après l'autre, soit en même temps, en menant un Assaut contre l'un, puis l'Assaut suivant contre l'autre et ainsi de suite. Choisissez la manière qui vous convient le mieux, en sachant que vous pourrez en changer au cours du combat si cela vous chante. Pour recharger votre révolver, vous vous mettrez à l'abri d'un

rocher, ce qui vous permettra d'échapper aux balles de vos adversaires pendant l'opération. Et maintenant, battez-vous !

Premier BANDIT	MAÎTRISE : 16	FORCE : 15
Second BANDIT	MAÎTRISE : 15	FORCE : 16

Si vous parvenez à tuer l'un des bandits et à réduire le total de FORCE de l'autre à 4 ou moins, rendez-vous au **230**.

95

Vous êtes impatiente de changer de tenue. La robe que vous portez ne constitue pas, en effet, la tenue idéale pour explorer une caverne. Vous l'ôtez donc dans l'écurie, vous la rangez dans votre sac de selle, puis vous remettez vos vêtements de « cow-boy » en n'oubliant pas, bien entendu, de reprendre votre revolver dont vous aurez peut-être à faire usage. Vous sortez ensuite votre cheval dans la rue pour pouvoir remonter en selle dès que votre tâche sera accomplie. Vous vous dirigez à présent vers le saloon : il s'agit de pénétrer à nouveau à l'intérieur. Heureusement, vous y parvenez sans difficulté, l'une des fenêtres étant mal fermée. Vous vous retrouvez alors dans la grande salle déserte que seule la lune éclaire de ses lueurs bleutées. Vous vous approchez d'une petite porte aménagée dans le mur du fond. Par chance, elle n'est pas fermée à clé et vous la franchissez pour entrer dans une petite pièce où sont entreposés des tonneaux. Après avoir refermé la porte derrière vous, vous craquez une allumette : une lampe à huile est suspendue au plafond bas. A l'aide d'une autre allumette, vous enflammez la mèche de la lampe et vous la décrochez. Vous pouvez ainsi examiner la pièce. Vous constatez tout d'abord qu'il n'y a pas de mur de séparation entre l'arrière de la maison et la paroi rocheuse de la montagne contre laquelle elle a été construite. Cette découverte vous réjouit : le boyau qui donne accès à la caverne où repose Hashkala doit se trouver à proximité. Une rangée de tonneaux masque jusqu'à mi-hauteur la surface du roc nu. C'est sans doute là, derrière, que se situe l'ouverture que vous cherchez. Tenant la lampe à bout de bras, vous examinez la paroi rocheuse et vous distinguez bientôt derrière l'un des tonneaux des pierres de différentes grosseurs qui ont apparemment servi à obstruer un trou d'environ cinq pieds de diamètre. S'agirait-il du fameux boyau ? Vous vous hâtez de déplacer le tonneau et d'ôter les pierres. Celles-ci ne sont pas cimentées, mais simplement entassées, et en peu de temps, vous parvenez à dégager l'entrée d'un passage étroit. Votre lampe à la main, vous vous enfoncez alors dans le boyau et vous avancez sur une courte distance, le dos courbé, l'œil aux aguets, espérant déboucher... Oui ! Voici un espace plus vaste ! Vous vous redressez, vous levez votre lampe au-dessus de votre tête pour mieux éclairer l'endroit, et vous vous retenez à grand-peine de pousser un cri de joie : vous êtes dans la caverne ! Rendez-vous au **365** pour l'explorer.

96

Voici comment va se dérouler la partie : vous miserez à chaque donne une certaine somme dont vous êtes libre de fixer le montant. Sachez cependant que vous ne pourrez miser *moins* de 10 % de la somme globale que vous possédez. Si, par extraordinaire, il ne vous restait que quelques dollars, vous devrez en miser au moins 1. Selon que vous gagnerez ou que vous perdrez, cette somme vous reviendra augmentée d'un certain bénéfice ou, au contraire, sera empochée par l'un de vos adversaires. Il est obligatoire de jouer au moins un tour, mais vous pourrez rejouer jusqu'à 10 fois, à condition qu'il vous reste de l'argent à miser. Agissez avec prudence, toutefois, car même si la chance vous était favorable, elle pourrait brusquement se retourner contre vous si vous vous laissiez gagner par la passion du jeu. C'est Stan qui distribue les cartes. Si, par la suite, vous décidez de continuer à jouer, ce sera à votre tour de distribuer, puis à celui du Mexicain au tour suivant, ensuite, à Oliver, et ainsi de suite. Dans un premier temps, vous allez recevoir cinq cartes. Pour savoir comment va se présenter votre jeu, rendez-vous au **239**.

97

— Les Apaches n'aiment guère les visages pâles, poursuit le vieux sorcier, mais l'Homme au Cheval de Brume n'était pas un visage pâle comme les autres. Il ne cherchait pas à nous faire la guerre, il ne cherchait pas à s'emparer de nos territoires. Lui était plein de bonté et ne cessait de combattre pour que justice nous soit rendue. Puis un jour, il est parti vers les terres où le soleil se lève.

— N'a-t-il pas dit où il allait ? demandez-vous avec espoir.

— Pourquoi les visages pâles sont-ils toujours aussi impatients ? soupire Klayoka. Laisse-moi le temps d'achever mon récit...

Vous gardez alors le silence en vous promettant de ne plus l'interrompre.

— Avant de partir, l'Homme au Cheval de Brume avait confié un secret à Hashkala, notre chef. Ce secret, Hashkala me l'a révélé au moment de sa mort.

Au prix d'un effort considérable, vous vous abstenez de poser la moindre question, de peur que le vieil

Apache ne s'en irrite. Celui-ci reste silencieux un instant, puis il esquisse un sourire.

— La curiosité te dévore, dit-il enfin, mais tu as su la maîtriser. C'est bien. L'Homme au Cheval de Brume a laissé un message qu'il a tracé de sa main et dont seul quelqu'un de sa race aura le droit de prendre connaissance. Ce message, il l'a confié à Hashkala.

Cette fois, vous n'y tenez plus, il vous faut à tout prix en savoir plus.

— Je suis de sa race ! vous exclamez-vous, je dois lire ce message ! Où est-il ?

— Dans la tombe d'Hashkala, déclare l'homme-médecine. Mais avant de t'en dire davantage, je veux être sûr que tu appartiens au peuple de l'Homme au Cheval de Brume. Qui es-tu et d'où viens-tu ?

Faut-il dire la vérité au vieil Apache ? A vous de juger. Si vous souhaitez répondre :

Que Chronalia, reine des Pérenniens, est votre mère	Rendez-vous au **280**
Que vous venez d'au-delà des mers	Rendez-vous au **247**
Que vous venez du ciel	Rendez-vous au **124**

98

Décidément, vous jouez de malchance. Vous qui savez d'ordinaire si bien monter à cheval, voilà que vous avez glissé à bas de votre monture ! Vous atterrissez à plat ventre par terre, tandis que votre cheval s'éloigne au galop. Vous avez à peine le temps de vous relever : les bisons sont déjà sur vous et vous piétinent avec une telle violence qu'il vaut mieux ne pas décrire l'état dans lequel vous vous trouvez après leur passage. Sachez seulement que votre mission s'achève ici, sous le soleil éblouissant du Texas.

99

Cette fois, la femme ne songe plus à vous lancer des regards dédaigneux : sautant de la diligence, elle se précipite sur vous et vous serre contre son cœur tandis que la gamine applaudit en vous contemplant d'un air admiratif.

— Vous avez été héroïque ! s'écrie la femme. Il faudrait davantage de jeunes filles comme vous dans ce pays ! Que le Seigneur soit remercié ! ajoute-t-elle, prudente, en joignant les mains vers le ciel.

— Bravo, Mademoiselle ! lance le mari replet qui est descendu à son tour et s'éponge le front à l'aide d'un mouchoir. Je n'aurais pas fait mieux moi-même !

— En attendant, vous n'avez rien fait du tout, Elmer ! réplique la femme d'un ton méprisant.

— Mais Thelma, je ne voulais pas déranger cette jeune fille qui avait la situation bien en main. Une initiative de ma part aurait été malvenue...

Vous n'avez vraiment pas le temps d'écouter davantage ces disputes oiseuses et vous faites remonter tout le monde dans la diligence que vous allez mener vous-même jusqu'au prochain relais où un autre cocher prendra la relève. Rendez-vous pour cela au **81**.

100

Voici la liste des armes, objets et vêtements que vous avez laissés derrière vous :

Votre colt, votre carabine, toutes vos munitions
La couverture et le lasso
Le couteau et la gourde d'eau
Votre robe

En revanche, il vous reste vos dollars, vos allumettes, les potions et remèdes que vous avez éventuellement achetés à Jonathan Quack, votre chapeau et vos bottes, ainsi qu'une touffe de poils de putois, si toutefois l'Apache nommé Ours Mou vous en a donné une. Traverser le Texas sans armes serait considéré comme une véritable folie par la plupart des habitués de l'Ouest américain, surtout si l'on est une femme. C'est pourtant ce que vous allez être obligée de faire en priant le ciel qu'il ne vous arrive pas malheur. Pour l'instant, il vous faut poursuivre votre chemin coûte que coûte sur votre nouveau cheval. Rendez-vous pour cela au **381**.

101

— Ah non, ce serait trop facile ! proteste le Mexicain lorsque vous annoncez votre intention d'abandonner la partie. Tu dois nous donner une chance de récupérer notre argent, étranger !
— Sûr, approuve Oliver, tu as gagné un peu trop facilement, ne crois-tu pas, Stan ?
— Il n'a qu'à nous offrir une bouteille à chacun, propose Stan, comme ça, nous serons remboursés en liquide...
— Tu n'es qu'un ivrogne, Stan ! s'indigne Oliver. La partie n'est pas finie, étranger, il faut jouer au moins un tour encore.
Vous avez tout intérêt à vous montrer conciliant, sinon, vous risquez de vous retrouver avec trois adversaires sur les bras. Vous allez donc jouer à nouveau. Si vous souhaitez continuer à tricher, rendez-vous au **311**. Si, en revanche, vous estimez préférable de jouer honnêtement, rendez-vous au **264**.

102

— Vous avez bien fait de m'acheter ce baume ! s'écrie Jonathan Quack. Il permet de guérir toutes les blessures par balles, armes blanches ou autres. L'effet est immédiat et miraculeux. C'est un homme-méde-

cine iroquois qui l'a préparé spécialement pour moi un jour où j'avais sauvé son fils de la noyade. J'ai scrupule à m'en séparer, mais vous en aurez sans doute plus besoin que moi.
Vous rangez dans votre poche le petit flacon qui contient le baume en espérant qu'il se révélera efficace. Car il est à craindre que vous ayez de nombreuses blessures à soigner au cours de votre voyage. Si vous souhaitez faire d'autres achats, retournez au numéro que vous avez noté, puis rendez-vous au paragraphe correspondant au produit désiré. Si vous préférez repartir tout de suite, rendez-vous au **93**.

103

D'un bond, vous remontez sur votre cheval et vous vous éloignez au galop. Vous n'avez pas été suffisamment rapide, cependant : l'Apache, en effet, croyant avoir affaire à un ennemi, a lancé d'un geste vigoureux et précis son tomahawk qui vous atteint violemment à l'épaule. Sous le choc, vous perdez l'équilibre et vous tombez de cheval. La chute est rude et vous assomme pour le compte. Cette douloureuse mésaventure vous coûte 3 points de FORCE. Lorsque vous retrouvez vos esprits, vous distinguez des visages d'Indiens qui se penchent vers vous. On vous observe avec curiosité, comme si vous étiez un animal étrange rapporté par un chasseur de la tribu. Vous avez mal à la tête et à l'épaule et le simple fait de vous redresser sur un coude vous demande un effort considérable. Si vous êtes le Prince du Temps, rendez-vous au **254**. Si vous êtes la Princesse du Temps, rendez-vous au **136**.

104

Lorsque le soleil projette ses premières lueurs à l'horizon, vous vous réveillez et vous remontez aussitôt sur votre cheval pour continuer votre voyage, sans oublier, bien entendu, de noter sur votre calendrier la date du jour qui commence. La journée est calme et rien ne vient arrêter votre course. Si vous avez encore des provisions, vous pouvez prendre un repas à midi. Sinon, vous n'avez pas le temps de chasser du gibier et de le faire cuire, ce qui vous oblige à sauter un repas. Le soir venu, vous arrivez dans la ville de Dallas ; votre cheval a perdu 4 points de FORCE au cours de la journée, mais l'essentiel, c'est que vous ayez pu arriver jusqu'ici sans dommages. Le moment est venu, à présent de faire le point de votre situation, et notamment de votre situation financière. Si vous avez fui le camp des Comanches en laissant derrière vous votre cheval, vos armes et la plupart des objets que vous possédiez, rendez-vous au **140**. Si vous avez quitté les Comanches sur votre propre cheval, sans rien perdre de ce que vous aviez, rendez-vous au **313**.

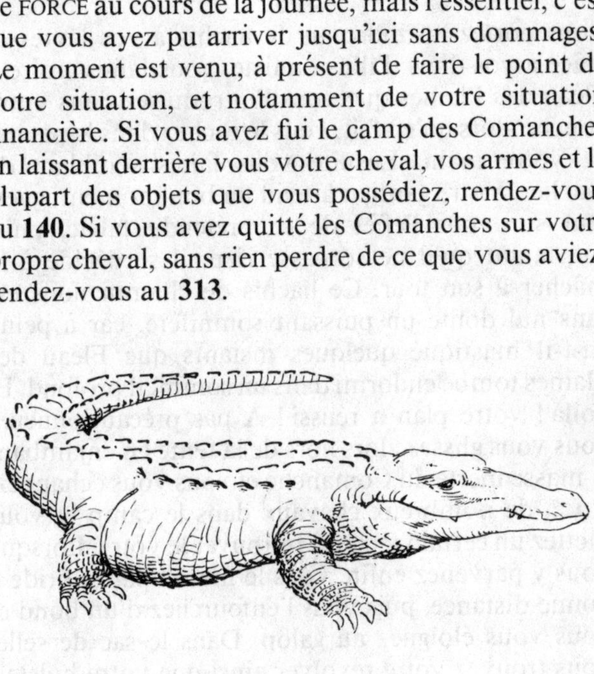

105

— Vous pouvez dire adieu à vos dollars, Mademoiselle ! s'exclame le dénommé Oliver tandis que vous vous installez à une table face à Nimbly Jack.

— Silence, Oliver ! réplique ce dernier. Cette partie

sera d'autant plus loyale que j'ai affaire à une dame ! Chez moi, la galanterie est une seconde nature.

Un éclat de rire général salue cette déclaration, et vous commencez à vous demander si vous avez bien fait d'accepter de jouer avec l'homme à la redingote noire. Il est cependant trop tard pour reculer. Si vous avez le talent de PRESTIDIGITATEUR, rendez-vous au **143**. Dans le cas contraire, rendez-vous au **379**.

106

Vous portez un morceau de hachis à vos lèvres et grâce à vos dons d'illusionniste, vous faites croire à Fléau des Plaines que vous l'introduisez dans votre bouche alors qu'en fait, vous le cachez dans la paume de votre main. Ensuite vous faites semblant de mâcher. Votre gardien attend un bon moment, guettant sur vous l'effet de ce prétendu tabac, puis, constatant qu'il ne se passe rien, il se décide à le mâcher à son tour. Ce hachis de champignons est sans nul doute un puissant somnifère, car à peine l'a-t-il mastiqué quelques instants que Fléau des Plaines tombe endormi dans un sommeil profond. Et voilà ! votre plan a réussi ! A pas précautionneux, vous vous glissez alors hors de la tente en enjambant la masse inerte du Comanche et vous vous échappez. Il y a de nombreux chevaux dans le camp et vous mettez un certain temps à retrouver le vôtre. Lorsque vous y parvenez enfin, vous le menez par la bride à bonne distance, puis vous l'enfourchez d'un bond et vous vous éloignez au galop. Dans le sac de selle, vous trouvez votre revolver ainsi que votre holster. Les Indiens ont eu la bonne idée de les ranger là. Vous bouclez aussitôt votre ceinturon autour de la taille et vous inspectez vos autres affaires. Rien de ce que vous possédiez ne vous a été enlevé ; tout va bien, par conséquent. A un détail près, cependant : en passant cette journée dans le camp des Comanches, vous avez perdu un jour, ce que vous devez noter dès à présent sur votre calendrier. Vous chevauchez pendant plus d'une heure, puis vous décidez de vous arrêter pour camper jusqu'à l'aube. Profitez des dernières heures de la nuit pour bien dormir, avant de vous rendre au **261**.

107

Vous sortez de son enveloppe de toile la touffe de poils de putois et vous êtes alors suffoquée par l'odeur qui s'en dégage : hélas ! vous allez devoir supporter l'infecte puanteur si vous tenez vraiment à vous déguiser en homme. Il est encore temps, cependant, de revenir sur votre décision. Dans ce cas, vous pourrez choisir d'aller au saloon en conservant les vêtements que vous portez, mais sans vous grimer (rendez-vous alors au **209**) ou de revêtir la robe que vous avez emportée (rendez-vous au **310**). Si vous persistez à vouloir vous faire passer pour un homme, vous allez coller la touffe de poils sous votre nez à l'aide de la résine que vous fournira un cactus planté un peu plus loin. Après vous être assurée que cette moustache de fortune ne risque pas de tomber inopinément, vous remontez sur votre cheval. Grâce à cet accessoire pileux, vous avez l'air à présent d'un véritable cow-boy. Il vous faut simplement vous habituer à la pestilence que produisent les poils du putois. Quelques instants plus tard, vous faites votre apparition dans la grand'rue de Passivitt-Montgayo. Les étrangers sont rares, par ici, et votre arrivée ne passe pas inaperçue. Vous sentez les regards se diriger vers vous et suivre votre avance tandis que vous vous approchez du saloon. On ne peut pas dire que la ville soit en proie à une grande agitation : il semble que ses habitants passent plus de temps à bavarder et à se reposer qu'à se livrer à une quelconque activité. La chaleur, sans doute... Parvenue devant le saloon, vous mettez pied à terre, vous attachez votre cheval à la balustrade prévue à cet effet, puis vous poussez d'un geste décidé la double porte battante qui donne accès à l'intérieur de l'établissement. L'atmosphère qui règne dans la grande salle enfumée tranche avec le calme de la rue. A en juger par le nombre des consommateurs, on dirait que toute la ville s'est donné rendez-vous ici. Toutes les tables sont occupées par des cow-boys aux mines souvent peu avenantes et le bar vous est caché par une rangée de clients aux carrures de taureau. L'un d'eux, un véritable colosse, est accoudé devant une bouteille qu'il tient fermement par le goulot, comme s'il avait peur qu'on ne la lui vole. Les rires, les cris et les interjections se mêlent en un vacarme incessant ponctué par le tintement des verres qu'on entrechoque. Le nuage de fumée qui stagne au-dessus des tables vous prend à la gorge et vous pique les yeux. Vous vous approchez du comptoir tandis que les regards convergent sur vous. Vous remarquez que les consommateurs font des grimaces sur votre passage : à l'évidence, vous ne leur semblez pas très sympathique. Derrière le comptoir, le barman remplit des verres. Au moment où vous arrivez devant lui, il est en train d'échanger quelques mots avec le colosse que vous aviez repéré dès votre entrée.

— Bonjour, auriez-vous une chambre pour la nuit ? demandez-vous au barman.

Le colosse se tourne alors vers vous, renifle, puis fait la grimace.

— Ça sent le putois, tout d'un coup ! s'exclame-t-il d'un air dégoûté. Si tu passes la nuit ici, étranger, il faudra fermer le saloon pendant quinze jours pour en chasser l'odeur !

Sa remarque provoque un éclat de rire général dans la salle. Vous êtes, quant à vous, vexée et furieuse, bien que le colosse n'ait pas tout à fait tort de se plaindre des relents que dégage votre moustache ! Comment allez-vous réagir ? Si vous souhaitez donner une leçon au colosse, rendez-vous au **195**. Si vous préférez vous montrer conciliante pour éviter un incident inutile, rendez-vous au **75**.

108

Lancez deux dés. Si vous faites un double, rendez-vous au **315**. Dans le cas contraire, rendez-vous au **220**.

109

Il est rare que l'on survive à une morsure de serpent à sonnette, et vous ne faites pas exception à la règle. Le venin a tôt fait de répandre la mort en vous ; votre corps se raidit, vous perdez soudain la notion du temps et de l'espace, puis vous sombrez dans une obscurité vertigineuse, comme si un tourbillon d'eau noire vous emportait vers de mystèrieuses et insondables profondeurs. Votre mission se termine ici, pour la plus grande joie des vautours et des coyotes qui, déjà, s'avancent vers votre cadavre, le regard gourmand.

110

Vous allez chercher votre cheval à l'écurie de l'hôtel, mais au lieu de monter en selle, vous le tenez par la bride : vous pouvez ainsi vous cacher derrière lui pour éviter d'être vu par les passants que vous croisez. Vous avez le choix entre deux chemins pour sortir de la ville : une rue étroite qui semble déserte et une autre rue plus large et plus fréquentée. Si vous souhaitez emprunter la rue étroite, rendez-vous au

72. Si vous préférez la rue plus large, rendez-vous au **196**. Enfin, vous pouvez invoquer le Cheval de Brume pour qu'il vous indique le bon chemin – à condition bien sûr que vous n'ayez pas déjà fait appel à lui par deux fois. Rendez-vous alors au **289**.

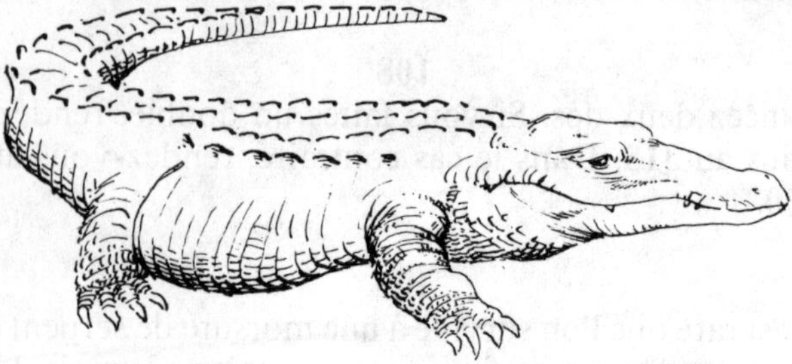

111

Si vous êtes maintenant en possession de la somme dont vous avez besoin, vous pouvez cesser de travailler et vous rendre au **368** si vous êtes le Prince du Temps, ou au **92** si vous êtes la Princesse du Temps. Si, en revanche, il vous manque des dollars, vous pourrez travailler ce soir à la condition de posséder le talent de MUSICIEN (rendez-vous au **188**) ou de PRESTIDIGITATEUR (rendez-vous au **377**). Si vous n'avez aucun de ces deux talents, vous devrez attendre demain pour travailler à nouveau. Entre-temps, vous passerez une nuit à l'hôtel pour 3 dollars après avoir pris un copieux repas qui vous aura coûté 2 dollars et rapporté 2 points de FORCE. Si vous avez toujours votre cheval, un employé de l'hôtel lui donnera de l'avoine qui lui permettra de regagner 2 points de FORCE. Lorsque vous vous lèverez demain matin (sans oublier de mettre votre calendrier à jour), vous repartirez au travail pour exercer l'un des talents suivants :

ARMURIER (1 journée de travail à 20 dollars) Rendez-vous au **20**
CHARPENTIER (1 journée de travail à 20 dollars) Rendez-vous au **308**
DESSINATEUR (1 journée de travail à 40 dollars) Rendez-vous au **165**
ZOOLOGISTE (1 journée de travail à 50 dollars) Rendez-vous au **7**
BOTANISTE (1 journée de travail à 30 dollars) Rendez-vous au **234**

112

Un silence lourd s'installe dans le saloon tandis que Nimbly Jack, touché à mort, s'effondre sur le plancher. Quelques instants plus tard, vous percevez des chuchotements : les spectateurs, impressionnés par votre habileté à manier le six-coups, commentent le duel à voix basse.
— Ce coyote a trouvé son maître, dit l'un.
— Il nous faudrait un étranger comme celui-là pour régler son compte à toute la racaille d'Albuquerque ! assure un autre.
— En tout cas, ça nous fait déjà un tricheur de moins ! se réjouit un troisième.
Lentement, les clients du saloon reprennent leurs places autour des tables tandis qu'on emmène au-dehors le cadavre de Nimbly Jack, mort les bottes aux pieds. Vous rangez soigneusement l'argent que vous avez gagné, puis vous demandez la clé de votre chambre au barman qui vous la donne avec, sur le visage, une expression de crainte mêlée d'admiration. Vous montez alors à l'étage, suivi des yeux par

les cow-boys attablés qui se hâtent de renouveler leurs consommations pour boire à votre santé. Rendez-vous au **154**.

113

Tandis que les Comanches s'adonnent à divers préparatifs avant de vous faire subir les supplices qu'ils vous réservent, une jeune fille fait quelques pas dans votre direction et vous contemple avec insistance. Puisqu'il vous faut mourir, autant le faire avec courage et vous soutenez son regard sans faiblir. C'est elle qui finit par rougir et baisser les yeux. Cette jeune fille est belle, elle est même ravissante. Grâce, finesse, élégance, rien de ce qui peut séduire ne lui fait défaut et lorsqu'elle lève à nouveau les yeux vers vous, vous ne pouvez vous empêcher de lui sourire, en dépit des circonstances. La jeune fille vous rend votre sourire, puis elle se tourne vers le chef de la tribu et lui adresse la parole dans la langue des Comanches. Malgré votre don naturel pour les langues étrangères, vous ne parvenez pas à comprendre ce qu'elle dit, mais vous la voyez engager avec son interlocuteur une conversation qui s'anime peu à peu jusqu'à ressembler à une dispute. Les autres Indiens ont soudain interrompu leur besogne et écoutent dans un silence recueilli les propos qui s'échangent. Enfin, le chef semble réfléchir un instant, puis il donne un ordre et les deux guerriers qui vous avaient attaché au poteau viennent aussitôt vous libérer. On vous amène ensuite devant le vieux Comanche qui vous annonce, dans son anglais malhabile, que sa fille désire vous prendre pour mari ! Interloqué, vous restez muet en vous demandant ce qu'il convient de faire en pareil cas ! La perspective d'une vie matrimoniale dans les plaines du Texas ne vous enchante guère, mais cette demande en mariage comporte au

moins un avantage appréciable ; dans l'immédiat, elle vous sauve la vie !
— Acceptes-tu d'épouser ma fille ? demande alors le chef.
Vous allez devoir prendre là une grave décision qui risque de vous engager pour longtemps. Aussi, réfléchissez bien avant de parler. Si vous souhaitez :

Accepter cette demande en mariage	Rendez-vous au **41**
La refuser poliment	Rendez-vous au **70**
Invoquer le Cheval de Brume en espérant qu'il pourra vous sortir de ce mauvais pas — à condition que vous n'ayez pas déjà fait appel à lui par deux fois	Rendez-vous au **187**

114

Vous avez pris là une sage décision : vous auriez en effet gaspillé une énergie et un temps précieux à courir après quelques dollars que, de toute façon, vous n'auriez peut-être pas récupérés. Et si vous êtes à court d'argent, l'occasion vous sera bientôt donnée d'en retrouver, pour peu que la chance soit avec vous. En attendant, rendez-vous au **74**.

115

— Le pied tendre paye une tournée ! annonce Bulky Joe. Passez la commande, les gars !
Voilà un geste qui va vous coûter cher : en effet, compte tenu du nombre de clients, vous allez devoir donner 50 dollars au barman ! C'est une jolie somme, mais qui vous permet d'avoir la paix. Pour 2 dollars de plus, le barman vous loue la chambre numéro 3, au premier étage, et plus personne ne s'occupe de

vous. Vous pouvez donc quitter la salle, monter l'escalier et pousser la porte de la chambre en vous rendant au **292**.

116

Le scorpion du Texas est un insecte dangereux dont la piqûre est redoutable, parfois même fatale ! Lancez deux dés. Si vous obtenez :

De 2 à 5	Votre cheval perd 5 points de FORCE
De 6 à 8	Votre cheval perd 7 points de FORCE
De 9 à 11	Votre cheval perd 10 points de FORCE
12	Votre cheval meurt

Si votre cheval n'a pas survécu à la piqûre, rendez-vous au **128**. S'il est encore en vie, vous allez pouvoir repartir — n'oubliez pas de remettre votre foulard — en vous rendant au **12**.

117

Votre cheval est rapide et, au terme d'une poursuite obstinée, vous parvenez à rattraper votre voleur. Celui-ci, voyant que vous arrivez à sa hauteur, tire sur les rênes de sa monture qui freine des quatre fers. Vous vous arrêtez à votre tour, puis vous dégainez votre revolver et vous mettez en joue le jeune homme au sombrero. Vous n'êtes plus qu'à quelques pas de lui, le doigt sur la détente. Si vous êtes le Prince du Temps, rendez-vous au **265**. Si vous êtes la Princesse du Temps, rendez-vous au **372**.

118

Vous avez besoin de vous dégourdir les jambes et vous décidez de faire une promenade sur le pont. La nuit est tombée depuis un bon moment déjà, et la plupart des passagers sont rentrés dans leurs cabines. Les lumières du bateau se reflètent sur les eaux sombres du Mississippi et vous apercevez de temps à autre des formes oblongues qui flottent à la surface du fleuve : ce sont des alligators à la recherche d'une proie ou de déchets jetés par les marins. L'air est chaud et humide. Au loin, vous entendez les échos d'une musique : on donne un bal quelque part sur la rive. Vous vous accoudez au bastingage et vous contemplez le paysage qui s'étire lentement au passage du bateau. Puis, soudain, vous entendez un chuchotement. Vous tournez la tête et vous distinguez deux ombres à l'autre bout du pont. Une lueur apparaît alors, quelques étincelles jaillissent sur le sol et les deux ombres s'enfuient aussitôt. Ce manège vous semble suspect. Vous vous précipitez vers l'endroit où les étincelles continuent de crépiter et, en un éclair, vous comprenez ce qui s'est passé : les deux hommes dont vous avez aperçu la silhouette viennent de placer une bombe ! C'est la mèche enflammée de l'engin qui produit les étincelles et, dans quelques instants, l'exposion aura lieu ! Qu'allez-vous faire :

Fuir à l'intérieur du bateau pour tenter de vous mettre à l'abri ? Rendez-vous au **208**
Essayer d'éteindre la mèche ? Rendez-vous au **137**

119

Commencez par miser une somme dont vous êtes libre de fixer le montant. Sachez cependant que vous ne pourrez miser *plus* de 10 % de la somme globale que vous possédez. Si, par extraordinaire, il ne vous restait que quelques dollars, vous n'en miserez qu'un seul. La partie s'engage ensuite. Ce n'est pas vous qui distribuez les cartes, mais vous parvenez quand même, par un tour de passe-passe à votre façon, à prendre discrètement dans le talon celles qui vous arrangent. Vous avez de ce fait un jeu imbattable qui vous permet de l'emporter haut la main. Avec les relances, vous gagnez *six* fois la somme que vous aviez misée ! Mais peut-être pourrez-vous faire encore mieux en continuant à jouer — et à tricher ! Si telle est votre intention, rendez-vous au **311**. Si vous préférez mettre un terme à la partie et empocher vos gains, rendez-vous au **135**.

120

Affaibli par les blessures qu'il a essuyées, l'ours noir finit par abandonner le combat et s'enfuit en boitant. C'est mieux ainsi : il était inutile de tuer ce malheureux animal qui, après tout, ne faisait que défendre son territoire. Au cours de l'affrontement, votre cheval a été blessé par les griffes de l'ours : la plaie n'est pas très grave, mais elle lui coûte quand même 1 point de FORCE. Quant à vous, que cet épisode vous serve de leçon : Klayoka vous avait pourtant dit de ne pas laisser « la cupidité envahir votre âme, car, dans ce cas, le Cheval de Brume vous montrerait la mauvaise voie ». Vous n'avez pas tenu compte de cet avertissement et vous avez demandé au cheval magique le chemin qu'il fallait emprunter pour récupérer quelques malheureux dollars qu'un Mexicain vous avait volés, des dollars que vous aviez vous-même pris dans les poches d'un mort. Le Cheval de Brume a voulu vous punir en vous infligeant cette mésaventure et il a bien fait. Désormais, vous n'aurez plus le droit de faire appel à lui *qu'une seule fois*. Vraiment, quel gâchis pour un peu de papier monnaie ! Il vous faut à présent reprendre la route d'Albuquerque. Pour rattraper le temps perdu, vous devrez galoper à bride abattue, ce qui va coûter 2 autres points de

FORCE à votre cheval. Lorsque, enfin, vous retrouvez le chemin d'Albuquerque, vous vous rendez au **74**.

121

Bravo ! Vous avez réussi du premier coup à atteindre le levier et à le tirer progressivement vers vous. Les chevaux ralentissent peu à peu l'allure, puis s'arrêtent enfin. Vous êtes tous sains et saufs. Si vous êtes le Prince du Temps, rendez-vous au **62**. Si vous êtes la Princesse du Temps, rendez-vous au **99**.

122

Tenant votre lampe à bout de bras devant vous, vous faites un pas en avant et vous vous immobilisez soudain : vous venez en effet d'apercevoir, à la lueur de la flamme, la silhouette d'un homme accroupi dans le boyau. C'est le shérif ! Vous reculez aussitôt dans la caverne, cherchant une autre issue, mais il est clair qu'il n'y en a pas. A son tour, le shérif sort du boyau et se dresse devant vous.
— Je voudrais bien savoir ce que vous êtes venue faire ici en pleine nuit, dit-il d'un air soupçonneux. Quand vous avez voulu sortir de la chambre, j'ai trouvé ça louche, j'ai fait semblant de me rendormir et j'ai observé votre petit manège. Qu'est-ce que ça signifie ? J'attends vos explications.
Comment allez-vous réagir :

En dégainant votre revolver ?	Rendez-vous au **262**
En essayant de tergiverser dans l'espoir de trouver un moyen de vous enfuir ?	Rendez-vous au **233**

123

L'un des bandits est mort et l'autre risque fort de connaître un sort semblable s'il ne se résout pas à

abandonner le combat. La sagesse finit par l'emporter : votre assaillant fait soudain volte-face et s'enfuit au triple galop.
— Dieu a entendu mes prières ! s'écrie alors la femme.
Elle ferait d'ailleurs bien de continuer à prier, car vous êtes loin d'être sortis d'affaire. Au cours de l'affrontement, en effet, le cocher a été tué par une balle perdue et les chevaux pris de panique se sont emballés : ils foncent droit devant eux, tirant la diligence qui fait de dangereuses embardées sur le sol inégal de la piste. Vous risquez à tout moment de verser et d'être tous gravement blessés, voire tués sur le coup. Il faut donc faire quelque chose et c'est vous, bien entendu, qui prenez l'initiative d'agir. Sur le côté de la diligence, un levier permet d'actionner le frein. Si vous parvenez à l'atteindre et à le tirer vers vous, les chevaux, sentant une résistance, finiront par s'arrêter. Vous ouvrez la portière, et, vous retenant d'une main, vous tendez le bras vers le levier. Votre position est pour le moins inconfortable : vous devez vous maintenir en un équilibre instable tandis que la diligence continue de cahoter à toute allure en décrivant des zigzags. Aurez-vous le bras assez long pour attraper le levier ? Parviendrez-vous à ne pas lâcher prise malgré les violentes secousses du véhicule ? Vous le saurez en lançant deux dés. Si vous obtenez un double, rendez-vous au **121**. Si vous obtenez un chiffre pair, rendez-vous au **243**. Enfin, si les dés vous donnent un chiffre impair, rendez-vous au **34**.

124

— Du ciel ? s'étonne l'homme-médecine. Serais-tu un oiseau ? ajoute-t-il avec ironie.
Puis, soudain, il vous fixe d'un regard dur qui vous surprend et vous inquiète.

123 *Ouvrant la portière, vous tendez le bras vers le levier de frein.*

— Je vais t'y envoyer, moi, au ciel, dit alors le sorcier d'une voix sourde. Tu as menti, tu n'es pas de la race de l'Homme au Cheval de Brume. Je me suis laissé abuser, mais tu paieras cher ta perfidie.
Aussitôt, il lance un cri et, en un instant, quatre ou cinq Apaches pénètrent dans la tente, se précipitant sur vous pour vous immobiliser.
— Tu en sais trop, désormais, reprend le vieil Indien. Reçois le châtiment de tes mensonges.
Mieux vaut ne pas décrire le traitement que l'on s'apprête à vous faire subir. Pour être concis, sachez simplement que vous allez bientôt mourir. Mais aussi, quel besoin aviez-vous de raconter des sornettes ? La vérité était si simple à dire...

125

Voilà exactement ce qu'il ne fallait pas faire ! Même avec une carabine à 15 coups, vous ne pouviez espérer l'emporter sur un si grand nombre d'adversaires. Dès que vous pressez la détente de votre arme, les Indiens décochent leurs flèches et ils visent bien ! Quelques instants plus tard, vous tombez de votre cheval et vous expirez sous les coups. Votre imprudence vient de mettre un terme brutal et douloureux à votre mission.

126

— Que veux-tu ? demande l'Indien en anglais.
— Je suis venu de très loin pour voir Hashkala, votre chef, déclarez-vous.
L'Apache paraît surpris.
— Il y a déjà cinq lunes que Hashkala a rejoint ses ancêtres, répond-il.
Voilà bien la plus mauvaise nouvelle qu'on pût vous annoncer ! Comment savoir ce qu'il est advenu

d'Oclock le Bon si Hashkala est mort ? Lui seul pouvait vous mettre sur sa piste. La déception que vous éprouvez se manifeste si nettement sur votre visage que l'Indien en semble ému.

– Que voulais-tu à Hashkala ? interroge-t-il.

– Lui demander s'il savait où est parti mon ami John Goodman, répondez-vous dans l'espoir qu'il a lui-même connu Oclock le Bon.

– John Goodman ? Tu veux dire l'Homme au Cheval de Brume ?

Cet étrange surnom vous intrigue, mais vous vous efforcez de n'en rien laisser paraître.

– Tout le monde connaît l'Homme au Cheval de Brume, ici, poursuit l'Apache. S'il est ton ami, alors, sois le bienvenu.

L'Indien, à votre grand soulagement, remet son tomahawk dans sa ceinture.

– Mon nom est Puma Rouge, annonce-t-il, et l'Homme au cheval de Brume était comme un frère pour moi. Viens, je vais te mener auprès de Klayoka, l'homme-médecine. Lui sait où ton ami est parti.

Vous laissez votre cheval à l'entrée du camp et vous suivez Puma Rouge, le cœur léger. Vos craintes sont à présent apaisées : l'homme-médecine devrait en savoir tout autant que Hashkala au sujet d'Oclock le Bon. Quelques instants plus tard, Puma Rouge s'arrête devant une haute tente qui domine le campement. Un Apache replet et somnolent, assis par terre la tête tombant sur sa poitrine, en garde l'entrée. Lorsque vous passez devant lui, l'Indien endormi relève la tête.

– Il faut donner quelque chose à Ours Mou pour entrer, lance-t-il d'une voix grave, Ours Mou demande cadeau.

Puma Rouge lui répond alors en langue apache sur un ton qui vous semble sans réplique. Ours Mou se tourne cependant vers vous et vous regarde d'un air attendrissant.

— N'as-tu pas un petit billet de 10 dollars pour Ours Mou ? Un tout petit billet de 10 dollars ?

Vous êtes libre de lui donner ou non les 10 dollars ; mais qui peut dire si votre générosité sera payée de retour ? A vous de décider. Puma Rouge vous fait ensuite pénétrer dans la tente de Klayoka, l'homme-médecine. Celui-ci est assis en tailleur sur le sol : c'est un homme vieux à la peau ridée et parcheminée. Le regard fixe, le corps immobile, il ressemble à une momie. Tout d'abord, il semble ne pas vous voir, mais tandis que Puma Rouge lui parle en apache d'un ton qui traduit un intense respect, le vieil Indien tourne lentement la tête vers vous et vous considère d'un œil attentif. Lorsque Puma Rouge se tait, Klayoka observe un long silence sans vous quitter du regard. Vous vous sentez quelque peu mal à l'aise, n'osant ni bouger, ni parler. Enfin la voix rauque et profonde de l'homme-médecine s'élève. Il s'adresse à vous en anglais.

— Ainsi, tu es l'ami de l'Homme au Cheval de Brume ? Je te crois. Ton regard est sincère.

Klayoka dit alors quelques mots à Puma Rouge qui sort aussitôt de la tente, puis il se tourne à nouveau vers vous. Rendez-vous au **97** pour entendre ce qu'il s'apprête à vous dire.

127

La seule chose que vous sachiez sur la ville de Memphis, c'est qu'elle est située au bord du Mississippi, dans l'État du Tennessee. Vous savez également qu'elle est très loin de l'Arizona et qu'il vous faudra du temps pour l'atteindre. Le temps ! Voilà peut-être votre pire ennemi, celui que vous aurez à vaincre en priorité. Ainsi que votre mère vous l'a indiqué, vous allez devoir tenir un calendrier précis de votre aventure. Il est en effet essentiel que vous sachiez *chaque matin* la date du jour qui commence. Vous cocherez donc les jours sur votre *Journal de Mission* à mesure qu'ils passeront, afin de connaître *exactement* la date de votre arrivée à Memphis. Car de cette date dépendra la réussite ou l'échec de votre entreprise. Pour le moment, vous avancez à bonne allure dans le désert qui s'étend vers l'est. Ces espaces sans fin où n'apparaît pas la moindre silhouette humaine ont quelque chose d'angoissant : vous avez par instants l'impression que ces terres arides n'ont pas de limites et vous condamnent à une solitude perpétuelle. Comme pour contredire ces sombres pensées, un nuage de poussière s'élève soudain au détour d'une éminence rocheuse et vous distinguez bientôt une carriole bâchée tirée par un cheval. Un homme coiffé d'un curieux chapeau rond tient les rênes. Voilà quelqu'un qui va peut-être pouvoir vous indiquer l'itinéraire à suivre pour gagner Memphis. Vous galopez donc vers la carriole et, quelques instants plus tard, vous en êtes suffisamment proche pour pouvoir lire ces mots écrits sur la bâche :

JONATHAN QUACK
POTIONS - DÉCOCTIONS - REMÈDES
GUÉRISON GARANTIE DE TOUTES
MALADIES, INDISPOSITIONS, INFIRMITÉS

L'homme au chapeau rond vous regarde venir d'un air méfiant. Il est visiblement sur la défensive ; pour le rassurer, vous lui adressez un large sourire en arrivant à sa hauteur. Si vous êtes le Prince du Temps, rendez-vous au **304**. Si vous êtes la Princesse du Temps, rendez-vous au **316**.

128

Sans cheval, on ne peut plus faire grand-chose dans cette immensité. Peut-être parviendrez-vous à survivre, mais il faut dire adieu à votre mission : vous ne pourrez jamais être à Memphis à temps. Il ne vous reste donc plus qu'à tout faire pour vous maintenir en vie, ce qui ne sera pas si facile ! Bonne chance quand même...

129

— Vous ne voulez pas jouer ? dit Nimbly Jack avec un sourire inquiétant. Vous entendez, vous autres ? ajoute-t-il en se tournant vers la salle. Voici un étranger qui n'a pas envie de s'amuser ! Mais peut-être qu'on pourrait s'amuser avec l'étranger ?

— Bonne idée ! approuve l'un des clients. On va aller chercher une couverture !

— Ouais ! Une couverture ! s'exclament plusieurs cow-boys. Il y a un bout de temps qu'on n'a pas fait valser un étranger, pour sûr ! dit un autre.

Aïe ! Les choses tournent mal ! Vous êtes seul contre une bonne vingtaine de brutes plus ou moins ivres qui ont décidé de se divertir à vos dépens. A moins que vous n'ayez envie de passer une *très* mauvaise soirée, il va falloir revenir sur votre décision, car, aussi habile que vous soyez dans le maniement du six-coups, vous n'arriverez jamais à tenir tête à tout ce monde. D'autre part, il est inutile de songer à fuir, on ne vous laisserait pas passer. Il vaut donc mieux jouer au poker, vous aurez ainsi de meilleures chances de vous tirer de ce mauvais pas.

— Finalement, j'ai réfléchi, une petite partie de poker ne me ferait pas de mal, dites-vous bien fort pour que tout le monde vous entende.

— Voilà qui est mieux ! s'exclame Nimbly Jack. Vous ne regretterez pas d'avoir joué avec moi, étranger !

— Ne l'écoute pas ! lance le cow-boy dodu au visage jovial. Viens plutôt t'asseoir à notre table. Nous, on ne triche pas !

Puisque vous êtes dans l'obligation de jouer, autant choisir le ou les partenaires avec qui vous aurez quelque chance de gagner un peu d'argent. Nimbly Jack est-il vraiment un tricheur ? Et Oliver et ses amis sont-ils aussi honnêtes qu'ils le prétendent ? A vous de choisir, en tout cas ! Si vous souhaitez jouer avec Nimbly Jack, rendez-vous au **366**. Si vous préférez jouer avec Oliver et ses amis, rendez-vous au **252**.

130

Le chemin reste orienté au nord-est sur une distance de deux ou trois miles, puis il tourne à nouveau vers l'est : c'est la bonne direction, vous n'avez donc plus à vous inquiéter. Vous chevauchez ainsi pendant une bonne partie de la journée. Vers deux ou trois heures de l'après-midi, vous apercevez au loin, venant à votre rencontre un cavalier avançant au pas. A mesure que vous vous approchez de lui, vous distinguez mieux sa silhouette : l'homme est penché en avant, comme s'il s'appuyait contre l'encolure de son cheval. Lorsqu'il n'est plus qu'à une centaine de yards, vous le voyez soudain glisser de côté, puis tomber lourdement dans la poussière du chemin. Son cheval s'arrête alors et vous vous précipitez pour porter secours à l'inconnu. Mettant pied à terre, vous

vous penchez vers lui. L'homme est moribond, du sang coule sur sa tempe, sa chemise est également tachée de sang et ses yeux grands ouverts ont un regard halluciné.

— L'or... murmure-t-il. L'or... Beaucoup d'or... Mon or...

Après avoir articulé péniblement ces mots, l'inconnu a un soubresaut et rend l'âme avant que vous n'ayez eu le temps de lui poser la moindre question. Vous examinez son cadavre mais vous ne découvrez rien dans ses poches qui puisse vous renseigner sur son identité. Dans le sac de selle de son cheval, en revanche, vous trouvez une quantité de viande séchée équivalente à 2 repas, 12 cartouches du calibre de votre revolver et un sac d'avoine. Voilà qui vous sera utile au cours de votre voyage. Vous ne pouvez plus rien faire pour ce malheureux sauf lui assurer une sépulture décente. Une pelle est accrochée à la selle de son cheval et vous décidez de lui creuser une tombe. Par chance, vous trouvez un peu plus loin un endroit où le sol est meuble et, une demi-heure plus tard, vous avez enterré l'inconnu. C'est alors seulement que vous ramassez son chapeau qui avait roulé à terre dans sa chute. Machinalement, vous y jetez un coup d'œil et vous voyez alors, dissimulé dans la coiffe, un morceau de papier. Vous le dépliez : il s'agit d'un plan. Quelques mots ont été griffonnés dans un coin : « Cette mine m'appartient — John Bob Walters. » Le plan paraît grossier, mais précis : des noms de lieux y sont indiqués, notamment la ville de Santa Fe, au nord d'Albuquerque. Une croix a été tracée à côté d'une ligne sinueuse qui semble représenter une rivière. Ce plan mène-t-il à une mine d'or ? Tout porte à le croire, si l'on en juge par les dernières paroles de l'inconnu. Peut-être alors serait-il possible de retrouver cette mine ? Si vous souhaitez essayer de le faire, rendez-vous au **66**. Si vous préférez jeter ce morceau de papier et poursuivre votre chemin, rendez-vous au **80**.

131

Vous vous sentez si bien en ces lieux, si serein, si confiant, que vous auriez envie de rester là encore longtemps. Il faut partir, cependant, et vous vous engagez donc en sens inverse dans le passage qui donne accès à la sépulture d'Hashkala. Si vous avez exercé le talent de MUSICIEN ou de PRESTIDIGITATEUR au cours de la soirée au saloon, rendez-vous au **298**. Dans le cas contraire, rendez-vous au **275**.

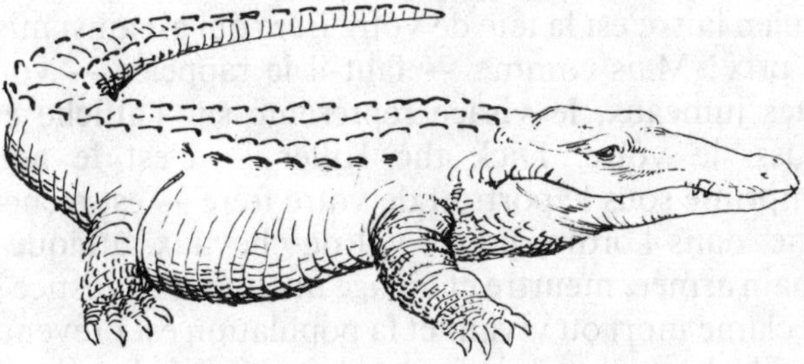

132

Bravo ! Vous n'avez perdu qu'un seul jour au cours de votre voyage, c'est une belle performance ! Lorsque vous tirez le cordon de la sonnette, le serviteur qui vient vous ouvrir – ou plutôt l'esclave, c'est malheureusement le mot qu'il faut employer – vous annonce que le général « est à la guerre ». Quant à sa fille, elle ne reviendra de voyage que le 3 juillet au soir. Il n'y a aucun autre membre de la famille Wayward, dans la maison, seuls les serviteurs – pardon, les esclaves – sont là. Par prudence, mieux vaut ne rien leur révéler des motifs de votre visite : vous repasserez donc le 3 juillet. Mais finalement, ce petit contretemps va vous être fort utile. Pendant les deux jours qui viennent, en effet, vous allez vous reposer dans un hôtel de Memphis — la chambre et les repas vous coûtent en tout 10 dollars — et vous regagnez ainsi *la moitié* de tous les points de FORCE que vous avez perdus depuis le début de votre aventure (s'il s'agit d'un nombre impair, vous arrondirez le résultat au chiffre supérieur). Enfin, au soir du 3 juillet, vous revenez au 30, University Street en vous rendant au **38**.

133

En y regardant de plus près, vous vous apercevez qu'en fait, c'est la tête de votre frère qui est ainsi mise à prix ! Mais comme — faut-il le rappeler — vous êtes jumeaux, le visage représenté sur l'affiche est aussi le vôtre. Dick the Killer — c'est le nom imprimé sous le portrait de votre frère — est recherché, dans l'ordre, pour : vol de chevaux, attaque à main armée, meurtre et tapage nocturne. La justice le réclame mort ou vivant et la population est prévenue qu'il s'agit d'un criminel extrêmement dangereux. Qu'a-t-il bien pu faire pour en arriver là ? Vous êtes bien placée pour savoir que votre frère est souvent difficile à supporter, mais de là à le considérer comme dangereux... Voilà en tout cas qui ne fait pas votre affaire, car, désormais, tout le monde va vous prendre pour lui, surtout habillée en cow-boy ! Il est cependant trop tard pour vous changer. Heureusement, les affiches ont été collées à l'aube et rares sont les passants qui ont déjà en mémoire le portrait de votre frère. Il n'en reste pas moins qu'il vous faut prendre des précautions : éviter les endroits trop fréquentés, notamment, et prendre soin de vous dissimuler le visage en rabattant le bord de votre chapeau. Dommage que vous n'ayez pas un sombrero ! Si vous avez décidé de poursuivre votre voyage à cheval, rendez-vous au **160**. Si vous comptez prendre la diligence, rendez-vous au **51**.

134

Le plan que vous imaginez est simple : il suffit de louer une chambre au saloon pour y passer la nuit. Lorsque tout le monde dormira, vous essaierez alors de découvrir le passage qui mène à la caverne où Hashkala a été enterré. Avec un peu de chance, vous devriez sans trop de difficultés parvenir à vos fins. Vous vous remettez donc en chemin et quelques instants plus tard, vous faites votre apparition dans la grand'rue de Passivitt-Montgayo. Les étrangers sont rares par ici, et votre arrivée ne passe pas inaperçue. Vous sentez les regards se diriger vers vous et suivre votre avance tandis que vous vous approchez du saloon. On ne peut pas dire que la ville soit en proie à une grande agitation : il semble que ses habitants passent plus de temps à bavarder et à se reposer qu'à se livrer à une quelconque activité. La chaleur, sans doute... Parvenu devant le saloon, vous mettez pied à terre, vous attachez votre cheval à la balustrade prévue à cet effet, puis vous poussez d'un geste décidé la double porte battante qui donne accès à l'intérieur de l'établissement. L'atmosphère qui règne dans la grande salle enfumée tranche avec le calme de la rue. A en juger par le nombre des consommateurs, on dirait que toute la ville s'est donné rendez-vous ici. Toutes les tables sont occupées par des cow-boys aux mines souvent peu avenantes et le bar vous est caché par une rangée de clients aux carrures de taureau. L'un d'eux, un véritable colosse, est accoudé devant une bouteille qu'il tient fermement par le goulot, comme s'il avait peur qu'on ne la lui vole. Les rires, les cris et les interjections se mêlent en un vacarme incessant ponctué par le tintement des verres qu'on entrechoque. Le nuage de fumée qui stagne au-dessus des tables vous prend à la gorge et vous pique les yeux. Vous vous approchez du comptoir tandis que les regards convergent sur vous. Vous entendez quelques rires qui vous mettent mal à l'aise : vous sentez, en effet, qu'on se moque de vous. Derrière le comptoir le barman remplit des verres. Au moment où vous arrivez devant lui, il est en train d'échanger quelques mots avec le colosse que vous aviez repéré dès votre entrée.

— Bonjour, auriez-vous une chambre pour la nuit ? demandez-vous au barman.

Le colosse se tourne alors vers vous, vous considère un instant en silence, puis éclate de rire.

— Une chambre ! Ha ! Ha ! Ha ! Il est un peu tôt pour se coucher, étranger ! s'exclame-t-il. D'ailleurs, tu n'as pas l'air fatigué ! Regardez ça, les gars, ajoute-t-il en se tournant vers la salle, regardez le pied tendre, on dirait qu'il sort d'une pouponnière !

— Fais-le danser, Bulky ! crie une voix, les pieds tendres adorent la danse !

— Sûr qu'il appréciera l'orchestre de Bulky Joe ! reprend le colosse en dégainant son revolver. Bulky Joe, c'est moi, précise-t-il à votre intention.

Aussitôt, les clients qui se trouvaient près de vous s'écartent et le dénommé Bulky Joe se met à tirer en visant le sol devant vos bottes, vous obligeant ainsi à lever les pieds en cadence pour éviter les balles. En même temps, un autre cow-boy a sorti un harmonica de sa poche et joue quelques notes en guise d'accompagnement musical. Vous vous trouvez dans une situation quelque peu ridicule qui pourrait se révéler beaucoup plus inquiétante si vous ne réagissez pas très vite. Si vous avez le talent de MUSICIEN, rendez-vous au **67**. Si vous avez le talent de PRESTIDIGITATEUR, rendez-vous au **182**. Si vous avez l'un et l'autre de ces talents, choisissez celui que vous souhaitez exercer dans l'immédiat puis rendez-vous au numéro correspondant. Enfin, si vous ne possédez aucun de ces deux talents, ou si vous ne souhaitez pas les exercer, rendez-vous au **163**.

135

Si vous êtes le Prince du Temps, rendez-vous au **101**. Si vous êtes la Princesse du Temps, rendez-vous au **6**.

136

L'Apache qui vous a lancé son tomahawk à la tête s'avance vers vous.
— Que vient faire une fille au visage pâle chez les guerriers de la Montagne Blanche ? demande-t-il avec ironie.
— Je viens de très loin pour voir votre chef Hashkala, répondez-vous d'un ton peu aimable.
Les Indiens se regardent entre eux, l'air surpris.
— Il y a déjà cinq lunes que Hashkala a rejoint ses ancêtres, déclare l'Apache.
Voilà bien la plus mauvaise nouvelle qu'on pût vous annoncer ! Comment savoir ce qu'il est advenu d'Oclock le Bon, si Hashkala est mort ? Lui seul pouvait vous mettre sur sa piste.
— Pourquoi as-tu cherché à t'enfuir si tu voulais voir notre chef ? interroge l'Indien.
Judicieuse question.
— Je... J'ai cru que vous vouliez me tuer... répondez-vous piteusement.
Les Apaches éclatent alors de rire.

— La squaw va seule sur son cheval, mais elle s'enfuit comme un lièvre à la vue d'un tomahawk ! ricane l'un d'eux.
Cette remarque vous a piquée au vif et vous vous relevez d'un bond, animée d'un soudain accès de fureur. Mais un vertige vous saisit et pendant quelques instants, vous restez immobile en vous demandant si vous n'allez pas retomber par terre. Enfin, quelques instants plus tard, vous retrouvez votre équilibre. La tête vous fait encore mal, mais vous parvenez à rester debout.
— Que voulais-tu à Hashkala ? demande l'Indien.
— Lui demander s'il savait où est parti mon ami John Goodman, répondez-vous avec mauvaise humeur.
— John Goodman ? Tu veux dire l'Homme au Cheval de Brume ?
Le ton de votre interlocuteur a changé : il vous regarde tout à coup avec plus de considération et les autres Apaches ont cessé de ricaner. L'étrange surnom que l'Indien a donné à Oclock le Bon vous surprend, mais vous vous efforcez de n'en rien laisser paraître.
— Tout le monde connaît l'Homme au Cheval de Brume, ici, poursuit l'Apache, mais je ne savais pas qu'il avait une femme.
— Je ne suis pas sa femme, répliquez-vous, il est mon ami, c'est tout.
L'Indien et ses compagnons semblent perplexes, comme si l'existence de liens d'amitié entre un homme et une femme leur paraissait tout à fait improbable.
— Seul Klayoka, l'homme-médecine, pourra te dire où est l'Homme au Cheval de Brume, reprend l'Apache. Tu trouveras Klayoka dans le tipi que tu vois là-bas.

Votre interlocuteur montre une haute tente qui domine le campement et vous fait signe de vous y rendre. Les Indiens s'écartent devant vous et vous regardent avancer vers le tipi d'un air songeur. Ils ne savent vraiment plus que penser de vous. Un Apache replet et somnolent, assis par terre, la tête tombant sur sa poitrine, garde l'entrée de la tente. Lorsque vous passez devant lui, l'indien endormi tend soudain la jambe, vous barrant le chemin. Il relève ensuite la tête et tend également la main.

— Il faut donner quelque chose à Ours Mou pour entrer, lance-t-il d'une voix grave, Ours Mou demande cadeau.

Vous essayez alors de contourner l'Apache ventru, mais celui-ci saisit aussitôt un tomahawk et vous en menace.

— Ours Mou demande 10 dollars pour laisser entrer la squaw au visage pâle.

Vous n'avez pas la moindre intention de prendre un nouveau coup de tomahawk et vous décidez donc de donner à Ours Mou les 10 dollars qu'il exige. L'Indien empoche le billet, range son tomahawk, puis se rendort. Vous pouvez à présent pénétrer dans la tente de Klayoka, l'homme-médecine. Celui-ci est assis en tailleur sur le sol : c'est un homme vieux à la peau ridée et parcheminée. Le regard fixe, le corps immobile, il ressemble à une momie. Tout d'abord, il semble ne pas vous voir. Intimidée, vous le saluez. Il vous répond d'un bref signe de tête presque imperceptible. Vous vous décidez alors à prendre la parole et vous lui expliquez que vous essayez de retrouver votre ami l'Homme au Cheval de Brume.

— Je sais qu'il a connu Hashkala, votre chef, et j'espérais que...

Vous vous interrompez tandis que Klayoka tourne lentement la tête vers vous pour vous considérer d'un œil attentif. L'homme-médecine observe un long silence sans vous quitter du regard. Vous vous sentez de plus en plus mal à l'aise, n'osant ni bouger ni parler à nouveau. Enfin, la voix rauque et profonde du vieil Apache s'élève. Il s'adresse à vous en anglais.

— Ainsi, l'Homme au Cheval de Brume est ton ami ? Ou ton mari, peut-être ?

Cette réflexion vous agace et vous fait perdre votre réserve.

— Ne peut-on être l'amie d'un homme sans avoir à l'épouser ? demandez-vous d'une voix qui trahit votre irritation.

— Ne te fâche pas. Klayoka a appris à se méfier de la langue des squaws. Mais je te crois sincère. Ton regard est pur.

Rendez-vous au **97** pour entendre la suite de ce que Klayoka veut vous dire.

137

La mèche est trop courte pour que vous puissiez l'éteindre. Vous n'avez plus qu'une chose à faire : saisir la bombe et la jeter dans l'eau. Réussirez-vous à la lancer par-dessus bord avant qu'elle n'explose ? C'est ce que vous saurez en lançant deux dés. Si vous obtenez un double, rendez-vous au **169**. Si vous obtenez un chiffre pair, qui ne soit pas un double, rendez-vous au **47**. Enfin, si les dés vous donnent un chiffre impair, rendez-vous au **60**.

138

Bravo ! Votre jeu l'emporte ! Vous avez été plus habile que ce vieux renard de Nimbly Jack ! Additionnez votre première et votre deuxième mise : grâce aux relances successives, vous avez gagné *six* fois cette somme. Par exemple, si le total de vos deux mises est de 10 dollars, votre bénéfice net est de 60 dollars. Si vous souhaitez continuer à jouer, vous recevrez de nouvelles cartes en vous rendant au **239**. Si vous préférez abandonner définitivement la partie, inscrivez votre gain et quittez la table. Vous demanderez ensuite au barman la clé de votre chambre, puis vous monterez à l'étage en vous rendant au **154**.

139

D'un geste vif, vous saisissez la plus grosse des pierres et vous la jetez de toutes vos forces à la tête de votre gardien. Vous avez parfaitement réussi votre coup : assommé par le choc, Fléau des Plaines s'effondre sans connaissance et vous vous glissez aussitôt hors de la tente en enjambant la masse inerte du Comanche. Tout le monde dort dans le camp, et vous vous échappez sans difficulté. Les Comanches possèdent de nombreux chevaux et vous mettez un certain temps à retrouver le vôtre. Lorsque vous y parvenez enfin, vous le menez par la bride à bonne distance, puis vous l'enfourchez d'un bond et vous vous éloignez au galop. Dans le sac de selle, vous trouvez votre revolver ainsi que votre holster. Les Indiens ont eu la bonne idée de les ranger là. Vous bouclez alors votre ceinturon autour de la taille et vous inspectez vos autres affaires. Rien de ce que vous possédiez ne vous a été enlevé ; tout va bien, par conséquent. A un détail près, cependant : en passant cette journée dans le camp des Comanches, vous avez perdu un jour, ce que vous devez noter dès à présent sur votre calendrier. Vous chevauchez pendant plus d'une heure, puis vous décidez de vous arrêter pour camper jusqu'à l'aube. Profitez des dernières heures de la nuit pour bien dormir, avant de vous rendre au **261**.

140

Pour mener à bien votre mission, vous aurez besoin d'une somme minimum de 150 dollars. Si vous possédez déjà cette somme, tout va pour le mieux. Sinon, il va falloir la gagner. Si vous avez au moins 150 dollars en poche, rendez-vous au **368** si vous êtes le Prince du Temps, ou au **92** si vous êtes la Princesse du Temps. Si vous avez moins de 150 dollars, rendez-vous au **78**.

141

C'est une belle journée qui s'annonce et vous comptez bien la mettre à profit pour parcourir la plus grande distance possible en direction de Memphis. Bien entendu, vous n'avez pas oublié de noter sur votre calendrier la date du jour qui commence. Alors que vous venez de sortir de l'hôtel, vous constatez que des affiches ont été placardées sur le mur de la maison voisine. De loin, vous distinguez un portrait qui vous intrigue. Mais lorsque vous vous en approchez, la curiosité fait place à la stupéfaction : ce portrait est en effet le vôtre ! On offre 500 dollars de récompense à quiconque parviendra à vous capturer ! Si vous êtes le Prince du Temps, rendez-vous au **28**. Si vous êtes la Princesse du Temps, rendez-vous au **133**.

142

Vous dégainez votre revolver et vous pressez la détente. Malheureusement, vous n'avez pas été assez rapide, à moins que vous n'ayez pas su viser. Quoi qu'il en soit, vous n'avez pas réussi à tuer le serpent qui vient de vous mordre cruellement. Si vous possédez un flacon d'huile de crotale, vous pouvez essayer d'en faire usage en vous rendant au **203**. Dans le cas contraire, rendez-vous au **109**.

143

Nimbly Jack ne se doute pas que vos dons d'illusionniste vous donnent la possibilité de tricher encore mieux que lui. Vous allez donc pouvoir, si vous le désirez, le prendre à son propre jeu. Si vous souhaitez utiliser votre talent de PRESTIDIGITATEUR pour tricher, rendez-vous au **54**. Si vous préférez jouer le plus honnêtement du monde, rendez-vous au **379**.

144

Vous suivez le sentier qui descend au flanc de la montagne et vous parcourez une bonne dizaine de miles dans la nuit avant de vous arrêter enfin pour prendre un peu de repos. Vous dormez à l'abri d'un rocher et vous vous réveillez à l'aube en ayant regagné 2 points de FORCE. Vous remontez alors en selle et vous vous dirigez vers l'est, sans très bien savoir quelle est la meilleure route pour rejoindre Memphis. Vous poursuivrez votre chemin en vous rendant au **127**.

145

La propriété du général Wayward est une luxueuse maison blanche à colonnade, entourée d'un vaste jardin aux pelouses bordées d'arbres. Vous vous approchez de la grande porte à double battant et vous tirez le cordon de la sonnette. Quelques instants plus tard, quelqu'un vient vous ouvrir. Si vous êtes le Prince du Temps, rendez-vous au **260**. Si vous êtes la Princesse du Temps, rendez-vous au **55**.

146

Cette troisième journée de voyage se passe sans incident notable. Vous chevauchez sans relâche jusqu'au soir et vous atteignez ainsi la frontière du Texas alors que le soleil se couche. Votre cheval est fourbu : cette longue course lui a fait perdre 4 points de FORCE, mais il en regagne 2 après avoir mangé l'avoine que vous lui donnez. Pour votre part, si vous avez encore de la viande séchée, vous pouvez la manger et reprendre ainsi 2 points de FORCE, si toutefois vous en avez besoin. Si vous aviez mangé toute votre viande la veille, vous n'avez pas le courage de chasser du gibier, tant votre fatigue est grande, et vous vous contentez de grignoter quelques baies qui ne vous permettent pas de regagner le moindre point de FORCE. Vous vous enroulez ensuite dans votre couverture et vous vous endormez. Vous aurez besoin de toute votre énergie pour entreprendre dès l'aube la traversée du Texas, territoire des redoutables Comanches ! En attendant, passez une bonne nuit, puis rendez-vous au **238**.

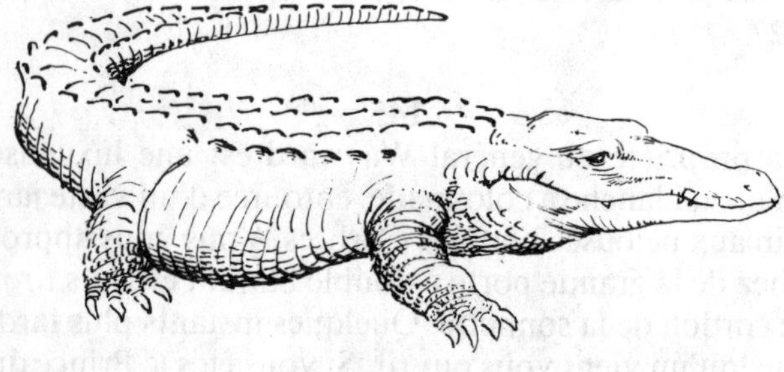

147

Voilà un geste irréfléchi dont vous auriez mieux fait de vous abstenir. Car l'Indien, croyant que vous allez tirer, lance sur vous son tomahawk qui vous fracasse le crâne. D'un cri, il alerte ses compagnons et, un instant plus tard, une horde d'Apaches se précipite en hurlant pour arracher ce qui reste de votre scalp. Votre mission s'achève donc ici, avant même d'avoir commencé. Si seulement vous aviez su faire preuve d'un peu de sang-froid...

148

Voici les trois nouvelles cartes qui vous reviennent : valet de trèfle, valet de carreau, 10 de cœur. Si vous venez du :

65	Rendez-vous au **329**
362	Rendez-vous au **335**
82	Rendez-vous au **341**
288	Rendez-vous au **347**
300	Rendez-vous au **353**
223	Rendez-vous au **359**

149

Hélas ! votre geste a été trop précipité : vous avez jeté le foulard avant que le scorpion ne soit entièrement dessus. Ainsi, l'insecte est resté accroché à la jambe du cheval et il a aussitôt piqué celui-ci ! Peut-être avez-vous acheté à Jonathan Quack une fiole contenant de l'essence de cactus ? Dans ce cas, hâtez-vous de vous rendre au **25**. Si vous n'avez pas d'essence de cactus, rendez-vous au **116**.

150

Malgré l'affront qu'on vous fait subir, vous êtes décidé à conserver votre calme et à ne pas envenimer les choses. Vous continuez donc de « danser » sagement jusqu'à ce que Bulky Joe se soit fatigué de son jeu. Lorsque les coups de feu s'arrêtent enfin, vous arborez un large sourire, comme si cette petite plaisanterie vous avait amusé autant que les clients du saloon.

— Tu es un bon musicien, Bulky Joe, lancez-vous au colosse, j'ai eu beaucoup de plaisir à danser pour toi, et maintenant, je voudrais louer une chambre pour la nuit, ajoutez-vous en vous tournant vers le barman.
— Ma parole ! Ce pied tendre est une chiffe molle ! rugit alors Bulky Joe.
— Une vraie poule mouillée ! s'exclame quelqu'un d'autre.
— Nous n'aimons pas les foies jaunes, à Passivitt-Montgayo ! lance un troisième.
— Allez chercher le goudron et les plumes, les gars ! ordonne Bulky Joe. En attendant, apportez donc une couverture, qu'on s'amuse un peu.
Plusieurs cow-boys se précipitent aussitôt sur vous et vous immobilisent. Un instant plus tard, quelqu'un arrive avec une immense couverture que l'on déplie en l'étalant sur le sol. Vous êtes alors jeté au centre de la couverture tandis qu'une demi-douzaine de cow-boys en saisissent les bords qu'ils tirent brusquement, vous soulevant de terre. Vous n'êtes plus ensuite qu'un jouet entre leurs mains : ils vous font sauter sur la couverture comme un ballon, et de plus en plus haut jusqu'à ce que vous soyez pris de nausées. L'épreuve dure un long moment et devient vite si pénible que vous en perdez 2 points de FORCE.
— Voilà le goudron et les plumes ! dit soudain une voix.
On vous fait faire alors une dernière cabriole puis vos bourreaux consentent enfin à lâcher la couverture. Lorsque vous vous relevez, vous êtes saisi de vertige et vous éprouvez de sérieuses difficultés à maintenir votre équilibre.
— Et maintenant, écoute-moi bien, foie jaune ! dit Bulky Joe. On te donne une dernière chance : si tu payes une tournée générale, on te laisse tranquille,

sinon, on te roule dans le goudron et les plumes, on te sort de la ville, et tu n'auras plus jamais le droit de remettre les pieds à Passivitt-Montgayo ! Tu saisis ?
Ça va mal ! Si on vous interdit l'accès à la ville, comment voulez-vous jamais retrouver la sépulture d'Hashkala ? Qu'allez-vous faire :

Payer une tournée générale ? Rendez-vous au **115**
Vous révolter et provoquer Bulky Joe en duel ? Rendez-vous au **39**

151

Le chemin semble suivre la bonne direction pendant une dizaine de miles, puis il tourne brusquement vers le sud entre des montagnes aux parois abruptes. Va-t-il s'orienter à nouveau à l'est ? C'est ce que vous espérez. Malheureusement, il continue vers le sud et les montagnes vous empêchent de vous en écarter. Après avoir encore parcouru quelques miles, vous estimez qu'il vaut mieux faire demi-tour pour essayer une autre voie. Mais à peine avez-vous commencé à revenir sur vos pas que vous entendez soudain un rugissement au-dessus de vous. Vous levez les yeux : un puma, perché au sommet d'un roc, s'apprête à vous attaquer. Vous n'avez que le temps de dégainer avant de l'affronter.

PUMA MAÎTRISE : 15 FORCE : 15

Pour calculer la gravité des blessures que vous infligerez à votre adversaire, reportez-vous aux indications habituelles si les dés vous donnent 2, 9, 10, 11 ou 12. S'ils vous donnent 3 ou 4, l'animal aura été blessé à la mâchoire ou aux griffes qui constituent ses armes naturelles. Une telle blessure entraînera une perte de 3 points de FORCE et de 1 point de MAÎTRISE. Enfin, si les dés vous donnent 5, 6, 7 ou 8, l'animal aura été blessé à l'une de ses pattes, ce qui lui coûtera une perte de 2 points de FORCE. Il vous faudra réduire à 3 ou moins le total de FORCE du puma, et cela sans livrer *plus de 6 Assauts :* le barillet de votre revolver comporte en effet 6 balles et vous n'aurez pas le temps de le recharger si vous ne parvenez pas, avant qu'il soit vide, à vous débarrasser de votre adversaire. Si, au bout de 6 Assauts, le puma à un total de FORCE supérieur à 3, vous succomberez aux derniers coups de dent et de griffe qu'il vous infligera. Si, en revanche, ses points de FORCE sont tombés à 3 ou moins, rendez-vous au **219**.

152

Puisque vous êtes ici pour recueillir des informations, vous pensez que le meilleur moyen d'y parvenir, c'est de vous faire passer pour un journaliste. Vous vous êtes donc inventé de toutes pièces une identité adéquate : John Robertson, reporter au *Dallas Globe.* Vous prétendez écrire un article ayant pour thème : « la vie familiale des chefs de guerre confédérés ». Flattée que vous soyez venu l'interviewer, la fille du général accepte volontiers de vous recevoir. L'esclave vous conduit alors sous une véranda où Samantha Wayward est confortablement installée dans un hamac, tandis qu'un Noir lui joue un air de banjo et qu'un autre esclave en livrée lui envoie par instants un peu d'air frais à l'aide d'un grand éventail.

— Heureuse de faire votre connaissance, lance Samantha Wayward lorsqu'elle vous voit apparaître. Washington, sers un verre d'orangeade à Monsieur, ordonne-t-elle à l'esclave chargé de l'éventer.

Le Noir en livrée se précipite alors sur une carafe et

vous apporte un verre d'orangeade fraîche. Samantha Wayward vous a fait asseoir dans un rocking-chair en osier et vous commencez à vous balancer doucement en buvant votre verre à petites gorgées. La vie a du bon, dans le Sud !

— Ainsi donc, vous voulez écrire un article sur moi ? poursuit votre hôtesse.

Un article sur elle ! L'impudence de cette enfant gâtée vous exaspère. C'est le général qui vous intéresse, pas sa fille ! Par souci de diplomatie, cependant, vous évitez de la détromper et c'est avec un grand sourire que vous vous rendez au **322** pour réaliser votre prétendue interview.

153

Puisque vous êtes ici pour recueillir des informations, vous pensez que le meilleur moyen d'y parvenir, c'est de vous faire passer pour une journaliste. Vous vous êtes donc inventé de toutes pièces une identité adéquate : Camilla Fabienson, chroniqueuse mondaine au *Dallas Globe.* Vous prétendez écrire un article ayant pour thème : « la vie familiale des chefs de guerre confédérés. » Flattée que vous soyez venue l'interviewer, la fille du général accepte volontiers de vous recevoir. L'esclave vous conduit alors sous une véranda où Samantha Wayward est confortablement installée dans un hamac, tandis qu'un Noir lui joue un air de banjo et qu'un autre esclave en livrée lui envoie par instants quelques bouffées d'air frais à l'aide d'un grand éventail.

— Charmée de faire votre connaissance, lance Samantha Wayward lorsqu'elle vous voit apparaître. Washington, sers un verre d'orangeade à Mademoiselle, ordonne-t-elle à l'esclave chargé de l'éventer.

Le Noir en livrée se précipite alors sur une carafe et vous apporte un verre d'orangeade fraîche. Samantha Wayward vous a fait asseoir dans un rocking-chair en osier et vous commencez à vous balancer doucement en buvant votre verre à petites gorgées. La vie a du bon, dans le Sud !

— Ainsi donc, vous voulez écrire un article sur moi ? poursuit votre hôtesse.

Un article sur elle ! L'impudence de cette enfant gâtée vous exaspère. C'est le général qui vous intéresse, pas sa fille ! Par souci de diplomatie, cependant, vous évitez de la détromper et c'est avec un sourire des plus aimables que vous vous rendez au **322** pour réaliser votre prétendue interview.

154

Vous allez enfin pouvoir vous coucher après cette rude journée. Ce n'est pas trop tôt ! D'autant qu'une étape tout aussi longue et difficile vous attend demain. Le prix que vous avez payé pour la nuit donne droit à une ration d'avoine pour votre cheval qui regagne ainsi 2 points de FORCE. Si vous avez vous-même des points de FORCE à rattraper, vous pouvez également vous faire monter un repas qui vous coûtera 1 dollar et 50 cents. Le lit qui occupe votre chambre est confortable et vous passez là une excellente nuit. Au matin, vous vous sentez en pleine forme, et vous quittez Albuquerque au plus vite pour continuer votre voyage. Rendez-vous au **170**.

155

En remportant cet Assaut, vous, une jeune fille, vous avez blessé votre adversaire dans son orgueil beaucoup plus que dans sa chair.

— Et alors, Bulky, tu dégaines moins vite qu'une fillette, maintenant ? lance une voix dans la salle.

Bulky Joe rougit tandis qu'un éclat de rire général

retentit dans le saloon. Mortifié, il veut à nouveau tirer sur vous, mais un autre cow-boy se précipite alors sur lui avant qu'il n'ait eu le temps de presser la détente.

— Suffit, Bulky ! dit le cow-boy, on ne tire pas sur une femme !

Bulky Joe hésite un instant, puis, après vous avoir lancé un regard assassin, il rengaine son revolver et sort du saloon sans un mot, réprimant à grand-peine la rage qui l'étreint. On peut dire que vous ne vous êtes pas fait un ami ! Quoi qu'il en soit, on vous respecte, à présent, et le barman, en échange de 2 dollars, vous remet la clé de la chambre 3, située au premier étage du saloon. Si vous souhaitez monter dès maintenant dans votre chambre, rendez-vous au **292**. Si vous préférez rester dans la salle, vous ne pourrez le faire que si vous avez le talent de MUSICIEN (rendez-vous alors au **222**) ou celui de PRESTIDIGITATEUR (rendez-vous dans ce cas au **26**). Si vous possédez l'un et l'autre de ces talents, choisissez celui que vous voulez exercer et rendez-vous au numéro correspondant.

156

Vous prenez dans votre poche la petite gourde de cuir que vous a donnée Klayoka et vous buvez une gorgée du liquide qu'elle contient. Vous perdez 2 points de FORCE tandis que la potion fait son effet. Un vertige vous saisit soudain et vous voyez apparaître devant vous, comme dans un rêve, le Cheval de Brume tel que vous l'aviez déjà vu dans le tipi du vieil Apache. Le cheval se cabre, reste un instant en équilibre, puis se tourne vers celui des quatre chemins qui est orienté à l'ouest. Il se met alors à galoper en suivant cette direction et son image se dissipe bientôt. La sensation de vertige vous quitte instantanément : il ne vous reste plus qu'à vous lancer au triple galop sur le chemin que vous a indiqué le cheval magique. Vous parcourez ainsi plusieurs miles sans apercevoir votre voleur. En revanche, vous finissez par arriver dans un cul-de-sac dû à un éboulis de rochers qui ont roulé entre deux flancs de collines. Inutile d'essayer d'aller plus loin, il est impossible de passer. Vous faites donc volte-face et vous vous arrêtez net : un énorme ours noir vient en effet de surgir devant vous. A en juger par ses grognements, votre présence l'indispose et il n'est pas du tout décidé à vous laisser partir aussi facilement que vous l'auriez souhaité. Vous allez devoir le combattre à coups de revolver tandis qu'il vous attaquera à coups de griffe et de dent.

ÉNORME OURS
NOIR MÉCONTENT MAÎTRISE : 13 FORCE : 13

Pour calculer la gravité des blessures que vous infligerez à votre adversaire, reportez-vous aux indications habituelles si les dés vous donnent 2, 9, 10, 11 ou 12. S'ils vous donnent 3 ou 4, l'animal aura été blessé à la mâchoire ou aux griffes qui constituent ses armes naturelles. Une telle blessure entraînera une perte de 3 points de FORCE et de 1 point de MAÎTRISE. Enfin, si les dés vous donnent 5, 6, 7 ou 8, l'animal aura été blessé à l'une de ses pattes, ce qui lui coûtera une perte de 2 points de FORCE. Il vous faudra réduire à 5 ou moins le total de FORCE de l'ours noir, et cela sans livrer *plus de 6 Assauts* : le barillet de votre revolver comporte en effet 6 balles et vous n'aurez pas le temps de le recharger si vous ne parvenez pas, avant qu'il soit vide, à convaincre votre adversaire d'abandonner la partie. Si, au bout de 6 Assauts, l'ours a un total de FORCE supérieur à 5, vous succomberez au dernier coup qu'il vous infligera. Si, en revanche, ses points de FORCE sont tombés à 5 ou moins, rendez-vous au **120**.

157

— Que fais-tu seule dans le désert ? demande l'Indien en anglais. Il y a trop de dangers pour une squaw à aller sans escorte.

Cette réflexion vous agace : décidément, à chaque fois que vous arrivez à la surface de la Terre, on ne manque pas de vous faire remarquer que les femmes n'ont pas les mêmes droits que les hommes. Et pourquoi donc vous serait-il interdit de vous promener seule dans le désert ?

— Je suis venue de très loin pour voir Hashkala, votre chef, déclarez-vous avec mauvaise humeur.

L'Apache paraît surpris.

— Il y a déjà cinq lunes que Hashkala a rejoint ses ancêtres, répond-il.

Voilà bien la plus mauvaise nouvelle qu'on pût vous annoncer ! Comment savoir ce qu'il est advenu d'Oclok le Bon si Hashkala est mort ? Lui seul pouvait vous mettre sur la piste. La déception que vous éprouvez se manifeste si nettement sur votre visage que l'Indien en semble ému.

— Que voulais-tu à Hashkala ? demande-t-il.

— Lui demander s'il savait où est parti mon ami John Goodman, répondez-vous dans l'espoir qu'il a lui-même connu Oclock le Bon.

— John Goodman ? Tu veux dire l'Homme au Cheval de Brume ?

Cet étrange surnom vous intrigue, mais vous vous efforcez de n'en rien laisser paraître.

— Tout le monde connaît l'Homme au Cheval de Brume, ici, poursuit l'Apache. Je ne savais pas qu'il avait une femme.

— Je ne suis pas sa femme, répliquez-vous, il est mon ami, c'est tout.
L'Indien semble perplexe, comme si l'existence de liens d'amitié entre un homme et une femme lui paraissait tout à fait improbable.
— S'il en est ainsi, sois la bienvenue, finit-il par dire après un moment de silence.
A votre grand soulagement, l'Apache remet son tomahawk dans sa ceinture.
— Mon nom est Puma Rouge, annonce-t-il, et l'Homme au Cheval de Brume était comme un frère pour moi. Viens, je vais te mener auprès de Klayoka, l'homme-médecine. Lui sait où ton ami est parti.
Vous laissez votre cheval à l'entrée du camp et vous suivez Puma Rouge, le cœur léger. Vos craintes sont à présent apaisées : l'homme-médecine devrait en savoir tout autant que Hashkala au sujet d'Oclock le Bon. Quelques instants plus tard, Puma Rouge s'arrête devant une haute tente qui domine le campement. Un Apache replet et somnolent, assis par terre, la tête tombant sur sa poitrine, en garde l'entrée. Lorsque vous passez devant lui, l'Indien assoupi relève la tête.
— Il faut donner quelque chose à Ours Mou pour entrer, lance-t-il d'une voix grave, Ours Mou demande cadeau.
Puma Rouge lui répond alors en langue apache sur un ton qui vous semble sans réplique. Ours Mou se tourne cependant vers vous et vous regarde d'un air attendrissant.
— La belle squaw doit bien avoir un billet pour Ours Mou ? Un tout petit billet de 10 dollars ?
Vous êtes libre de lui donner ou non les 10 dollars ; mais qui peut dire si votre générosité sera payée de retour ? A vous de décider. Puma Rouge vous fait ensuite pénétrer dans la tente de Klayoka, l'homme-

médecine. Celui-ci est assis en tailleur sur le sol : c'est un homme vieux, à la peau ridée et parcheminée. Le regard fixe, le corps immobile, il ressemble à une momie. Tout d'abord, il semble ne pas vous voir, mais tandis que Puma Rouge lui parle en apache d'un ton qui traduit un intense respect, le vieil Indien tourne lentement la tête vers vous et vous considère d'un œil attentif. Lorsque Puma Rouge se tait, Klayoka observe un long silence sans vous quitter du regard. Vous vous sentez quelque peu mal à l'aise, n'osant ni bouger ni parler. Enfin, la voix rauque et profonde de l'homme-médecine s'élève. Il s'adresse à vous en anglais.

— Ainsi, l'Homme au Cheval de Brume est ton ami ? Ou ton mari, peut-être ?

— Ne peut-on être l'amie d'un homme sans avoir à l'épouser ? demandez-vous d'une voix qui trahit votre exaspération.

— Ne te fâche pas. Klayoka a appris à se méfier de la langue des squaws. Mais je te crois sincère. Ton regard est pur.

L'homme-médecine dit alors quelques mots à Puma Rouge qui sort aussitôt de la tente, puis il se tourne vers vous. Rendez-vous au **97** pour entendre ce qu'il a à vous dire.

158

Le reste de la journée se passe sans incident et vous vous arrêtez pour camper à la tombée du jour. Si vous avez des provisions (viande de bison, galettes de maïs), vous pouvez prendre un double repas qui vous fera gagner 4 points de FORCE. Si vous avez de l'avoine, donnez-en à votre cheval, car le malheureux a tant galopé aujourd'hui qu'il a perdu 4 points de FORCE. Ce repas lui en rendra 2. Si vous n'avez pas d'avoine, il se contentera de brouter l'herbe alentour, mais ce maigre repas ne lui permettra de regagner que 1 seul point de FORCE. Quant à vous, si vous n'avez pas de provisions mais que vous soyez toujours en possession de votre carabine — et à condition qu'il vous reste des munitions — vous pouvez chasser du gibier. Vous aurez besoin pour cela de 2 cartouches et vous ferez un repas qui vous rendra 2 points de FORCE. Si vous n'avez ni provisions ni carabine — ou plus assez de munitions — vous devrez vous contenter de baies qui vous permettront tout juste de ne pas mourir de faim. Si vous avez utilisé toutes les cartouches de votre carabine, n'essayez pas de chasser avec votre revolver, sa portée n'est pas suffisante pour vous permettre de tuer du gibier à distance. Lorsque vous aurez mangé, vous vous coucherez à l'abri d'un arbre et vous passerez une bonne nuit avant de vous rendre, dès l'aube, au **104**.

159

La clientèle du saloon d'Albuquerque n'est pas très différente de celle que vous avez connue à Passivitt-Montgayo. Elle comporte davantage de Mexicains, cependant, et sur les tables, la tequila côtoie volontiers le traditionnel whisky. Lorsque vous vous approchez du comptoir pour demander une chambre au barman, celui-ci vous lance un regard soupçonneux.

— Ici, on paye d'avance, dit-il d'un ton peu aimable. C'est 2 dollars pour la nuit.

Le prix est raisonnable et vous lui donnez les 2 dollars sans discuter.

— Bienvenue à Albuquerque, étranger ! lance alors une voix dans la salle.

Vous vous retournez : c'est un petit homme sec vêtu d'une redingote noire qui vient de parler. L'homme se lève et s'avance vers vous en arborant un large sourire sur son visage mince au menton anguleux et à la fine moustache soigneusement taillée.

— Permettez-moi de me présenter, dit-il, on m'appelle Nimbly Jack, je suis homme d'affaires.

Il vous serre aussitôt la main avec chaleur, puis claque des doigts en direction du barman.

— C'est ma tournée, Will, donne à boire à l'étranger sur mon compte.

Ce verre sera le bienvenu car vous avez grand-soif. Commandez ce que vous voudrez et buvez.

— Et maintenant, si nous faisions une petite partie, reprend le dénommé Nimbly Jack lorsque vous avez vidé votre verre.

— Une partie de quoi ? vous étonnez-vous.

— De poker. Ce n'est pas si souvent qu'on rencontre des gens de qualité à Albuquerque. Ce serait pour moi un grand honneur de jouer avec vous. Les distractions sont tellement rares, dans cette ville !

— Ça c'est bien vrai ! approuve quelqu'un dans la salle. Mais n'écoute pas ce vieux tricheur, étranger, viens plutôt te joindre à nous, il nous manque un partenaire.

Celui qui vient de parler est un cow-boy dodu au visage jovial, assis à une table en compagnie d'un Mexicain et d'un autre cow-boy, long et maigre celui-là, et dont l'expression ahurie a quelque chose de comique.

— Mon nom est Oliver, dit le gros cow-boy. Viens donc jouer avec nous, étranger, à notre table, au moins, personne ne triche !

Qu'allez-vous faire ? Si vous souhaitez faire une partie de poker avec Nimbly Jack, rendez-vous au **366**. Si vous préférez jouer avec Oliver et ses amis, rendez-vous au **252**. Enfin, si vous n'avez aucune envie de jouer au poker, rendez-vous au **129**.

160

Vous allez chercher votre cheval à l'écurie de l'hôtel, mais au lieu de monter en selle, vous le tenez par la bride : vous pouvez ainsi vous cacher derrière lui pour éviter d'être vue par les passants que vous croisez. Vous avez le choix entre deux chemins pour sortir de la ville : une rue étroite qui semble déserte et une autre rue plus large et plus fréquentée. Si vous souhaitez emprunter la rue étroite, rendez-vous au **253**. Si vous préférez la rue plus large, rendez-vous au **196**. Enfin, vous pouvez invoquer le Cheval de Brume pour qu'il vous indique le bon chemin — à condition, bien sûr, que vous n'ayez pas déjà fait appel à lui par deux fois. Rendez-vous alors au **289**.

161

D'un geste vif, vous saisissez la plus grosse des pierres et vous la jetez de toutes vos forces à la tête de votre gardien. Fléau des Plaines reçoit le projectile sur la joue et s'effondre sur le sol en poussant un gémissement de douleur. Vous vous glissez alors prestement hors de la tente en enjambant le Comanche à demi assommé. Tout le monde dort dans le camp et vous espérez pouvoir vous échapper sans difficulté. Malheureusement, vous n'avez pas lancé la pierre assez vigoureusement et Fléau des Plaines a tôt fait de reprendre suffisamment conscience pour donner l'alarme. Dans quelques instants, les autres Comanches vont se réveiller et vous poursuivre. Il faut donc agir vite. Par chance, les chevaux sont nombreux dans le camp et vous n'avez que l'embarras du choix. Avisant un mustang blanc, vous l'attrapez par la bride et vous l'enfourchez d'un bond. Vous lancez l'animal au galop et vous vous enfoncez dans la nuit. Vous avez assez d'avance pour que les

Indiens ne puissent vous rattraper, mais votre situation n'est guère brillante pour autant : la journée que vous avez passée au camp est en effet perdue pour votre voyage — notez-le dès à présent sur votre calendrier — et vous avez dû laisser derrière vous les armes et la plupart des objets que vous possédiez. Il vous faut faire l'inventaire de tout ce que vous avez perdu, mais auparavant, calculez de la manière habituelle le total de MAÎTRISE et de FORCE de votre nouveau cheval. Ensuite, vous vous rendrez au **309** si vous êtes le Prince du Temps ou au **320** si vous êtes la Princesse du Temps.

162

— Tes dollars, étranger ! dit l'un des bandits.
— Donne-nous aussi tes armes et tes munitions, ajoute l'autre.
Tous deux ont le doigt sur la détente et sont visiblement prêts à tirer au moindre geste suspect que vous esquisserez. Qu'allez-vous faire :

Essayer de dégainer en espérant être plus rapide qu'eux ?	Rendez-vous au **183**
Tenter une ruse pour les surprendre et retourner la situation à votre avantage ?	Rendez-vous au **94**

163

Si vous estimez préférable d'adopter une attitude conciliante à l'égard de Bulky Joe, rendez-vous au **150**. Si vous aimez mieux vous révolter et affronter votre agresseur, rendez-vous au **30**.

164

Attention ! Vous ne pourrez faire usage de ce hachis que s'il vous en reste, c'est-à-dire *si vous ne l'avez pas consommé vous-même lorsque vous étiez à Dallas.* Si vous l'avez déjà mangé, retournez au **322** pour faire un autre choix. Sinon, vous présentez le morceau de hachis au lévrier qui l'avale aussitôt. Un instant plus tard, il plonge dans un profond sommeil qui durera vingt-quatre heures. La voie est donc libre, à présent, et vous pouvez vous rendre sans crainte au **73**.

165

Vous avez de la chance ! Un des plus riches habitants de la ville veut accrocher un portrait de lui dans son salon. Vous tombez donc à pic. Votre client est exigeant, cependant, et c'est seulement à la fin d'une très longue journée de travail que vous parvenez à faire de lui un portrait qu'il juge enfin satisfaisant. Vous recevez alors un salaire de 50 dollars qui est largement mérité ! Vous avez tellement travaillé que vous n'avez pas eu le temps de manger. La fatigue et la faim vous ont fait perdre 3 points de FORCE. Rendez-vous à présent au **111**.

166

La seule façon d'arrêter la diligence, c'est de vous porter à la hauteur des chevaux et d'essayer d'en saisir un par ses rênes. Mais les embardées du véhicule ne rendent pas la tâche facile : en le dépassant, vous risquez qu'il vous heurte et vous projette à terre, ce qui pourrait avoir des conséquences dramatiques. Il faut agir, cependant, et fort heureusement, le risque ne vous fait pas peur ! Pour savoir si vous parviendrez à arrêter la diligence, lancez deux dés. Si vous obtenez un double, rendez-vous au **228**. Si vous obtenez un chiffre pair qui ne soit pas un double, rendez-vous au **268**. Enfin, si les dés vous donnent un chiffre impair, rendez-vous au **380**.

167

— Pas si vite, étranger ! lance Nimbly Jack d'un ton menaçant. On n'aime pas les tricheurs, à Albuquerque !

— Alors, tu ferais bien de quitter la ville, damné coyote ! répliquez-vous, prêt à dégainer.

— En tout cas, un de nous deux est de trop, ici ! assure votre interlocuteur, le regard noir.

Silencieusement, les autres clients du saloon se sont levés et vont se réfugier au fond de la salle, là où ils ne risqueront pas de prendre une balle perdue. Ils tiennent cependant à rester à l'intérieur afin de pouvoir profiter du spectacle que vous allez leur offrir en affrontant Nimbly Jack. Tâchez d'être le plus rapide et... bonne chance !

NIMBLY JACK	MAÎTRISE : 16	FORCE : 15

Si vous l'emportez, rendez-vous au **112**.

168

Si, pour sortir de votre chambre, vous avez tout d'abord ouvert la porte, réveillant ainsi le shérif, rendez-vous au **122**. Si vous êtes sortie directement par la fenêtre, rendez-vous au **43**.

169

Bravo ! Vous avez réussi l'exploit de jeter la bombe dans l'eau avant qu'elle n'explose. Le bateau est sauvé et vous aussi. De toute évidence, il s'agissait d'un attentat sudiste dirigé contre les officiers Nordistes qui se trouvent à bord. Inutile, cependant, d'essayer de poursuivre les coupables : ils ont sauté dans une barque et atteindront bientôt la rive où ils se perdront parmi les arbres. En tout cas, vous l'avez échappé belle ! Vous pouvez aller vous coucher, à présent, et vous rendre ensuite au **317** dès que le bateau sera arrivé à Memphis.

170

Comme chaque matin, vous prenez soin d'inscrire dans votre *Journal de Mission* la date du jour qui vient de commencer. Vous vous hâtez ensuite le long d'une piste orientée à l'est, en direction de la rivière Pecos qu'il vous faut atteindre avant la nuit. Bientôt, la piste se divise en trois chemins différents. Il est impossible de continuer tout droit : vous devez choisir entre le nord-est, l'est-nord-est, ou l'est-sud-est. A l'endroit où vous vous trouvez, vous n'avez aucun moyen de deviner le tracé que suit chacun de ces chemins. Seule votre intuition ou le Cheval de Brume pourront vous guider. Si vous souhaitez prendre le chemin orienté :

Au nord-est	Rendez-vous au **130**
A l'est-nord-est	Rendez-vous au **14**
A l'est-sud-est	Rendez-vous au **151**

Enfin, si vous préférez invoquer le Cheval de Brume pour connaître le bon chemin, rendez-vous au **21**.

171

Le chemin que vous avez choisi est orienté au nord. Vous vous y lancez au triple galop et vous parcourez ainsi un bon mile. Soudain, au détour d'un amas de rochers, vous apercevez au loin un nuage de poussière. Malgré la distance, vous distinguez nettement la forme caractéristique du sombrero de votre voleur. Bravo ! Vous avez su choisir le bon signe de mains, un signe qui, chez les Indiens, veut dire : « homme à cheval ». Il vous reste à rattraper le jeune garçon qui vous a délesté d'une bonne partie de vos dollars. Si le total de MAÎTRISE de votre cheval est inférieur à 16, rendez-vous au **214**. Si ce total est égal ou supérieur à 16, rendez-vous au **117**.

172

Vous avez tellement hâte de vous détendre un peu après cette longue traversée du désert que vous ne vous êtes même pas demandé s'il n'aurait pas mieux valu vous déguiser en homme avant de pénétrer dans le saloon. La clientèle de l'établissement n'est pas très différente de celle que vous avez connue à Passivitt-Montgao. Elle comporte davantage de Mexicains, cependant, et sur les tables, la tequila côtoie volontiers le traditionnel whisky. Comme vous pouviez le prévoir, votre arrivé fait sensation : voir une femme entrer seule dans un saloon constitue un véritable événement aux yeux de toutes ces brutes agglutinées autour de leurs verres d'alcool. Tandis que vous vous approchez du comptoir, vous entendez des rires et des sifflets saluer votre passage, mais vous n'en avez cure et vous demandez d'une voix ferme au barman s'il a une chambre à vous louer pour la nuit.
— Vous voyagez seule ? s'étonne celui-ci, le regard soupçonneux.
— Parfaitement. Et alors ? répliquez-vous sur un ton de défi.
Le barman vous dévisage un instant, puis il hausse les épaules.
— Après tout, ça ne me regarde pas, dit-il, mais si vous voulez une chambre, il faudra la payer d'avance. C'est 2 dollars pour la nuit.
Le prix est raisonnable et vous lui donnez les 2 dollars sans discuter. Le barman s'empresse de les empocher.
— N'empêche que ce n'est pas bien convenable pour une femme de voyager seule dans l'Ouest, déclare-t-il avec une moue méprisante.

— Et pourquoi donc une femme seule n'aurait pas le droit de voyager ? lance alors une voix dans la salle. L'Ouest est à tout le monde, non ?
Vous vous retournez : c'est un petit homme sec vêtu d'une redingote noire qui vient de parler. L'homme se lève et s'avance vers vous en arborant un large sourire sur son visage mince au menton anguleux et à la fine moustache soigneusement taillée.
— Permettez-moi de me présenter, Mademoiselle, dit-il, on m'appelle Nimbly Jack, je suis homme d'affaires.
Il s'incline fort galamment devant vous, puis claque des doigts en direction du barman.
— Au lieu de nous infliger tes réflexions désagréables, tu ferais mieux de donner à boire à Mademoiselle, Will. Tu mettras ça sur mon compte.
Vous avez grand-soif et ce verre est le bienvenu. Commandez donc ce que vous voudrez et buvez.
— C'est un grand plaisir de recevoir dans notre ville une personne aussi charmante que vous, reprend le dénommé Nimbly Jack lorsque vous avez vidé votre verre. Et si j'osais, je vous proposerais bien une petite distraction...
Vous lui lancez aussitôt un regard méfiant : voilà une offre qui vous semble suspecte ! Votre interlocuteur a remarqué votre réaction.
— Oh, rassurez-vous, il s'agit de quelque chose de bien innocent, déclare-t-il d'une voix enjôleuse. Je pensais à une partie de poker. Ce serait pour moi un grand honneur de jouer avec vous.
— N'écoutez pas ce vieux tricheur ! s'exclame quelqu'un dans la salle. Venez plutôt vous joindre à nous, Mademoiselle, il nous manque un partenaire... ou *une* partenaire !
Celui qui vient de parler est un cow-boy dodu au visage jovial, assis à une table en compagnie d'un

Mexicain et d'un autre cow-boy, long et maigre celui-là, et dont l'expression ahurie a quelque chose de comique.

— Mon nom est Oliver, dit le gros cow-boy. Venez donc jouer avec nous, Mademoiselle à notre table, au moins, personne ne triche !

Qu'allez-vous faire ? Si vous souhaitez faire une partie de poker avec Nimbly Jack, rendez-vous au **105**. Si vous préférez jouer avec Oliver et ses amis, rendez-vous au **9**. Enfin, si vous n'avez aucune envie de jouer au poker, rendez-vous au **211**.

173

Vous atteignez l'éminence boisée juste à temps ! Le troupeau vous frôle presque en passant, mais vous ne subissez aucun dommage. En revanche, votre cheval a dû galoper si vite pour vous mettre à l'abri qu'il en a perdu 2 points de FORCE, mais c'est un moindre mal ! Vous pouvez à présent reprendre votre route en vous rendant au **158**. Si, par extraordinaire, la perte de ces 2 points de FORCE avait été fatale à votre cheval, rendez-vous au **128**.

174

Jessie vous conduit dans la chambre même du général et va chercher l'uniforme dans une armoire. La chance est avec vous : il vous va à merveille. On croirait à s'y méprendre un colonel sudiste. Il vous reste maintenant à fabriquer votre faux ordre de libération, ce qui ne prend pas trop longtemps. Jessie vous emmène ensuite aux écuries et vous donne le meilleur cheval. Vous pouvez partir à présent, mais une chose vous tracasse encore.

— C'est vous qui allez être tenu pour responsable de tout ce qui s'est passé, dites-vous à Jessie. Je ne voudrais pas que vous ayez à en subir les conséquences...

— N'ayez crainte, répond-il. Cette nuit je m'enfuirai vers le nord, là où on accorde la liberté aux hommes de ma race. Plus jamais je ne serai esclave, je le jure devant Dieu !
Puisse-t-il dire vrai ! En ce qui vous concerne, en tout cas, le moment est venu de partir : une longue nuit de chevauchée vous attend. Rendez-vous au **363**.

175

Vous avez l'impression que tous les yeux sont fixés sur vous tandis que vous remontez la rue, et pourtant, personne ne vous regarde. De toute évidence, ceux que vous croisez n'ont pas encore vu les affiches et ne vous prêtent aucune attention. Vous arrivez donc sans difficulté au relais de diligence et vous vous rendez au **207** pour prendre votre billet.

176

Il faut espérer que Nimbly Jack n'a pas un meilleur jeu que le vôtre. Si vous souhaitez lui tenir tête pour essayer de gagner, vous devrez tout d'abord miser une deuxième somme d'argent *au moins* égale à la première. Si vous souhaitez miser davantage, libre à vous ! Vous vous rendrez ensuite au **382**. Si, en revanche, vous estimez que vos cartes ne sont pas assez bonnes pour l'emporter, rendez-vous au **374**.

177

Si vous avez donné 10 dollars à Ours Mou avant d'entrer dans le tipi de Klayoka, rendez-vous au **191**. Dans le cas contraire, rendez-vous au **32**.

178

Bravo ! Vous avez dégainé si vite que les deux bandits n'ont pas eu le temps de tirer. Vous allez maintenant les affronter normalement, sans qu'ils aient pu profiter de leur position de force. Vous combattrez vos adversaires soit l'un après l'autre, soit en même temps, en menant un Assaut contre l'un, puis l'Assaut suivant contre l'autre et ainsi de suite. Choisissez la manière qui vous convient le mieux, en sachant que vous pourrez en changer au cours du combat si cela vous chante. Pour recharger votre revolver, vous vous mettrez à l'abri d'un rocher, ce qui vous permettra d'échapper aux balles des bandits pendant l'opération. Et maintenant, battez-vous !

Premier BANDIT	MAÎTRISE : 16	FORCE : 15
Second BANDIT	MAÎTRISE : 15	FORCE : 16

Si vous parvenez à tuer l'un des desperados et à réduire le total de FORCE de l'autre à 4 ou moins, rendez-vous au **230**.

179

Vous éteignez la lampe à huile qui éclaire la chambre, puis vous soulevez le panneau coulissant de la fenêtre. Au-dehors, tout est calme, pas une seule lumière ne brille derrière les fenêtres des maisons et la rue est déserte. Vous parvenez sans difficulté à vous glisser à l'extérieur et vous vous retrouvez bientôt sur le toit. Votre progression devient alors moins aisée, car il vous faut avancer sur une surface singulièrement pentue. Lancez un dé. Si vous obtenez un 6, rendez-vous au **376**. Si vous obtenez tout autre chiffre, rendez-vous au **257**.

180

La nuit est déjà bien avancée. La rage au cœur, vous somnolez, allongé sur une planche de bois fixée au mur de votre cellule, et qui fait office de couchette. Chargé de vous surveiller, l'adjoint au shérif, vautré dans un fauteuil, dort comme une souche, la bouche ouverte, en ronflant bruyamment. Soudain, vous entendez un chuchotement. Quelqu'un vous appelle.

— Señor... Señor...

Tout d'abord, vous avez l'impression que ce murmure n'est qu'un rêve, puis vous sortez brusquement de votre demi-sommeil et vous tournez la tête vers les barreaux de votre prison. Dans la faible lumière diffusée par une lampe à pétrole, vous distinguez une silhouette. Vous vous levez et vous vous approchez : c'est le jeune Mexicain qui avait essayé de vous voler vos dollars !

— Qu'est-ce que ?... vous étonnez-vous.

— Chut, Señor, il ne faut pas le réveiller, coupe le jeune garçon en désignant d'un geste de la main l'adjoint au shérif. J'ai réussi à prendre les clés, je vais vous ouvrir.

Avec des gestes précautionneux, le jeune Mexicain glisse alors une grosse clé dans la serrure de la grille qui ferme votre cellule et parvient à vous libérer. Il vous fait signe de le suivre et vous traversez tous deux le bureau du shérif sur la pointe des pieds. L'adjoint, plongé dans son sommeil épais, continue de ronfler sans rien remarquer. Quelques instants plus tard, vous vous retrouvez au-dehors, dans la ville silencieuse et déserte.

— Je vous ai amené votre cheval, chuchote le Mexicain, je lui ai même donné à manger.

Voilà une excellente initiative, car, grâce à ce repas, votre monture a repris 2 points de FORCE, ce qui lui fait le plus grand bien.

— Mais... Pourquoi m'as-tu aidé ? lui demandez-vous, intrigué. Tu as pris de grands risques...

— Vous avez été très généreux avec moi, Señor, répond le garçon. Vous m'avez pardonné de vous avoir volé et vous avez eu pitié de ma misère. Vous

ne vous êtes pas contenté de me donner 1 ou 2 dollars, comme d'autres auraient pu le faire. Alors, quand j'ai appris que vous étiez en prison, j'ai voulu vous prouver ma gratitude en vous aidant à vous évader. Venez, il faut vous dépêcher de quitter la ville, maintenant.
Il a raison : le temps presse. Vous le remerciez donc chaudement et vous pouvez même lui donner encore quelques dollars pour le récompenser, si toutefois vous en avez les moyens... Vous quittez ensuite Albuquerque en prenant la précaution de ne pas emprunter la grand'rue, de peur qu'on ne vous aperçoive à la clarté de la lune. Quelques minutes plus tard, vous vous éloignez au grand galop sur un chemin orienté à l'est. Vous parcourez ainsi plusieurs miles et vous décidez alors de vous arrêter pour passer là les dernières heures de la nuit. Dans la prison, on vous a donné à manger, mais ce repas était si maigre qu'il ne vous a pas permis de reprendre le moindre point de FORCE. Vous dormez encore trois heures, puis, le soleil s'étant levé, vous vous remettez aussitôt en chemin. Rendez-vous au **263**.

181

Vous prenez une chambre d'hôtel qui vous coûte 4 dollars — les prix augmentent à mesure qu'on avance vers l'est — et vous faites un copieux repas qui, pour 3 dollars, vous permet de regagner 2 points de FORCE. Le lendemain, avant même de vous lever, vous notez sur votre calendrier la date du jour qui commence puis vous vous habillez en hâte et vous vous rendez à la gare en fiacre — avec le pourboire, le prix de la course se monte à 1 dollar et 50 cents. Le train va partir dans quelques minutes et vous n'avez que le temps de prendre votre billet qui vous coûte 20 dollars. Ensuite, vous montez dans un wagon.

Vous avez le choix entre trois voitures : l'une se trouve juste derrière la locomotive, l'autre au milieu du convoi, la troisième étant la voiture de queue. Installez-vous dans le wagon qui vous convient le mieux, et préparez-vous au départ. Celui-ci est donné quelques instants après que vous avez pris place sur la banquette. Face à vous est assis un homme qui porte un bandage sur l'œil et dont le pied est pris dans un plâtre. Deux béquilles sont posées près de lui. L'homme a l'air de mauvaise humeur et tandis que le train s'ébranle dans un vacarme de ferrailles grinçantes et de sifflements de vapeur, il lève la tête vers vous puis pousse un grognement.

— J'espère qu'on ne sera pas attaqués par ces satanés Yankees ! bougonne-t-il alors. Vous avez vu ce qui se passe à Vicksburg ? Bientôt, ils contrôleront tous les États du Mississippi ! Déjà, ils font la loi sur le fleuve, bientôt ils auront tout envahi ! J'espère que vous n'êtes pas de leur côté ? ajoute-t-il d'un air soudain soupçonneux.

— Non, non, rassurez-vous. Toute ma famille est du Sud.

Ce mensonge vous attire aussitôt la sympathie de votre interlocuteur.

— Vous êtes d'où ? interroge-t-il d'un ton plus aimable.

— De... de Dallas, répondez-vous à tout hasard.

— Ah ! Dallas ! Une belle ville ! s'exclame l'homme. Au moins, là-bas, il n'y a pas de Yankees ! Et on ne les laissera pas arriver jusque-là, croyez-moi ! Tel que vous me voyez, j'ai perdu un œil et j'ai bien failli perdre une jambe en combattant ces chiens de Nordistes, mais je suis prêt à me faire couper en morceaux s'il le faut ! On gagnera, ça, c'est certain ! On gagnera parce qu'on a les meilleurs soldats et les meilleurs chefs ! Lee est le plus grand général des

États-Unis, sans compter tous les autres, Bragg et Wayward, par exemple !

Le nom de Wayward vous fait dresser l'oreille. Herbert Wayward : c'est chez lui que vous allez vous rendre dès votre arrivée à Memphis. Herbert Wayward, l'homme qui sait ce qu'il est advenu d'Oclock le Bon. Votre interlocuteur a remarqué votre réaction lorsqu'il a parlé du général Wayward.

— Vous connaissez Wayward ? demande-t-il, visiblement intéressé.

— C'est un parent éloigné, affirmez-vous avec aplomb.

— Par exemple ! s'écrie le mutilé. Savez-vous que j'ai combattu sous ses ordres ? Devant des hommes comme ça, les Yankees n'ont qu'à bien se tenir ! Herbert Wayward, le fléau des Nordistes ! Avec lui, pas de quartier ! Quand il fait des prisonniers, c'est pour mieux les fusiller après la bataille !

Cette remarque vous fait froid dans le dos : Oclock le Bon aurait-il été passé par les armes ?

— Maudite guerre ! soupire votre interlocuteur, quand on en aura fini avec ces coyotes, j'irai m'installer dans une ferme du Tennessee. C'est là que je suis né.

Vous ne vous intéressez guère, cependant, aux projets ruraux de l'homme aux béquilles. Le sort d'Oclock le Bon vous préoccupe bien davantage. Machinalement, vous tournez la tête vers la fenêtre du wagon. Le train longe une petite rivière d'un bleu limpide, qui coule paisiblement sous le soleil d'été. Plus loin s'étend la prairie aux herbes grasses. Tout semble gai et tranquille. Devant ce paysage serein, qui pourrait croire que la guerre dévaste le pays ? Votre contemplation est alors brutalement interrompue : un choc violent vient de secouer le train. Le wagon dans lequel vous avez pris place oscille d'un côté et d'autre, des valises tombent des filets à bagages, les voyageurs poussent des cris de terreur, et un bruit assourdissant de ferraille déchirée se mêle soudain au tumulte.

— Les Nordistes ! s'exclame le mutilé en saisissant ses béquilles.

Les Nordistes ont en effet saboté la voie ferrée en déboulonnant les rails et la locomotive vient d'être

précipitée dans la rivière qui vous inspirait un instant auparavant des considérations quelque peu bucoliques. Si vous avez pris place dans le wagon de tête, rendez-vous au **88**. Si vous êtes dans le wagon du milieu, rendez-vous au **76**. Enfin, si vous avez choisi de vous asseoir dans le wagon de queue, rendez-vous au **293**.

181 *Quittant les rails déboulonnés, la locomotive vient d'être précipitée dans la rivière.*

182

Il vous semble plus sage d'adopter une attitude conciliante que de chercher les ennuis en répondant à la violence par la violence. Vous continuez donc de « danser » sagement jusqu'à ce que Bulky Joe se soit fatigué de son jeu. Lorsque les coups de feu s'arrêtent enfin, vous arborez un large sourire, comme si cette petite plaisanterie vous avait autant amusé que les clients du saloon.

— Tu es un bon musicien, Bulky Joe, lancez-vous au colosse d'un ton réjoui, mais dans un autre genre, moi aussi, je sais me débrouiller !

Vous vous dirigez alors vers une table où des cow-boys jouaient au poker et vous ramassez leurs cartes sous les regards perplexes des consommateurs qui se demandent bien où vous voulez en venir.

— Et maintenant, regardez bien ceci ! vous écriez-vous en vous adressant à l'assistance.

Avec une extraordinaire virtuosité vous vous mettez aussitôt à exécuter des tours de cartes qui laissent pantois d'admiration vos spectateurs. Ils n'ont jamais vu quelqu'un faire preuve d'une telle adresse et finissent par croire que vous êtes un véritable magicien doté de pouvoirs surnaturels. Votre démonstration est si captivante que la nouvelle de votre présence a tôt fait de se répandre dans toute la ville, attirant de nouveaux clients qui se pressent autour de vous, ravis de pouvoir assister gratuitement à un spectacle d'une telle qualité. Le patron du saloon, enchanté de l'aubaine, s'affaire derrière son comptoir en remplissant les verres que ses clients assoiffés lui réclament entre deux tours de magie. Bulky Joe n'est pas le dernier à apprécier votre numéro et on peut dire que vous avez parfaitement réussi à vous rendre sympathique auprès des habitants de Passivitt-Montgayo. Hélas ! il se trouve tou-

jours quelques grincheux pour troubler les fêtes auxquelles on ne les a pas conviés et, en l'occurrence, vous voyez surgir une demi-heure plus tard un groupe d'une bonne douzaine de mégères habillées de noir, armées de parapluies et de bibles reliées : ce sont les adhérentes de l'Union des Femmes Chrétiennes pour la Tempérance et la Morale Publique. Celle qui mène le groupe, une virago efflanquée, au teint jaunâtre et au visage émacié, s'avance en donnant, de droite et de gauche, de vigoureux coups de parapluie à quiconque passe à sa portée.
— Les magiciens sont des créatures du diable ! profère-t-elle en brandissant une bible au-dessus de sa tête. Arrière, Satan ! Et vous, vils pécheurs, ne vous laissez pas séduire par les artifices du Malin ! Passivitt-Montgayo ne deviendra pas la nouvelle Babylone ! Rentrez chez vous ! Repentez-vous ! Nous sommes le bras de Dieu !
Les choses semblent tourner mal pour vous. Il est temps de vous esquiver au plus vite en vous rendant au **241**.

183

Lancez deux dés. Si vous faites un double 1, un double 3 ou un double 6, rendez-vous au **178**. Si vous obtenez tout autre résultat, rendez-vous au **297**.

184

Vous serrez la corde de toutes vos forces et vous la tirez vers vous. Malheureusement, le cheval que vous avez attrapé galope si vite que lorsque la corde se tend, vous perdez l'équilibre et vous tombez à terre. Dans votre chute, le lasso s'est enroulé autour de vous et vous ne pouvez plus le lâcher. Poursuivant sa course, la diligence vous traîne alors sur une bonne distance. Cependant, le cheval, sentant la boucle du lasso le serrer de plus en plus, finit par ralentir l'allure, imité par son compagnon, et l'attelage s'arrête enfin. Lorsque vous vous relevez, vous avez l'impression d'avoir les os brisés des pieds à la tête, mais en fait, vos blessures sont moins graves que vous ne le pensiez : vous n'avez en tout cas rien de cassé. Il n'en reste pas moins que vous avez perdu 4 points de FORCE dans l'aventure, ce qui n'est pas rien. L'essentiel, toutefois, c'est que vous ayez réussi à arrêter la diligence. Avec des hurlements de joie, les passagers en descendent pour venir vous serrer dans leurs bras, mais vous n'avez vraiment pas le temps de vous livrer à ces effusions. L'un des passagers s'est proposé de remplacer le cocher et de mener la diligence jusqu'au prochain relais, vous n'avez donc plus rien à faire ici et vous pouvez continuer votre route en vous rendant au **299**.

185

— Je suis le Prince du Temps, fils de Chronalia, et mon royaume est au centre de la Terre, répondez-vous au sorcier.
Celui-ci sourit et vous regarde avec bienveillance.
— Je savais bien que tu étais sincère, dit-il d'une voix douce. Hashkala m'a révélé que l'Homme au Cheval de Brume venait du centre de la Terre, là où règne Chronalia. Tu es donc bien de sa race. Alors, écoute ce que je vais te dire.
Vous vous précipitez aussitôt au **91** pour en savoir davantage.

186

Jessie vous conduit dans la chambre même du général et va chercher l'uniforme dans une armoire. La chance est avec vous : il vous va à merveille. Ainsi déguisée, on vous prendrait sans hésitation pour un colonel sudiste. Il vous reste maintenant à fabriquer votre faux ordre de libération, ce qui ne prend pas trop longtemps. Jessie vous emmène ensuite aux écuries et vous donne le meilleur cheval. Vous pouvez partir, à présent, mais une chose vous tracasse encore.

– C'est vous qui allez être tenu pour responsable de tout ce qui s'est passé, dites-vous à Jessie. Je ne voudrais pas que vous ayez à en subir les conséquences...

– N'ayez crainte, répondit-il. Cette nuit, je m'enfuirai vers le nord, là où on accorde la liberté aux hommes de ma race. Plus jamais je ne serai esclave, je le jure devant Dieu !

Puisse-t-il dire vrai ! En ce qui vous concerne, en tout cas, le moment est venu de partir : une longue nuit de chevauchée vous attend. Rendez-vous au **363**.

187

Vous demandez un instant de réflexion avant de répondre et vous prenez dans votre poche la petite gourde de cuir que vous a donnée Klayoka.

– Que fais-tu ? s'étonne le chef.

Sans lui répondre, vous buvez une gorgée du liquide que contient la gourde, ce qui vous fait perdre 2 points de FORCE. La potion produit son effet : un vertige vous saisit et vous voyez apparaître devant vous, comme dans un rêve, le Cheval de Brume tel que vous l'aviez déjà vu dans le tipi du vieil Apache. Mais, par un étrange phénomène, il semble que les Indiens le voient également ! Les yeux grands ouverts, ils paraissent en effet fascinés et ne s'occupent plus de vous. C'est le moment où jamais de filer ! Vous vous précipitez vers un enclos où sont parqués des chevaux. Derrière vous, les Comanches sont toujours plongés dans leur contemplation. Vous pouvez donc tenter de vous échapper avec de bonnes chances de réussir. Si vous souhaitez enfourcher le premier cheval venu pour prendre la fuite, rendez-vous au **367**. Si vous préférez chercher votre propre cheval afin de ne pas perdre les objets qui sont attachés à sa selle, rendez-vous au **255**.

188

Un riche habitant de la ville donne ce soir un bal pour lequel il s'est assuré les services d'un groupe de musiciens. Or le pianiste est tombé malade et vous arrivez donc à pic pour le remplacer. Vous jouez toute la soirée pour un salaire de 10 dollars qui est largement mérité, compte tenu de votre talent. La fatigue vous a cependant fait perdre 2 points de FORCE. Rendez-vous à présent **61**.

189

Vous n'avez aucune difficulté à trouver des vêtements à votre taille. Vous vous appropriez donc un pantalon bleu foncé, une chemise de coton à carreaux verts et jaunes, un foulard noir, un gilet de cuir marron, une paire de bottes munies d'éperons et un Stetson pour vous protéger du soleil. Vous voici désormais habillé à la manière des cow-boys. Il est temps, maintenant, de prendre le chemin de la Montagne Blanche pour essayer de retrouver Hashkala, le chef apache qui devrait vous mettre sur la piste d'Oclock le Bon. En espérant que les Indiens ne vous feront pas subir un sort semblable à celui des malheureux qui gisent autour de vous... Rendez-vous au **63**.

190

Lancez deux dés. Si vous obtenez un nombre pair, rendez-vous au **40**. Si vous faites un nombre impair, rendez-vous au **204**.

191

Alors que vous franchissez l'entrée de la tente, le gros Apache qui avait réussi à vous convaincre de lui donner 10 dollars ouvre un œil, émergeant de son sommeil coutumier.

— Lorsqu'on est bon avec Ours Mou, Ours Mou se montre généreux.

En même temps, il tire d'une poche de son vêtement un petit objet de forme oblongue enveloppé dans un morceau de toile.

— Voici un talisman, déclare l'Indien gras, c'est une touffe de poils de putois. Elle te sera utile un jour, Ours Mou te le prédit.

Vous examinez l'objet que l'Apache vous tend : la touffe de poils est ficelée dans le morceau de toile et vous vous demandez bien quelles vertus peut posséder ce prétendu talisman. D'un geste machinal, vous le glissez dans l'une de vos poches et vous remerciez Ours Mou sans grande conviction avant de vous remettre en chemin. Rendez-vous au **32**.

192

— Voilà un choix excellent ! s'exclame Jonathan Quack. Désormais, même si vous vous faites mordre dix fois par le plus redoutable des serpents à sonnette, vous n'aurez rien à craindre : l'huile de crotale est garantie efficace à 100 % ! D'ailleurs, c'est moi qui la fabrique, c'est tout dire !

Il vous donne alors un petit flacon qui contient l'huile miracle et vous le mettez dans votre poche en espérant qu'en cas de besoin, il se révélera aussi utile que le prétend l'homme au chapeau rond. Si vous souhaitez faire d'autres achats, retournez au numéro que vous avez noté, puis rendez-vous au paragraphe correspondant au produit désiré. Si vous préférez repartir tout de suite, rendez-vous au **93**.

193

Vos dons d'illusionniste vous donnent la possibilité de tricher, ce qui pourrait peut-être vous rapporter un peu d'argent. Si vous n'éprouvez pas trop de scrupules, vous pouvez utiliser votre talent de PRESTIDIGITATEUR pour aider la chance en vous rendant au **119**. Si vous préférez jouer le plus honnêtement du monde, rendez-vous au **96**.

194

Malheureusement, le destin n'a pas eu pitié de vous. Votre cheval, en effet, a trébuché contre une pierre et il est tombé, vous entraînant dans sa chute. Inutile de préciser que, quelques instants plus tard, le troupeau de bisons vous piétine avec une telle violence qu'il vaut mieux ne pas décrire l'état dans lequel vous vous trouvez après son passage. Sachez seulement que votre mission s'achève ici, sous le soleil éblouissant du Texas.

195

— Si tu n'aimes pas mon odeur, peut-être préféreras-tu celle de la poudre ! lancez-vous dans une attitude de défi.

— Aussi vrai que je m'appelle Bulky Joe, tu regretteras cette parole, étranger ! réplique le colosse. Défends-toi, fils de putois !

Vous allez devoir vous battre contre le dénommé Bulky Joe en observant la règle que Gayok le Preux vous a précisée avant votre départ du Royaume du Temps. Le duel sera rude, espérons que vous serez la première à dégainer !

BULKY JOE MAÎTRISE : 16 FORCE : 18

Si vous l'emportez, rendez-vous au **249**.

196

Vous avez l'impression que tous les yeux sont fixés sur vous tandis que vous remontez la rue, et pourtant, personne ne vous regarde. De toute évidence, ceux que vous croisez n'ont pas encore vu les affiches et ne vous prêtent aucune attention. Vous pouvez donc quitter la ville sans difficulté, puis remonter en selle et poursuivre votre voyage vers l'est en vous rendant au **42**.

197

Vous allez devoir combattre le lévrier à l'aide de votre poignard. Pas question d'utiliser votre revolver, en effet, car les détonations réveilleraient toute la maison. Ce poignard vous donne un avantage sur votre adversaire : votre total de MAÎTRISE augmente de 2 points pendant toute la durée du combat. Par ailleurs, chaque coup que vous lui infligez lui fait perdre 3 points de FORCE, tandis que vous-même ne perdrez que 2 points si vous recevez une blessure.

GALLIO LE LÉVRIER MAÎTRISE : 15 FORCE : 9

Si vous parvenez à tuer le chien en 3 Assauts, rendez-vous au **73**. S'il vous faut plus de 3 Assauts pour en venir à bout, rendez-vous au **89**.

198

Bravo ! Votre bluff a réussi ! Additionnez votre première et votre deuxième mise : vous avez gagné *une* fois cette somme. Par exemple, si le total de vos deux mises est de 10 dollars, votre bénéfice net est également de 10 dollars. Si vous souhaitez continuer à jouer, vous recevrez de nouvelles cartes en vous rendant au **239**. Si vous préférez abandonner définitivement la partie, inscrivez votre gain et quittez la table. Vous demanderez ensuite au barman la clé de votre chambre, puis vous monterez à l'étage en vous rendant au **154**.

199

Cette marche au soleil, même si c'est votre cheval qui fait tout le travail, vous épuise et vous avez envie de vous reposer quelques instants. Un peu plus loin, vous apercevez une anfractuosité, dans le flanc d'une colline, où vous pourrez vous mettre à l'abri du soleil. Vous descendez donc de cheval et vous allez vous réfugier là. Il y fait plus frais qu'au-dehors et vous ne tardez pas à vous laisser aller au sommeil. Un sommeil bref, cependant, car un quart d'heure plus tard environ, vous vous réveillez en sursaut : un jeune garçon coiffé d'un sombrero est en train de fouiller dans vos poches. Voyant que vous vous réveillez, il s'enfuit aussitôt, saute sur son cheval et disparaît. Vous vous apercevez alors qu'il a eu le temps de vous voler exactement la moitié des dollars que vous possédiez ! La fureur vous saisit, vous vous relevez d'un bond et... vous retombez par terre ! Car, prévoyant que vous pourriez vous réveiller avant qu'il ait terminé sa besogne, votre voleur a pris la précaution de vous lier les chevilles à l'aide d'une cordelette. Étant donné l'épaisseur de vos bottes, vous n'avez rien senti et vous avez continué à dormir tandis que le garçon au sombrero vous entravait ainsi. A l'aide de votre poignard, vous parvenez à trancher vos liens et vous enfourchez votre cheval pour vous lancer sur les traces de votre voleur. A moins que vous ne préfériez le laisser courir, de peur qu'il vous fasse perdre trop de temps ? A vous de choisir. Si vous décidez de le poursuivre, rendez-vous au **364**. Si vous jugez plus sage de continuer votre chemin en faisant votre deuil de la somme perdue, rendez-vous au **296**.

200

Vous prenez dans votre poche la petite gourde de cuir que vous a donnée Klayoka et vous buvez une gorgée du liquide qu'elle contient. Vous perdez 2 points de FORCE tandis que la potion fait son effet. Un vertige vous saisit soudain et vous voyez apparaître devant vous, comme dans un rêve, le Cheval de Brume tel que vous l'aviez déjà vu dans le tipi du vieil Apache. Le cheval se cabre, reste un instant en équilibre, puis se tourne vers l'ouest en direction d'une haute montagne que vous apercevez au loin. C'est sans doute là qu'est située la mine d'or ! Vous vous lancez donc au galop vers la montagne en espérant que vous pourrez bientôt en rapporter un bon poids d'or. Il est toujours utile d'être riche, pensez-vous, ainsi, vous n'aurez plus de soucis d'argent dans la suite de votre voyage. La chaleur semble s'intensifier à mesure que vous avancez et la montagne paraît décidément bien lointaine. Mais c'est le Cheval de Brume qui vous a indiqué la direction à prendre, vous avez donc toute confiance. Vous parcourez alors une bonne trentaine de miles. Le soleil est brûlant et le sang vous bat les tempes mais vous avez résolu de tenir bon. Car l'or est au bout du chemin ! Deux heures plus tard, il vous semble que la montagne s'est rapprochée : vous n'êtes plus très loin du but, mais le désert s'est transformé en une véritable fournaise. Maudit soleil ! L'atmosphère est si emplie de chaleur que tout devient flou devant vos yeux. Flou et brillant. La tête vous tourne. Les contours de la montagne se brouillent au loin. On dirait qu'elle s'est mise à bouger. Et à briller. Tout brille autour de vous, tout brille, resplendit, scintille comme... comme de l'or ! L'or ! Ha ! Ha ! Ha ! De l'or qui brille ! La tête qui tourne ! La chaleur ! Mais rien ne vous arrêtera ! Vous découvrirez cet or, il sera à vous ! D'ailleurs, c'est toute la montagne qui est en or et elle vous appartient ! La gorge vous brûle, mais vous tiendrez bon ! Vous cramponner... Vous cramponner à la selle de votre cheval... Boire... Oh, comme tout devient sombre, soudain... L'or... il vous faut cet or... Le soleil... il ne brille plus... Il fait noir... Noir... Vous avez mal... Votre tête... On dirait qu'elle va exploser... Vous avez peine à ouvrir les yeux... Et qui sont ces gens ?... Si vous êtes le Prince du Temps, rendez-vous au **250**. Si vous êtes la Princesse du Temps, rendez-vous au **305**.

201

Si vous êtes le Prince du Temps, rendez-vous au **371**. Si vous êtes la Princesse du Temps, rendez-vous au **90**.

202

Jonathan Quack vous avait assuré que ce produit était souverain contre la fatigue et, bien qu'il soit un charlatan, il avait raison. A peine avez-vous mangé votre hachis, en effet, que vous vous endormez comme un bébé. Lorsque vous vous réveillez, le jour vient de se lever et vous vous sentez en pleine forme : rien d'étonnant à cela, puisque vous avez regagné 7 points de FORCE ! Vous vous hâtez de vous habiller pour repartir au plus vite. Quelqu'un frappe alors à la porte. Vous allez ouvrir : c'est le patron de l'hôtel.

— Que se passe-t-il ? demande-t-il, l'air inquiet, vous n'êtes pas malade, j'espère ?

— Moi ? Non, pourquoi ? vous étonnez-vous.

— Cela fait trente-six heures que vous dormez, répond votre interlocuteur. Je commençais à me faire du souci !

Trente-six heures ! Autrement dit, vous avez dormi une nuit, un jour, et une autre nuit sans vous réveiller ! Vous avez donc perdu une journée, ce qu'il vous faut noter dès à présent sur votre calendrier. En outre, vous devez payer 3 dollars de plus pour avoir occupé la chambre une nuit supplémentaire. Vite, dépêchez-vous de quitter l'hôtel, vous avez perdu assez de temps comme ça ! Rendez-vous en toute hâte au **141**.

203

Vous débouchez le flacon et vous en avalez le contenu en espérant que l'antidote va aussitôt faire son effet. Hélas ! Jonathan Quack n'est qu'un charlatan et les produits qu'il fabrique sont non seulement inefficaces, mais dangereux. En l'occurrence, à peine avez-vous bu le liquide que de violentes douleurs vous déchirent l'estomac. C'est presque avec soulagement que vous sentez le venin du serpent répandre la mort en vous, tant les souffrances occasionnées par l'huile de crotale sont intenses. Lorsque vous mourez enfin, un sourire se dessine sur vos lèvres : tout, même la mort, valait mieux que cet atroce supplice ! Votre mission s'achève ici, pour la plus grande joie des vautours et des coyotes qui, déjà, s'avancent vers votre cadavre, le regard gourmand.

204

Pas de chance ! L'un de vos adversaires a un jeu nettement supérieur au vôtre. Additionnez votre première et votre deuxième mise : c'est le montant de la somme que vous avez perdue. Si vous souhaitez continuer à jouer, vous recevrez de nouvelles cartes en vous rendant au **239**. Si vous préférez abandonner la partie, vous quittez la table, vous demandez au barman la clé de votre chambre et vous montez à l'étage en vous rendant au **154**.

205

Vous vous souvenez de ce que vous a dit Jonathan Quack lorsque vous lui avez acheté le hachis de champignons du Mexique : « Grâce à cette préparation, vous dormirez comme un loir et vous vous réveillerez en pleine forme ! » Si votre gardien pouvait s'endormir, quelle aubaine ! Vous sortez donc de votre poche le sachet qui contient le hachis et vous en proposez un morceau à Fléau des Plaines.

— Qu'est-ce que c'est ? demande celui-ci.

— Du tabac à mâcher, mentez-vous dans l'espoir qu'il aura envie d'y goûter.

Le colosse prend le morceau que vous lui tendez et le renifle.

— Ça sent bon, dit-il. Et toi, tu n'en prends pas ? ajoute-t-il, soupçonneux.

— Si, bien sûr, répondez-vous.

Si vous avez le talent de PRESTIDIGITATEUR, rendez-vous au **106**. Dans le cas contraire, rendez-vous au **5**.

206

Vous avez sans doute eu raison d'agir avec prudence. Ainsi, vous perdez votre mise de départ et rien de plus. Si vous souhaitez continuer à jouer, vous recevrez de nouvelles cartes en vous rendant au **239**. Si vous préférez abandonner définitivement la partie, vous quittez la table, vous demandez au barman la clé de votre chambre et vous montez à l'étage en vous rendant au **154**.

207

Vous achetez un billet pour Greenville — avant-dernière étape de votre voyage — au prix de 10 dollars. Si vous êtes encore en possession de vos affaires — en partie ou en totalié —, vous les avez rassemblées dans votre couverture dont vous avez fait une sorte de baluchon, lequel a été arrimé sur la galerie de la diligence, avec les bagages des autres passagers. Si vous le jugez nécessaire, vous pouvez toutefois conserver votre carabine auprès de vous. Quelques minutes plus tard, la diligence se met en chemin. Vos compagnons de voyage sont au nombre de trois : une femme dans la quarantaine, au visage sec et maussade, un homme du même âge, mafflu et bedonnant, qui doit être son mari, et une gamine renfrognée, leur fille probablement. La femme vous jette à la dérobée des regards dédaigneux : apparemment, vos allures de cow-boy lui déplaisent. Vous n'en avez cure, cependant, et vous vous installez le plus confortablement possible en espérant pouvoir vous reposer quelque peu au cours de cette étape. Mais à peine avez-vous fermé les yeux qu'un coup de feu éclate au-dehors. Passant aussitôt la tête à la portière, vous apercevez deux bandits à cheval qui attaquent la diligence. L'un d'eux vous vise et vous n'avez que le temps de vous baisser pour éviter de justesse la balle qui vient se loger au-dessus de la tête de la femme. Celle-ci pousse un cri suraigu et tombe à genoux en marmonnant une prière tandis que son mari vous regarde d'un air effaré comme s'il ne parvenait pas à croire ce qui vient de se passer. Seule la gamine semble s'amuser de l'événement, son visage s'éclairant brusquement d'un sourire satisfait. De toute évidence, vous ne pouvez compter que sur vous-même pour affronter la situation, car si l'on en juge par l'expression de terreur qui déforme à présent ses traits, l'homme au ventre rebondi n'a sans doute jamais tenu une arme entre ses mains. Quant à sa femme, mieux vaut la laisser à ses prières, peut-être se révéleront-elles efficaces, qui sait ? La fille, elle, n'a pas peur, mais elle est un peu jeune pour vous prêter main-forte. Vous devrez donc combattre les deux bandits sans aide, en utilisant soit votre revolver, soit votre carabine, si toutefois vous l'avez gardée auprès de vous. La carrosserie de la diligence vous protège quelque peu des balles de vos adversaires. Ainsi, chaque fois que vous recevrez une blessure, vous en évaluerez la gravité à la manière habituelle mais vous diminuerez de 2 points la pénalité correspondante, le projectile ayant perdu de sa puissance après avoir traversé l'épaisseur du bois. Une blessure à 2 points ne compte pas : la balle se sera alors fichée dans la caisse de la diligence sans la traverser. Si vous utilisez votre carabine vous aurez un avantage sur vos adversaires : elle vous permet en effet de viser avec plus de précision et votre total de MAÎTRISE s'en trouvera de ce fait augmenté de 1 point pendant toute la durée du combat. Peut-être avez-vous déjà fait usage de votre carabine au cours de votre aventure : dans ce cas, tenez compte du nombre de cartouches qui vous restent. Si, par exemple, vous n'avez plus que 5 cartouches, vous ne pourrez utiliser votre arme que 5 fois. Vous continuerez ensuite le combat avec votre revolver, ce qui ramènera automatiquement votre total de MAÎTRISE à son niveau habituel. Le cocher de la diligence, quant à lui, ne peut participer à l'affrontement : il est trop occupé à faire galoper ses chevaux le plus vite possible pour essayer de semer les bandits. Vous voici donc face à vos deux adversaires que vous allez combattre soit l'un après l'autre, soit alternativement (un Assaut contre l'un, un Assaut contre l'autre, et ainsi de suite), à votre convenance.

Premier BANDIT	MAÎTRISE : 16	FORCE : 14
Second BANDIT	MAÎTRISE : 17	FORCE : 15

Si vous parvenez à tuer l'un des bandits et à réduire à 5 ou moins le total de FORCE de l'autre, rendez-vous au **123**.

208

Vous vous ruez vers l'escalier qui mène au pont supérieur tandis que la mèche se consume de plus en plus vite. Lancez deux dés. Si vous faites un double, rendez-vous au **272**. Dans le cas contraire, rendez-vous au **273**.

209

Espérons que vous n'aurez pas à regretter votre choix... En tout cas, il est fait et il est trop tard pour revenir dessus car vous vous trouvez déjà dans la grand'rue de Passivitt-Montgayo. Les étrangers sont rares, par ici, et votre arrivée ne passe pas inaperçue. Vous sentez les regards se diriger vers vous et suivre votre avance tandis que vous vous approchez du saloon. On ne peut pas dire que la ville soit en proie à une grande agitation : il semble que ses habitants passent plus de temps à bavarder et à se reposer qu'à se livrer à une quelconque activité. La chaleur, sans doute... Parvenue devant le saloon, vous mettez pied à terre, vous attachez votre cheval à la balustrade prévue à cet effet, puis vous poussez d'un geste décidé la double porte battante qui donne accès à l'intérieur de l'établissement. L'atmosphère qui règne dans la grande salle enfumée tranche avec le calme de la rue. A en juger par le nombre des consommateurs, on dirait que toute la ville s'est donné rendez-vous. Toutes les tables sont occupées par des cow-boys aux mines souvent peu avenantes et le bar vous est caché par une rangée de clients aux carrures de taureau. L'un d'eux, un véritable colosse, est accoudé devant une bouteille qu'il tient fermement par le goulot, comme s'il avait peur qu'on ne la lui vole. Les rires, les cris et les interjections se mêlent en un vacarme incessant ponctué par le tintement des verres qu'on entrechoque. Le nuage de fumée qui stagne au-dessus des tables vous prend à la gorge et vous pique les yeux. Vous vous approchez du comptoir tandis que les regards convergent sur vous. Des éclats de rire saluent votre passage : de toute évidence, on se moque de vous. Derrière le comptoir, le barman remplit des verres. Au moment où vous arrivez devant lui, il est en train d'échanger quelques mots avec le colosse que vous aviez repéré dès votre entrée.

— Bonjour, auriez-vous une chambre pour la nuit ? demandez-vous au barman.

Le colosse se tourne alors vers vous, vous considère avec stupéfaction, puis éclate d'un rire sonore.

— Ha ! Ha ! Ha ! Une fille ! s'exclame-t-il. Vous n'auriez pas un bouton à recoudre, les gars ? La mignonne a sûrement pensé à emporter un fil et une aiguille, pas vrai poupée ? ajoute-t-il en accompagnant ses paroles d'un geste singulièrement déplacé.

Choquée et furieuse, vous vous dégagez vivement et vous reculez d'un pas.

— Allons, poupée, reprend le colosse, il ne faut pas avoir peur de Bulky Joe ! Bulky Joe est du genre câlin, pas vrai, les gars ?

— Pour sûr que tu es le plus câlin à l'ouest du Pecos ! lance un cow-boy dans la salle, en soulignant sa remarque d'un rire gras.

C'est plus que vous ne pouvez en supporter : il vous faut à l'instant faire rendre gorge à ces rustres impudents. D'un geste vif, vous dégainez votre revolver. Mais Bulky Joe n'a rien d'un manchot. Rompu à ce type d'exercice, il a le réflexe de dégainer presque en même temps que vous. Qui sera le premier à tirer et à viser juste ? C'est en lançant les dés que vous le saurez. Vous allez devoir, en effet, mener un Assaut contre Bulky Joe selon la règle qui vous a été indiquée par Gayok le Preux avant votre départ.

BULKY JOE MAÎTRISE : 16 FORCE : 18

Si vous remportez ce premier Assaut, rendez-vous au **155**. Si c'est votre adversaire qui est vainqueur, rendez-vous au **267**.

210

Vous appliquez aussitôt l'essence de cactus sur la piqûre. Bien que Jonathan Quack soit un charlatan, ce produit a de réelles vertus et s'il n'efface pas complètement les effets du venin, du moins limite-t-il les dommages subis. Ainsi, vous perdez 4 points de FORCE, ce qui est un moindre mal, car cette piqûre aurait pu vous coûter beaucoup plus cher ! A présent, vous allez pouvoir repartir — n'oubliez pas de remettre votre foulard — en vous rendant au **12**.

211

— Vous ne voulez pas jouer, Mademoiselle ? dit Nimbly Jack avec un sourire inquiétant. Vous entendez, vous autres ? ajoute-t-il en se tournant vers la salle. Voici une jeune fille qui voyage seule et qui n'a pas envie de s'amuser ! Mais peut-être qu'on pourrait s'amuser avec elle ?

— Bonne idée ! approuve l'un des clients. On va aller lui chercher un tutu, elle pourra nous danser quelque chose !

— Ouais ! Du French cancan ! s'exclament plusieurs cow-boys.

— Il y a un bout de temps qu'on n'a pas eu un bon

spectacle dans ce saloon ! dit un autre. Et pour sûr qu'elle fera une sacrée bonne danseuse !

Aïe ! Les choses tournent mal ! Vous êtes seule contre une bonne vingtaine de brutes plus ou moins ivres qui ont décidé de se divertir à vos dépens. A moins que vous n'ayez envie de revêtir un tutu et d'improviser un spectacle qui ne manquerait pas de tourner mal pour vous, il va falloir revenir sur votre décision, car, aussi habile que vous soyez dans le maniement du six-coups, vous n'arriverez jamais à tenir tête à tout ce monde. D'autre part, il est inutile de songer à fuir, on ne vous laisserait pas atteindre la porte. Il vaut donc mieux jouer au poker, vous aurez ainsi de meilleures chances de vous tirer de ce mauvais pas.

— Finalement, tout bien réfléchi, une petite partie de poker ne me ferait pas de mal, dites-vous bien fort pour que tout le monde vous entende.

— Voilà qui est mieux ! s'exclame Nimbly Jack. Vous ne regretterez pas d'avoir joué avec moi, Mademoiselle !

— Ne l'écoutez pas ! lance le cow-boy dodu au visage jovial. Venez plutôt vous asseoir à notre table. Nous, on ne triche pas !

Puisque vous êtes dans l'obligation de jouer, autant choisir le ou les partenaires avec qui vous aurez quelque chance de gagner un peu d'argent. Nimbly Jack est-il vraiment un tricheur ? Et Oliver et ses amis sont-ils aussi honnêtes qu'ils le prétendent ? A vous de choisir, en tout cas ! Si vous souhaitez jouer avec Nimbly Jack, rendez-vous au **105**. Si vous préférez jouer avec Oliver et ses amis, rendez-vous au **9**.

212

Touché à mort, votre adversaire s'écroule lourdement sur le sol. Vous vous hâtez alors de récupérer votre cheval, vous remontez en selle, puis vous quittez Passivitt-Montgayo au triple galop pour vous rendre au **56**.

213

Bravo ! Vous avez réussi à semer un tel désordre dans le troupeau que les bisons finissent par changer de direction. Vous n'êtes plus sur leur trajectoire, à présent, et vous pouvez en toute tranquillité poursuivre votre route. Mais peut-être souhaiterez-vous avant cela couper un morceau de viande dans le cadavre de l'un des animaux morts. Vous pourrez ainsi vous constituer des provisions équivalant à 3 repas. Ensuite, vous repartirez vers l'est en vous rendant au **158**.

214

Vous essayez de rattraper votre voleur, mais celui-ci s'est rendu compte que vous le poursuiviez. Or, son cheval est plus rapide que le vôtre et il lui suffit de forcer l'allure pour vous distancer. Dans ces conditions, il est clair qu'il vaut mieux abandonner : il ne vous reste plus, alors, qu'à rebrousser chemin pour reprendre la route d'Albuquerque. Mais pour rattraper le temps perdu, vous allez devoir galoper à bride abattue, ce qui fera perdre 2 points de FORCE à votre cheval. Il aurait été plus sage de ne pas vous lancer à la poursuite du jeune homme au sombrero : votre temps est infiniment plus précieux que vos dollars. Lorsque vous retrouvez enfin le chemin d'Albuquerque, vous vous rendez au **74**.

215

Vous voici donc au bord du fleuve Mississippi, de l'autre côté de cette frontière naturelle qui sépare l'Est et l'Ouest des États-Unis. Vous êtes à présent à cent cinquante miles environ de Memphis où vous pourrez vous rendre par train ou par bateau. Mais avant cela, il est temps de changer de tenue et de vous débarrasser de menus objets dont vous n'aurez plus l'usage. Si, en effet, vous avez toujours votre carabine, votre lasso, votre couverture et votre gourde, vous pouvez les vendre dès maintenant pour une somme forfaitaire de 20 dollars. Il vaut mieux, en revanche, conserver votre couteau qui se révélera peut-être utile par la suite. Et, bien entendu, il n'est pas question de vous séparer de votre revolver ! De ce côté-ci du Mississippi, on ne voit guère de cowboys, et surtout, il est très mal vu pour une femme de porter des vêtements d'homme ! Il faut donc vous habiller différemment. Si vous avez déjà une robe, vous découvrez avec mauvaise humeur qu'une balle perdue l'a sérieusement endommagée au cours de votre dernier échange de coups de feu. Vous allez devoir en acheter une autre et vous êtes furieuse de ne pas avoir vendu celle-ci lorsque vous étiez à Dallas. Vous auriez pu alors en tirer quelques dollars. Tant pis ! Vous trouvez dans une boutique de mode de Greenville une robe fort élégante que vous achetez pour 20 dollars et vous faites également l'acquisition — pour 5 dollars — d'un sac à main dans lequel vous rangez votre revolver. Ainsi vêtue, vous pourrez vous présenter à votre avantage dans la maison du général Wayward dès que vous serez arrivée à Memphis. Dans l'immédiat, vous devez choisir le moyen de transport qui vous semblera le meilleur pour vous y rendre. Le train qui y mène part demain matin et arrive à Memphis en fin d'après-midi. Mais vous

pouvez également prendre un bateau à roue qui partira ce soir et arrivera demain à peu près à la même heure que le train. Si vous voyagez par chemin de fer, il vous en coûtera 20 dollars. Si vous préférez le bateau, vous aurez 15 dollars à débourser. A vous de choisir !
Si vous souhaitez prendre le train, rendez-vous au **181**. Si vous préférez le bateau, rendez-vous au **232**. Enfin, si vous hésitez, vous avez la possibilité de faire appel au Cheval de Brume — à condition de ne l'avoir pas déjà invoqué par deux fois — afin qu'il vous indique le meilleur choix. Rendez-vous pour cela au **279**.

216

Vous faites brusquement volte-face et vous lancez votre cheval au galop. Malheureusement, les Comanches sont des cavaliers hors pair et ils ont tôt fait de vous rattraper. L'un d'eux vous ordonne alors, dans un anglais approximatif, de les suivre sans résistance. C'est en effet la meilleure chose que vous ayez à faire. Si toutefois vous tenez absolument à résister, vous pouvez saisir votre carabine pour essayer de défendre chèrement votre vie en vous rendant au **125**. Si vous préférez obéir, rendez-vous au **266**.

217

Voici les trois nouvelles cartes qui vous reviennent : 9 de trèfle, dame de pique, valet de trèfle. Si vous venez du :

65	Rendez-vous au **358**
362	Rendez-vous au **352**
82	Rendez-vous au **346**
288	Rendez-vous au **340**
300	Rendez-vous au **334**
223	Rendez-vous au **328**

218

Bravo ! Vous n'avez pas perdu un seul jour au cours de votre voyage ! C'est un exploit qui mérite d'être salué ! Félicitations, donc ! Lorsque vous tirez le cordon de la sonnette, le serviteur qui vient vous ouvrir – ou plutôt l'esclave, c'est malheureusement le mot qu'il faut employer – vous annonce que le général « est à la guerre ». Quant à sa fille, elle ne reviendra de voyage que le 3 juillet au soir. Il n'y a aucun autre membre de la famille Wayward dans la maison, seuls les serviteurs – pardon, les esclaves – sont là. Par prudence, mieux vaut ne rien leur révéler des motifs de votre visite : vous repasserez donc le 3 juillet. Mais finalement, ce petit contretemps va vous être fort utile. Pendant les trois jours qui viennent, en effet, vous allez vous reposer dans un hôtel de Memphis – la chambre et les repas vous coûtent en tout 15 dollars – et vous regagnez ainsi *tous* les points de FORCE que vous avez perdus depuis le début de votre aventure. Enfin, au soir du 3 juillet, vous revenez au 30, University Street en vous rendant au **38**.

219

Comprenant qu'il ne viendra jamais à bout d'un adversaire tel que vous, le puma préfère abandonner le combat et s'enfuir en boitant. C'est mieux ainsi : inutile de tuer ce malheureux animal qui, après tout, a plus de droits que vous de se trouver ici. Ce combat vous a fait perdre du temps, mais ce qui est plus grave encore, c'est que vous ne savez toujours pas quelle piste prendre pour arriver à la rivière Pecos. Le mieux que vous ayez à faire, pour l'instant, c'est de revenir à l'endroit d'où partent les trois chemins. Vous parcourez cette distance au galop afin d'essayer de rattraper le temps perdu, ce qui fait perdre 2 points de FORCE à votre cheval. Lorsque vous êtes enfin de retour à votre point de départ, vous choisissez une nouvelle direction. Si vous souhaitez prendre le chemin orienté au nord-est, rendez-vous au **130**. Si vous préférez emprunter le chemin orienté à l'est-nord-est, rendez-vous au **14**. Enfin, si vous jugez plus sage d'invoquer le Cheval de Brume, rendez-vous au **21**.

220

Pas de chance ! Votre bluff n'a pas réussi. Additionnez votre première et votre deuxième mise : c'est le montant de la somme que vous avez perdue. Si vous souhaitez continuer à jouer, vous recevrez de nouvelles cartes en vous rendant au **239**. Si vous préférez abandonner définitivement la partie, vous quittez la table, vous demandez au barman la clé de votre chambre et vous montez à l'étage en vous rendant au **154**.

221

On peut dire que vous avez de la chance ! Par un phénomène quasi miraculeux, le troupeau de bisons se détourne soudain et passe loin de vous. Vous n'avez donc aucun souci à vous faire : vous pouvez poursuivre tranquillement votre chemin en vous rendant au **158**.

222

— Eh bien, puisque le gros Bulky a abandonné le terrain, on va pouvoir s'amuser, à présent ! lancez-vous d'un air réjoui.

Vous vous dirigez alors vers un piano dont vous aviez remarqué la présence dans un coin de la salle et vous vous installez devant le clavier. Vous vous mettez aussitôt à jouer un air de « square dance » avec un tel entrain que les cow-boys se lèvent et commencent à danser. L'un d'eux va chercher son violon et vous accompagne tandis que la nouvelle se répand dans toute la ville qu'on fait la fête au saloon. Des femmes viennent aussi se mêler au quadrille et, en peu de temps, le saloon, plus bondé que jamais, se transforme en un joyeux cabaret. C'est une aubaine pour le patron de l'établissement qui s'affaire derrière son comptoir en remplissant les verres que lui réclament ses clients assoiffés. On peut dire que vous avez parfaitement réussi à vous rendre sympathique auprès des habitants de Passivitt-Montgayo. Hélas ! il se trouve toujours quelques grincheux pour troubler les fêtes auxquelles on ne les a pas conviés et, en l'occurrence, vous voyez surgir une demi-heure plus tard un groupe d'une bonne douzaine de mégères habillées de noir, armées de parapluies et de bibles reliées : ce sont les adhérentes de l'Union des Femmes Chrétiennes pour la Tempérance et la Morale Publique. Celle qui mène le groupe, une virago efflanquée, au teint jaunâtre et au visage émacié, s'avance en donnant, de droite et de gauche, de vigoureux coups de parapluie à quiconque passe à sa portée.

— Le Seigneur vous regarde, vils pécheurs ! profère-t-elle en brandissant une bible au-dessus de sa tête. Ce n'est pas cette créature qui vous fait danser, c'est le diable ! Arrière, Satan ! Passivitt-Montgayo ne deviendra pas la nouvelle Babylone ! Rentre chez toi, pécheresse, et vous, repentez-vous ! Nous sommes le bras de Dieu !

Les choses semblent tourner mal pour vous. Il est temps de vous esquiver au plus vite en vous rendant au **241**.

223

Voici les cartes qui vous reviennent : As de trèfle, as de cœur, 8 de trèfle, 3 de carreau, 2 de pique. Les deux as sont d'excellentes cartes et vous décidez de les garder. Les trois autres, en revanche, sont sans valeur, il vaut donc mieux les échanger, comme vous en avez le droit au poker. Pour obtenir trois autres cartes, lancez à nouveau un dé. Si vous faites :

1	Rendez-vous au **231**
2	Rendez-vous au **245**
3	Rendez-vous au **148**
4	Rendez-vous au **27**
5	Rendez-vous au **217**
6	Rendez-vous au **302**

Mais attention : avant de continuer, notez *soigneusement* le numéro où vous vous trouvez actuellement, il vous sera en effet indispensable pour poursuivre la partie.

224

Les mains ouvertes, paumes tournées vers l'Apache, vous restez immobile pour montrer que vous ne lui voulez aucun mal. Quelque peu rassuré, l'homme abaisse alors son tomahawk, mais sans le remettre dans sa ceinture. Il se tient toujours sur ses gardes. Si vous êtes le Prince du Temps, rendez-vous au **126**. Si vous êtes la Princesse du Temps, rendez-vous au **157**.

225

— Vous ne voulez rien m'acheter ? A votre aise ! lance Jonathan Quack, vexé. Mais ne venez pas vous plaindre le jour où vous aurez succombé à vos blessures faute de médicaments appropriés. Quelle folie ! Une femme seule qui veut traverser l'Ouest américain sans même emporter quelques-uns de mes remèdes ! Ah, vous me faites pitié ! Tenez, je suis bon, je vais au moins vous donner quelque chose à manger. Car j'imagine que vous n'avez pas de provisions ?

Il a raison, en effet : vous pensiez pouvoir trouver de quoi manger en cours de route. L'homme au chapeau rond va alors chercher au fond d'un panier un pâté en croûte qui représente un repas. Vous rangez le pâté dans votre sac de selle tandis que Jonathan Quack secoue ses rênes d'un coup sec pour faire avancer son cheval.

— Pour rejoindre Albuquerque, dit-il, prenez la direction du nord-est jusqu'à l'endroit où vous verrez deux rivières se rencontrer. Suivez celle de gauche jusqu'à sa source, puis continuez droit vers l'est. Vous serez à Albuquerque ce soir. Si vous êtes encore en vie ! Adieu, que le ciel protège la jeune écervelée qui s'enfonce ainsi dans le désert avec pour seul bagage un pâté en croûte et quelques illusions !

Ces paroles ne sont guère encourageantes, mais vous n'allez pas vous laisser abattre pour autant ! Avec un demi-sourire, vous regardez la carriole s'éloigner vers l'ouest, puis vous repartez de votre côté en vous rendant au **64**.

226

A votre arrivée dans le camp, des hommes, des femmes, des enfants se précipitent vers vous en poussant des cris et des exclamations qui n'ont rien d'amical. On vous fait aussitôt descendre de cheval et on vous mène au centre d'une sorte de place délimitée par des tipis ornés de motifs colorés que vous auriez plaisir à contempler en d'autres circonstances. Mais pour l'instant, les préoccupations esthétiques vous importent peu, vous avez d'autres soucis : deux Comanches, en effet, vous entraînent vers un poteau planté en terre auquel ils vous attachent solidement. Bien entendu, on vous a enlevé votre revolver qui, d'ailleurs, se serait révélé inutile en l'occurrence. Quelques instants plus tard, le chef de la tribu, un vieil Indien au teint bistre, s'avance vers vous. Dans un anglais sommaire, il vous annonce que l'on va vous torturer cruellement jusqu'à ce que mort s'ensuive pour venger la mort de cinq guerriers comanches tués la veille par des visages pâles. Voilà un programme qui n'est pas fait pour vous réjouir ! Si vous êtes le Prince du Temps, rendez-vous au **113**. Si vous êtes la Princesse du Temps, rendez-vous au **58**.

227

Le plan que vous imaginez est simple : il suffit de louer une chambre au saloon pour y passer la nuit. Lorsque tout le monde dormira, vous essaierez alors de découvrir le passage qui mène à la caverne où Hashkala a été enterré. Avec un peu de chance, vous devriez sans trop de difficultés parvenir à vos fins. Il vous reste cependant à prendre une décision importante : sous quelle apparence allez-vous vous présenter au saloon ? Si vous souhaitez revêtir la robe que vous avez emportée avec vous, rendez-vous au **310**. Si vous préférez conserver les vêtements que vous portez en ce moment, rendez-vous au **209**. Enfin, si vous possédez une touffe de poils de putois, vous pourrez choisir de vous déguiser en homme ; rendez-vous pour cela au **107**.

228

Bravo ! Vous avez réussi à dépasser la diligence et à vous porter à la hauteur des chevaux. Vous saisissez alors une rêne et vous tirez doucement. Le cheval, imité par son compagnon, ralentit peu à peu l'allure, puis finit par s'arrêter. Les passagers sont sauvés !

Avec des hurlements de joie, ils descendent de la diligence pour venir vous serrer dans leurs bras, mais vous n'avez vraiment pas le temps de vous livrer à ces effusions. L'un des passagers s'est proposé de remplacer le cocher ct de mener la diligence jusqu'au prochain relais, vous n'avez donc plus rien à faire ici, et vous pouvez continuer votre route en vous rendant au **299**.

229

Vous lancez votre cheval au galop en direction de l'éminence, tandis que les bisons continuent de foncer sur vous. Si le total de MAÎTRISE de votre cheval est inférieur à 15, rendez-vous au **248**. Si ce total est de 15 à 18, rendez-vous au **173**. Enfin, si son total de MAÎTRISE est supérieur à 18, rendez-vous au **84**.

230

L'un de vos adversaires est mort, l'autre ne vaut guère mieux, mais au moment où vous allez lui donner le coup fatal, il laisse tomber son arme et se jette à genoux.

— Grâce ! implore-t-il. Grâce ! je ne veux pas mourir !

— Je te ferai grâce si tu m'indiques le chemin le plus court pour atteindre le Pecos, répliquez-vous.

— C'est très simple, bredouille le bandit moribond, il suffit de revenir sur vos pas... Lorsque vous atteindrez le bout de la piste, vous prendrez le chemin orienté au nord-est...

A peine a-t-il prononcé ces quelques mots qu'il s'effondre sur le sol, les yeux révulsés. L'homme est mort. Vous fouillez alors les cadavres de vos deux adversaires et vous découvrez dans leurs poches 50 dollars, ainsi que 12 cartouches pour votre revolver. Il faut repartir, à présent, mais, pour rattraper le temps perdu, vous devez rebrousser chemin au triple galop, ce qui fait perdre 2 points de FORCE à votre cheval. Lorsque vous êtes enfin de retour à votre point de départ, vous reprenez le bon chemin. Mais au fait, quel est-il vraiment, ce bon chemin ? Le bandit n'aurait-il pas cherché à vous tromper en vous indiquant la direction du nord-est ? Voilà qui mérite réflexion... Qu'allez-vous choisir ?

Le chemin orienté au nord-est ? Rendez-vous au **130**
Celui orienté à l'est-sud-est ? Rendez-vous au **151**

Si vous préférez invoquer le Cheval de Brume, rendez-vous au **21**.

231

Voici les trois nouvelles cartes qui vous reviennent : as de pique, as de carreau, 3 de cœur. Si vous venez du :

65 Rendez-vous au **325**
362 Rendez-vous au **331**
82 Rendez-vous au **337**
288 Rendez-vous au **343**
300 Rendez-vous au **349**
223 Rendez-vous au **355**

232

Vous hélez un fiacre et vous vous faites conduire à l'embarcadère — le prix de la course se monte à 1 dollar et 50 cents, pourboire compris. Là vous achetez un billet pour Memphis qui vous coûte 15 dollars et vous montez aussitôt à bord du bateau. L'intérieur est luxueux : vous passeriez volontiers quelques semaines de vacances dans ces salons accueillants et confortables où se rassemblent les passagers, mais le moment n'est pas venu de vous reposer : vous avez bien d'autres soucis en tête ! Après avoir visité votre cabine, vous vous rendez dans la salle à manger ; pour 4 dollars, on y sert un repas si copieux et succulent qu'il vous permet de regagner d'un coup 3 points de FORCE. Vous allez ensuite prendre un verre au bar pour 1 dollar et 50 cents. Plusieurs officiers revêtus de l'uniforme bleu des Nordistes sont assis autour de vous. Leur présence est rassurante et les quelques moments de détente que vous passez dans ce bar chaleureux vous font un peu oublier les fatigues de votre voyage. Si vous êtes le Prince du Temps, rendez-vous au **319**. Si vous êtes la Princesse du Temps, rendez-vous au **307**.

233

A peine avez-vous commencé à balbutier quelques mots que le shérif s'effondre soudain devant vous : une stalactite vient de se décrocher de la voûte de la caverne et l'a assommé net en tombant. C'est une chance inespérée ! Vous vous hâtez de sortir de la caverne en traînant le corps inerte du shérif, vous rebouchez l'entrée du boyau à l'aide des pierres qui l'obstruaient en espérant que personne n'aura l'idée de violer la sépulture d'Hashkala, puis vous éteignez votre lampe que vous raccrochez au plafond. Vous sortez ensuite du saloon par la même fenêtre qui vous avait servi à pénétrer dans la salle, et vous allez récupérer votre cheval qui vous attend dehors. Vous quittez alors Passivitt-Montgayo pour vous rendre au **144**.

234

L'apothicaire de la ville a besoin de quelqu'un pour l'aider à préparer des potions médicinales à base de plantes. Votre très grand talent en ce domaine vous vaut un salaire de 30 dollars au terme d'une rude journée de travail. Vous avez même tellement travaillé que vous n'avez pas eu le temps de manger. La fatigue et la faim vous ont fait perdre 3 points de FORCE. Rendez-vous à présent au **111**.

235

Votre cheval tombe au fond du trou, mais il parvient à conserver son équilibre. Les buissons lui ont cependant égratigné les jambes et les flancs, ce qui lui coûte 1 point de FORCE. Inutile à présent de continuer la poursuite, votre voleur est loin. Vous avez mal interprété les signes des Indiens et il ne vous reste plus qu'à sortir du trou — ce qui, heureusement ne présente guère de difficulté —, et à rebrousser chemin pour reprendre la route d'Albuquerque. Mais pour rattraper le temps perdu, vous allez devoir galoper à bride abattue, ce qui fera perdre 2 autres points de FORCE à votre cheval. Il aurait été plus sage de laisser courir le jeune homme au sombrero : votre temps est infiniment plus précieux que vos dollars ! Lorsque vous retrouvez enfin le chemin d'Albuquerque, vous vous rendez au **74**.

236

Vous avez le choix entre deux chemins pour vous rendre au relais d'où part la diligence : une rue large et fréquentée, et une autre rue plus étroite qui, elle, semble déserte. Il faut vous hâter de prendre une décision ; vous attireriez les soupçons en hésitant trop longtemps. Vous n'avez même pas la possibilité d'invoquer le Cheval de Brume : votre regard halluciné tandis qu'il apparaîtrait devant vous semblerait louche à quiconque viendrait à vous croiser. Si vous souhaitez emprunter la rue large et fréquentée, rendez-vous au **175**. Si vous préférez la rue étroite, rendez-vous au **306**.

237

Touché à mort, votre adversaire s'écroule à vos pieds. Cette victoire stupéfie tout le monde : qui aurait pu penser qu'un « pied tendre » tel que vous pourrait avoir raison d'un virtuose du « six-coups » tel que Bulky Joe ? On vous regarde maintenant avec beaucoup plus de respect et le barman ne fait aucune difficulté pour vous louer une chambre.

— Porte numéro 3, premier étage, à gauche, balbutie-t-il en vous tendant la clé d'une main tremblante.

Vous lui donnez les 2 dollars que coûte la chambre, puis vous montez l'escalier sous les regards craintifs des cow-boys qui font silence en attendant que vous ayez disparu de leur champ de vision. Vous pousserez la porte de la chambre numéro 3 en vous rendant au **292**.

238

A peine le soleil s'est-il levé que vous vous mettez déjà en chemin. Que votre précipitation ne vous fasse cependant pas oublier de noter la date du jour sur votre calendrier. Vous allez droit vers l'est, en traversant un paysage de plaines qui vous change du désert ! Vers la fin de la matinée, vous avez parcouru une bonne distance sans rencontrer le moindre obstacle. Hélas ! cette paisible randonnée va prendre fin dans quelques instants. Un peu plus loin, en effet, alors que tout semble paisible alentour, vous voyez soudain surgir de chaque côté de la piste une bonne douzaine d'Indiens à cheval qui se déploient en demi-cercle devant vous. Les Comanches ! A en juger par leur mine hostile, ils ne vous veulent pas que du bien ! Qu'allez-vous faire ?

Saisir votre carabine pour défendre chèrement votre vie ? Rendez-vous au **125**
Tenter de vous enfuir ? Rendez-vous au **216**
Attendre sagement la suite des événements ? Rendez-vous au **10**

239

Posez le montant de votre mise sur la table, puis lancez un dé. Si vous obtenez :

1 Rendez-vous au **65**
2 Rendez-vous au **362**
3 Rendez-vous au **82**
4 Rendez-vous au **288**
5 Rendez-vous au **300**
6 Rendez-vous au **223**

240

Vous n'avez perdu que deux jours au cours de votre voyage : c'est bien, compte tenu des obstacles que vous aviez à surmonter. Lorsque vous tirez le cordon de la sonnette, le serviteur qui vient vous ouvrir — ou plutôt l'esclave, c'est malheureusement le mot qu'il faut employer — vous annonce que le général « est à la guerre ». Quant à sa fille, elle ne reviendra du voyage que demain soir 3 juillet. Il n'y a aucun autre membre de la famille Wayward dans la maison, seuls les serviteurs — pardon, les esclaves — sont là. Par prudence, mieux vaut ne rien leur révéler des motifs de votre visite : vous repasserez donc demain. Mais finalement, ce petit contretemps ne sera pas sans utilité. Vous allez en effet profiter de la journée que vous devez passer à attendre pour vous reposer dans un hôtel de Memphis – la chambre et le repas vous coûtent en tout 5 dollars – et vous regagnez ainsi *le tiers* de tous les points de FORCE que vous avez perdus depuis le début de votre aventure. (S'il s'agit d'un nombre non divisible par 3, vous arrondirez le résultat *au chiffre inférieur.* Par exemple, si vous avez perdu 11 points de FORCE, vous obtiendrez 11 : 3 = 3,66. Dans ce cas, vous aurez repris 3 points de FORCE.) Si, par extraordinaire, vous avez perdu moins de 3 points de FORCE, votre total reviendra automatiquement à ce qu'il était au commencement

de votre mission. Attendez tranquillement le soir du 3 juillet, puis revenez au 30, University Street en vous rendant au **38**.

241

La virago et ses compagnes sont en train de mettre à sac le saloon. Renversant tables et chaises, elles frappent les cow-boys épouvantés à grands coups de bible et de parapluie. En quelques minutes, la salle se vide tandis que le barman, une bouteille dans une main, un verre dans l'autre, contemple la scène d'un air consterné. L'une des mégères déchaînées, le visage dissimulé par le voile de son chapeau, brandit

241 *La virago et ses compagnes frappent les cow-boys épouvantés à coups de bible et de parapluie.*

une bouteille cassée : de toute évidence, elle vous cherche pour vous faire payer l'impardonnable péché que vous avez commis en improvisant cette fête impie. Heureusement, vous avez réussi à sortir par le fond de la salle, échappant ainsi aux foudres des puritaines. Vous vous trouvez à présent dans une petite pièce sombre où sont entreposés des tonneaux. Sans vous soucier du saccage qui se poursuit dans le saloon, vous vous dirigez vers le fond de la pièce et vous constatez alors qu'il n'y a pas de mur de séparation entre l'arrière de la maison et la paroi rocheuse de la montagne contre laquelle elle a été construite. Cette découverte vous réjouit : le boyau qui donne accès à la caverne où repose Hashkala ne doit pas être loin. Une rangée de tonneaux masque jusqu'à mi-hauteur la surface du roc nu. C'est sans doute là, derrière, que se situe l'ouverture que vous cherchez. Vous décrochez du plafond une lampe à huile dont vous enflammez la mèche à l'aide d'une allumette et vous vous mettez en quête de l'entrée de la caverne. Derrière l'un des tonneaux, vous distinguez des pierres de différentes grosseurs qui ont apparemment servi à boucher un trou dans la paroi rocheuse. S'agirait-il du fameux boyau ? Vous vous hâtez de déplacer le tonneau et d'ôter les pierres. Celles-ci ne sont pas cimentées, mais simplement entassées, et en peu de temps, vous parvenez ainsi à dégager l'entrée d'un passage étroit. Dans le saloon, des clameurs et des bruits de verre brisé continuent de retentir et il vous semble que des pas se rapprochent. Vous vous enfoncez alors dans le boyau et vous vous efforcez tant bien que mal de replacer les pierres derrière vous pour dissimuler l'ouverture et éviter que les furies aux robes noires ne vous poursuivent. Vous avez pris soin, bien entendu, d'emporter la lampe à huile qui vous permet d'éclairer votre chemin. Vous avancez ainsi sur une courte distance, le dos courbé en raison de l'exiguïté du passage et, bientôt, vous parvenez dans un espace plus vaste. La caverne ! Rendez-vous au **365** pour l'explorer.

242

Votre cheval tombe au fond du trou en roulant à terre, vous entraînant dans sa chute. Il perd 2 points de FORCE et vous également. Voilà un faux pas qui vous coûte cher ! Inutile à présent de continuer la poursuite, votre voleur est loin. Vous avez mal interprété les signes des Indiens et il ne vous reste plus qu'à sortir du trou — ce qui, heureusement, ne présente guère de difficulté —, et à rebrousser chemin pour reprendre la route d'Albuquerque. Mais pour rattraper le temps perdu, vous allez devoir galoper à bride abattue, ce qui fera perdre 2 autres points de FORCE à votre cheval. Il aurait été plus sage de laisser courir le jeune homme au sombrero : votre temps est infiniment plus précieux que vos dollars ! Lorsque vous retrouvez enfin le chemin d'Albuquerque, vous vous rendez au **74**.

243

Vous devez vous y reprendre à plusieurs fois avant de réussir à atteindre le levier. Lorsque vous y parvenez enfin, vous le tirez vers vous et les chevaux ralentissent peu à peu l'allure. Malheureusement, vous avez dû fournir un tel effort que vous n'avez plus la force de vous retenir à la diligence. Soudain, vous lâchez prise et vous roulez à terre tandis que le véhicule continue sur sa lancée, moins vite, certes, mais suffisamment quand même pour que votre chute soit douloureuse. Lancez un dé. Vous perdez autant de points de FORCE que le chiffre obtenu. La diligence finit par s'arrêter un peu plus loin et vous la rejoignez en hâte, avant que les chevaux ne décident de repartir pour une nouvelle course folle. Si vous êtes le Prince du Temps, rendez-vous au **62**. Si vous êtes la Princesse du Temps, rendez-vous au **99**.

244

Si vous avez exercé le talent de MUSICIEN ou de PRESTIDIGITATEUR au cours de la soirée au saloon, rendez-vous au **285**. Dans le cas contraire, rendez-vous au **271**.

245

Voici les trois nouvelles cartes qui vous reviennent : 7 de trèfle, valet de trèfle, 10 de trèfle. Si vous venez du :

65	Rendez-vous au **327**
362	Rendez-vous au **333**
82	Rendez-vous au **339**
288	Rendez-vous au **345**
300	Rendez-vous au **351**
223	Rendez-vous au **357**

246

Lorsque vous donnez votre réponse, le fils du chef tourne les talons et va se réfugier dans son tipi, triste et mortifié.

— Tu as gravement offensé mon fils, dit alors le vieux Comanche, mais je veux te donner encore une chance : tu auras jusqu'au lever du soleil pour réfléchir et revenir sur ta décision. Si tu maintiens ton refus, tu seras mise à mort. J'ai dit.

Ayant ainsi parlé, le chef s'éloigne dignement tandis qu'on vous emmène dans un tipi où vous allez être gardée prisonnière par un véritable colosse.

— Mon nom est Fléau des Plaines, déclare ce der-

nier, je resterai avec toi dans ce tipi jusqu'à l'aube. Personne ne peut s'échapper s'il est gardé par Fléau des Plaines.
Voilà une affirmation qui vous paraît bien présomptueuse ! Vous avez au contraire l'intention de tout faire pour vous enfuir, l'essentiel étant d'attendre le moment opportun. Aucune tentative n'est cependant possible dans la journée et vous restez donc assise bien sagement jusqu'au soir. Là, on vous sert des galettes de maïs cuites sur des pierres chaudes entassées au centre du tipi. Vous mangez également de la viande de bison séchée et ce repas vous permet de regagner 2 points de FORCE, si toutefois vous en avez besoin. On a également donné à manger à votre cheval qui, lui aussi, reprend 2 points de FORCE. Maintenant que vous êtes rassasiée, il va falloir songer à partir d'ici ! Si vous avez acheté à Jonathan Quack du hachis de champignons du Mexique, rendez-vous au **205**. Dans le cas contraire, rendez-vous au **19**.

247

— Au-delà des mers... répète l'homme-médecine d'un ton rêveur.
Il vous fixe alors d'un regard dur qui vous surprend et vous fait soudain peur.
— Tu as menti, dit le sorcier d'une voix sourde, tu n'es pas de la race de l'Homme au Cheval de Brume. Je me suis laissé abuser, mais tu paieras cher ta perfidie.
Aussitôt, il lance un cri et, en un instant, quatre ou cinq Apaches pénètrent dans la tente, se précipitant sur vous pour vous immobiliser.
— Tu en sais trop, désormais, reprend le vieil Indien. Reçois le châtiment de tes mensonges.
Mieux vaut ne pas décrire le traitement que l'on s'apprête à vous faire subir. Pour être concis, sachez

simplement que vous allez bientôt mourir. Mais aussi, quel besoin aviez-vous de raconter des sornettes ? La vérité était si simple à dire...

248

Hélas ! votre cheval n'est pas assez vigoureux pour vous permettre d'échapper aux bisons. La distance qu'il vous reste à parcourir au moment où le troupeau arrive sur vous n'est certes pas bien grande, mais il est trop tard. Ces stupides animaux vous renversent et des centaines de sabots vous piétinent, vous écrasent, vous réduisent en charpie. Mieux vaut ne pas décrire l'état dans lequel vous vous trouvez après le passage du troupeau. Sachez simplement que votre mission s'achève ici, sous le soleil brûlant du Texas.

249

Touché à mort, votre adversaire s'écroule à vos pieds. Cette victoire impose le respect : plus personne mainenant ne songerait à se plaindre de votre odeur ! Sûr qu'on se souviendra longtemps, à Passivitt-Mongayo, de la façon dont vous êtes venue à bout de Bulky Joe. Ce fut un rude combat qui demeurera dans les mémoires. Le barman, quant à lui, ne fait aucune difficulté pour vous louer une chambre.
— Porte numéro 3, premier étage, à gauche, dit-il d'une voix tremblante en vous tendant la clé.
Vous lui donnez les 2 dollars que coûte la chambre, puis vous montez l'escalier sous les regards craintifs des cow-boys qui font silence en attendant que vous ayez disparu de leur champ de vision. Vous avez hâte de pouvoir ôter enfin cette satanée moustache qui finit par vous donner la nausée. Ne la jetez pas, toutefois, car elle pourra peut-être se révéler encore utile par la suite. Vous pousserez la porte de votre chambre en vous rendant au **292**.

250

— Il ouvre les yeux, dit une voix en espagnol.

Vous êtes allongé sur un lit dans une pièce que vous ne connaissez pas et trois personnes sont assises autour de vous : deux femmes et un homme. L'homme a une quarantaine d'années, l'une des femmes également. La deuxième femme est plus jeune, elle doit avoir seize ou dix-sept ans. De toute évidence, ce sont des Mexicains.

— Que... Que se passe-t-il ?... bredouillez-vous.

— Ne vous inquiétez pas, Señor, répond l'homme, vous êtes sauvé.

— Sauvé ?... De quoi ?... vous étonnez-vous.

Vous ne vous souvenez plus de rien, en effet, votre tête est vide et vous avez l'impression d'émerger d'un grand trou noir.

— Vous avez failli mourir, Señor, reprend l'homme. Le soleil... Il était si fort que vous vous êtes évanoui. Les vautours s'approchaient déjà de vous... Je passais par là et je vous ai ramené jusqu'ici, sur votre cheval...

La mémoire vous revient à présent : la mine d'or, la chaleur, l'éclat du soleil qui faisait briller la montagne... Vous avez été victime d'une insolation : le désert et la fièvre de l'or ont eu raison de vous.

— On a bien cru que vous n'alliez jamais vous réveiller, dit alors la jeune fille. Dans votre sommeil, vous parliez d'une mine d'or dans la montagne...

— On n'a jamais trouvé d'or par ici, Señor, poursuit l'homme, il y a bien eu un vieux fou qui prétendait avoir découvert une mine, mais il avait rêvé...

— Combien de temps ai-je dormi ? vous inquiétez-vous.

— Un jour et deux nuits, dit la jeune fille, et je vous ai veillé tout ce temps-là avec ma mère, ajoute-t-elle en tournant la tête vers la femme plus âgée.

Un jour et deux nuits ! Cela signifie que vous avez perdu une journée entière à cause de cette maudite mine d'or !

— Quelle heure est-il ? demandez-vous aussitôt.

— Le soleil vient à peine de se lever, répond la mère de la jeune fille. Il est six heures du matin.

D'un mouvement brusque, vous vous redressez, mais la tête vous tourne : rien d'étonnant à cela, car votre insolation vous a fait perdre 6 points de FORCE ! Ah, si seulement vous vous étiez souvenu des paroles de Klayoka ! « Ne laisse jamais la cupidité envahir ton âme, vous avait-il dit, car, dans ce cas, le cheval te montrerait la mauvaise voie. » C'est ce qui s'est passé : le Cheval de Brume vous a fait payer cher votre soif de richesse ! Progressivement, cependant, vous parvenez à retrouver suffisamment de vigueur pour vous lever. Vos hôtes vous donnent alors à manger, mais vous êtes tellement affaibli que ce repas ne vous permet pas de regagner le moindre point de FORCE. Votre cheval, lui aussi, a souffert de cette mésaventure, mais, plus résistant que vous, il n'a perdu que 2 points de FORCE. Vous allez maintenant pouvoir repartir, mais n'oubliez pas tout d'abord de mettre à jour votre calendrier ! Votre cheval vous attend dehors et vous remontez en selle après avoir remercié les Mexicains. Rendez-vous au **378**.

251

Il est rare que l'on survive à une morsure de serpent à sonnette, et vous ne faites pas exception à la règle. Le venin a tôt fait de répandre la mort en vous ; votre corps se raidit, vous perdez soudain la notion du temps et de l'espace, puis vous sombrez dans une obscurité vertigineuse, comme si un tourbillon d'eau noire vous emportait vers de mystérieuses et insondables profondeurs. Votre mission se termine ici, pour la plus grande joie des vautours et des coyotes qui, déjà, s'avancent vers votre cadavre, le regard gourmand.

252

– Très bien ! lance Nimbly Jack, visiblement vexé. Puisque vous préférez jouer avec ces trois idiots, libre à vous ! Espérons que vous n'aurez pas à le regretter !
Vous allez vous asseoir à la table du dénommé Oliver qui vous présente ses deux amis.
– Voici Stan, dit-il en montrant le cow-boy maigre à l'air ahuri, et lui, c'est Pipo, ajoute-t-il en tournant la tête vers le Mexicain. Stan, distribue les cartes.
– Les cartes ? mais c'est toi qui les as, Oliver, proteste le grand maigre.
– Allons, Stan, ne fais pas l'enfant, je te les ai données tout à l'heure ! insiste le cow-boy dodu.
Le Mexicain, lui, reste muet et se contente de faire un geste en direction du chapeau de Stan. Ce dernier semble d'abord ne pas comprendre. Le Mexicain répète son geste. Stan ôte alors son Stetson et découvre le jeu de cartes, coincé dans le bord relevé du couvre-chef.
– Tu vois bien que je te les avais données, dit Oliver.
– Mon chapeau était sur la table, tu as dû les poser dessus.
– Et tu as remis ton chapeau sans t'en apercevoir. Quel idiot tu fais ! soupire Oliver en levant les bras au ciel.
Au même moment, un cow-boy passe derrière lui, un long cigare entre les lèvres. La main d'Oliver heurte alors le bout incandescent du cigare. Sous l'effet de la douleur, Oliver se dresse d'un bond et son ventre

proéminent soulève brusquement la table qui se renverse en entraînant dans sa chute les verres qu'on avait posés dessus. Nimbly Jack éclate de rire tandis que Stan et le Mexicain, la chemise trempée de whisky, hochent la tête d'un air navré.

— Je vous avais prévenu, étranger ! lance Nimbly Jack. On ne peut pas jouer sérieusement au poker avec ces trois imbéciles !

Quelques instants plus tard, la table a été remise sur ses pieds et les consommations renouvelées. On va pouvoir enfin engager la partie.

Si vous avez le talent de PRESTIDIGITATEUR, rendez-vous au **193**. Dans le cas contraire, rendez-vous au **96**.

253

Toujours cachée derrière votre cheval, vous vous engagez dans la rue étroite. Un peu plus loin, elle forme un coude et lorsque vous tournez l'angle, vous vous retrouvez face... au bureau du shérif ! Celui-ci est précisément en train d'examiner l'affiche mettant à prix la tête de votre frère et, avant que vous n'ayez pu tenter quoi que ce soit, il tourne les yeux vers vous et vous reconnaît aussitôt. Inutile d'essayer de fuir, vous êtes prise !

— Haut les mains, Dick the Killer ! lance le shérif en dégainant son revolver d'un geste prompt. On dirait que c'est moi qui vais toucher la récompense, pas vrai ?

Ne songez surtout pas à résister, vous ne feriez qu'aggraver votre cas ! La seule attitude raisonnable consiste à vous laisser docilement emmener en prison. Là, vous protestez de votre innocence, mais le shérif ne veut rien entendre. Un peu plus tard, vous recevez la visite d'un juge à qui vous expliquez que vous ne pouvez pas être l'homme qu'on recherche puisque vous êtes une femme ! Cet argument fait réfléchir le magistrat qui, dans la soirée, convoque des témoins. Ces derniers ont eu à subir les méfaits de votre frère et ils sont formels : Dick the Killer est bel et bien un homme, donc, ce n'est pas vous. Le juge se donne une nuit pour prendre une décision et au matin, il ordonne qu'on vous libère. Vous avez ainsi perdu une journée — notez-le sur votre calendrier — et le maigre repas qu'on vous a servi la veille ne vous a même pas permis de reprendre le moindre point de FORCE. Votre cheval, en revanche, a été bien nourri et il a regagné 2 points de FORCE. Hâtez-vous, à présent : ce stupide incident vous a déjà fait perdre trop de temps, il vous faut au plus vite quitter la ville et poursuivre votre voyage vers l'est en vous rendant au **42**.

254

L'Apache qui vous a lancé son tomahawk à la tête s'avance vers vous.

— Qui es-tu ? Que veux-tu ? demande-t-il en anglais.

— Je suis un voyageur qui vient de très loin pour voir votre chef Hashkala, répondez-vous.

Les Indiens se regardent entre eux d'un air surpris.

— Il y a déjà cinq lunes que Hashkala a rejoint ses ancêtres, déclare l'Apache.

Voilà bien la plus mauvaise nouvelle qu'on pût vous annoncer ! Comment savoir ce qu'il est advenu d'Oclock le Bon si Hashkala est mort ? Lui seul pouvait vous mettre sur sa piste.

— Pourquoi as-tu cherché à t'enfuir, si tu voulais voir notre chef ? interroge l'Indien.

Judicieuse question.

— Je... J'ai cru que vous vouliez me tuer... répondez-vous piteusement.

— Le visage pâle aurait-il un cœur de lièvre ? ricane l'un des Apaches.

Ses compagnons éclatent de rire. Meurtri dans votre orgueil, vous vous relevez d'un bond, mais un vertige vous saisit. Pendant quelques instants, vous restez immobile en vous demandant si vous n'allez pas retomber par terre, puis vous retrouvez enfin votre équilibre. La tête vous fait encore mal mais vous parvenez à rester debout.

— Et que voulais-tu à Hashkala ? interroge l'Indien.

— Lui demander s'il savait où est parti mon ami John Goodman, répondez-vous avec mauvaise humeur.

— John Goodman ? Tu veux dire l'Homme au Cheval de Brume ?

Le ton de votre interlocuteur a changé : il vous regarde à présent avec plus de considération et les autres Apaches ont cessé de ricaner.

— L'Homme au Cheval de Brume est ton ami ? demande l'Indien.

Cet étrange surnom vous intrigue, mais vous vous efforcez de n'en rien laisser paraître.

— Oui, et je voudrais savoir où il est.

— Tout le monde connaît l'Homme au Cheval de Brume, ici, mais seul Klayoka, l'homme-médecine, pourra te dire où il est. Tu trouveras Klayoka dans le tipi que tu vois là-bas.

L'Apache montre une haute tente qui domine le campement et vous fait signe de vous y rendre. Les Indiens s'écartent devant vous et vous regardent avancer vers le tipi d'un œil perplexe. Ils ne savent vraiment plus que penser de vous. Un Apache replet et somnolent, assis par terre, la tête tombant sur sa poitrine, garde l'entrée de la tente. Lorsque vous passez devant lui, l'Indien endormi tend soudain la

jambe, vous barrant le chemin. Il relève ensuite la tête et tend également la main.
— Il faut donner quelque chose à Ours Mou pour entrer, lance-t-il d'une voix grave, Ours Mou demande cadeau.
Vous essayez alors de contourner l'Apache ventru, mais celui-ci saisit aussitôt un tomahawk et vous en menace.
— Ours Mou demande 10 dollars pour laisser entrer le visage pâle.
Vous n'avez pas la moindre intention de prendre un nouveau coup de tomahawk et vous décidez donc de donner à Ours Mou les 10 dollars qu'il exige. L'Indien empoche le billet, range son tomahawk, puis se rendort. Vous pouvez à présent pénétrer dans la tente de Klayoka, l'homme-médecine. Celui-ci est assis en tailleur sur le sol : c'est un homme vieux à la peau ridée et parcheminée. Le regard fixe, le corps immobile, il ressemble à une momie. Intimidé, vous le saluez, puis vous lui expliquez que vous êtes un ami de l'Homme au Cheval de Brume et que vous essayez de le retrouver.
— Je sais qu'il a connu Hashkala, votre chef, et j'espérais que...
Vous vous interrompez tandis que Klayoka tourne lentement la tête vers vous pour vous considérer d'un œil attentif. L'homme-médecine observe un long silence sans vous quitter du regard. Vous vous sentez de plus en plus mal à l'aise, n'osant ni bouger ni reprendre la parole. Enfin, la voix rauque et profonde du vieil Apache s'élève. Il s'adresse à vous en anglais.
— Ainsi, tu es l'ami de l'Homme au Cheval de Brume ? Je te crois. Ton regard est sincère.
Rendez-vous au **97** pour entendre la suite de ce que Klayoka veut vous dire.

255

Des chevaux, il y en a partout, de toutes les tailles et de toutes les couleurs. Comment retrouver le vôtre parmi ce véritable troupeau ? Il faut faire vite en tout cas, car vous entendez derrière vous des cis qui vous indiquent que l'hallucination collective a pris fin. Vous courez en tous sens, cherchant des yeux votre monture et vous finissez par l'apercevoir un peu plus loin, attachée entre deux tipis. Hélas, il est trop tard ! Les Indiens, en effet, se sont précipités sur vous et vous entourent, rendant désormais votre fuite impossible. Vous avez cependant la surprise de constater que leur attitude a votre égard a changé du tout au tout. Leurs gestes, leurs regards, leurs attitudes expriment à présent le respect, voire la vénération. Leur chef s'avance à nouveau vers vous, mais cette fois, il s'incline avec déférence avant de vous adresser la parole sur un ton infiniment plus aimable que tout à l'heure.

— Que les esprits te bénissent, dit-il, toi qui as le pouvoir de faire apparaître le Cheval de Brume.

— Vous connaissez ce cheval ? vous étonnez-vous.

— Nous connaissons aussi son cavalier. L'Homme au Cheval de Brume est un être de bonté, de courage et de droiture.

— Il est mon ami, déclarez-vous fièrement.

— Que les esprits protègent quiconque est l'ami de l'Homme au Cheval de Brume, dit alors le vieux Comanche.

Oclock le Bon a décidément une excellente réputation parmi les Indiens d'Amérique, dirait-on ! C'est là une chance inespérée car, maintenant, il n'est plus question de vous imposer quelque mariage que ce soit, ni de vous retenir ici. On vous rend au contraire votre cheval ainsi que votre revolver et on vous escorte jusqu'à la piste que vous allez emprunter pour continuer votre voyage vers l'est. Vous avez certes perdu un peu de temps, mais vous le rattrapez facilement en demandant à votre cheval un petit effort supplémentaire qui lui coûte 2 points de FORCE. Lorsque vient le soir, vous avez parcouru une longue distance : vous n'êtes plus qu'à deux jours de Dallas, l'une des principales étapes de votre voyage. Quand vous vous arrêtez pour camper, votre cheval a perdu 4 autres points de FORCE, mais l'avoine que vous lui donnez lui permet d'en regagner 2. Quant à vous, les Indiens vous ont fait l'offrande d'une bonne quantité de viande séchée et de galettes de maïs — vous en avez pour 3 repas au total — et vous pouvez donc vous restaurer tout à loisir. Tandis que la lune éclaire de sa rondeur argentée les vastes plaines du Texas, vous vous demandez par quel prodige le Cheval de Brume a bien pu apparaître aux Comanches alors qu'aucun d'eux n'avait bu le breuvage magique préparé par Klayoka. Vous ne saurez sans doute jamais ce qui s'est réellement passé mais, en tout cas, vous devez une fière chandelle au sorcier apache, tout autant qu'à l'esprit du mystérieux cheval qui vous a permis de vous tirer d'affaire ! Le moment est venu, maintenant, de vous endormir et de passer une bonne nuit avant de vous rendre au **261**.

256

Ainsi donc, vous préférez passer, renonçant ainsi à une victoire possible. Peut-être avez-vous agi sagement, mais peut-être aussi avez-vous manqué d'une audace qui aurait pu se révéler profitable. C'est là toute l'incertitude du poker ! Quoi qu'il en soit, vous perdez la somme que vous avez misée. Si vous voulez continuer à jouer, vous recevez de nouvelles cartes en vous rendant au **239**. Si vous souhaitez plutôt abandonner définitivement la partie, vous quittez la table, vous demandez au barman la clé de votre chambre et vous montez à l'étage en vous rendant au **154**.

257

Vous posez malencontreusement le pied sur une tuile cassée et vous manquez de tomber en contrebas. Fort heureusement, vous parvenez à vous rattraper de justesse et vous vous approchez de la fenêtre située à côté de celle de votre chambre. En jetant un coup d'œil à travers le carreau, vous distinguez à la lueur du clair de lune une silhouette allongée sur un lit. Le malheur veut que ce lit se trouve juste sous la fenêtre : impossible en conséquence de passer par là sans réveiller le dormeur. Il ne vous reste plus alors qu'à chercher un autre moyen de descendre d'ici. Un pilier soutient l'angle du toit et bien que votre robe ne favorise guère les acrobaties, vous réussissez à vous y cramponner, puis à vous laisser glisser jusqu'à terre sans dommages. Vous examinez ensuite les environs et vous apercevez un peu plus loin l'écurie dans laquelle le shérif a fait conduire votre cheval. Rendez-vous au **95**.

258

Ouf ! Le destin a décidé de vous épargner, mais vous ne sortez pas sans dommages de la mésaventure. Vous avez en effet pris la fuite vers l'éminence boisée, mais votre cheval n'a pas réussi à l'atteindre suffisamment à temps et vous avez été l'un et l'autre bousculés par quelques bisons qui se trouvaient en bordure du troupeau. Vous perdez 2 points de FORCE et votre cheval également. Si, par extraordinaire, votre cheval ne survivait pas à ces 2 points perdus, rendez-vous au **128**. Si votre cheval est toujours en vie, vous pourrez poursuivre votre route après le passage du troupeau. Rendez-vous au **158**.

259

— Je suis la Princesse du Temps, fille de Chronalia, et mon royaume est au centre de la Terre, répondez-vous au sorcier.
Celui-ci sourit et vous regarde avec une grande bienveillance.
— J'avais le sentiment que tu étais sincère, dit-il d'une voix douce, mais avec les squaws, on ne sait jamais...
Cette remarque vous exaspère, mais vous n'en laissez rien paraître : vous risqueriez de compromettre les bonnes dispositions du vieil Apache.
— Hashkala m'a révélé que l'Homme au Cheval de Brume venait du centre de la Terre, là où règne Chronalia. Tu es donc bien de sa race. Alors, écoute ce que je vais te dire.
Vous vous précipitez aussitôt au **91** pour en savoir davantage.

260

Figé de stupeur, vous contemplez bouche bée le visage de la jeune femme qui a ouvert la porte : c'est en effet... votre sœur !
— Eh bien ! lance-t-elle, tu arrives après la bataille, comme d'habitude ? Je suis ici depuis ce matin. En compagnie d'Oclock le Bon, bien sûr ! J'ai réussi à le délivrer avant toi, dirait-on !
Eh oui, il faut vous y résigner : c'est votre sœur qui a accompli l'exploit d'arracher le Messager du Temps à ses geôliers. Comment s'y est-elle prise ? Sans doute a-t-elle perdu moins de temps que vous. Elle se fera, en tout cas, un plaisir de vous raconter son aventure, en insistant bien sur cette pénible réalité : c'est elle qui succédera à Chronalia, votre mère et non vous ! Mais bravo quand même, vous avez fait ce que vous pouviez !

261

Vous vous réveillez à l'aube et vous notez, comme chaque matin, la date du jour qui commence. Votre cheval est attaché un peu plus loin : immobile, il semble dormir, mais en vous approchant de lui, vous constatez qu'il a les yeux grands ouverts et vous décelez dans son regard une expression de terreur qui vous intrigue. Vous ne tardez cependant pas à comprendre la cause de cette peur soudaine : un gros scorpion noir monte le long de sa jambe, le dard menaçant. Il vous faut agir vite ! Vous dénouez aussitôt votre foulard, vous le dépliez et vous le plaquez très doucement contre la jambe de votre monture, juste au-dessus du scorpion. Lorsque celui-ci aura posé les pattes sur le tissu, vous pourrez d'un geste vif lancer au loin le foulard auquel le scorpion restera accroché. Il s'agit de ne pas rater votre coup ! Pour savoir si vous avez réussi, lancez un dé. Si vous obtenez un chiffre pair, rendez-vous au **149**. Si vous obtenez un chiffre impair, rendez-vous au **44**.

262

Au moment où vous mettez la main sur la crosse de votre revolver, vous ressentez un choc violent au sommet du crâne. Une stalactite vient de se décrocher de la voûte de la caverne et vous a assommée net en tombant. Lorsque vous vous réveillez, vous avez perdu 4 points de FORCE et vous souffrez d'une épouvantable migraine. Mais il y a plus grave, car vous êtes en prison ! Le shérif, en effet, vous y a enfermée en attendant d'en savoir plus sur votre compte. Dès votre réveil, vous subissez un interrogatoire serré sur les circonstances de votre arrivée à Passivitt-Montgayo et la fuite de votre chambre par la fenêtre pour vous mettre en quête de la caverne. Vous prétendez alors que vous êtes en réalité une chercheuse d'or et que vous pensiez trouver un filon à l'intérieur de la montagne.

— De l'or ? s'exclame le shérif en éclatant de rire. Mais on n'a jamais vu un gramme d'or dans toute la région ! C'est le désert, ici, il n'y a que des catus et des serpents à sonnette.

Vous donnez ensuite des explications sur la caravane attaquée par les Indiens et dont vous seriez, d'après vous, la seule rescapée. Le shérif envoie un détachement sur les lieux où vous affirmez que se trouvent les reste de la caravane, et il vous faut attendre une journée entière avant que ses hommes reviennent confirmer la réalité de l'attaque. En fait, le shérif ne peut pas vous reprocher grand-chose : vous n'avez commis aucun délit. Il vous garde pourtant en prison pendant encore une nuit et ne vous relâche que le lendemain matin. Avant de vous laisser partir, il exige toutefois le paiement d'une amende de 10 dollars pour trouble de l'ordre public et d'une indemnité de 10 dollars également au patron du saloon pour frais de réparation du trou que vous avez pratiqué dans le mur de son cellier. Après avoir payé les 20 dollars, vous pouvez enfin récupérer votre cheval et quitter Passivitt-Montgayo, mais vous avez perdu une journée entière. C'est aujourd'hui le 23 juin, notez-le sur votre *Journal de Mission.* Le repas que le shérif vous a fait servir la veille dans votre cellule vous a redonné 2 points de FORCE, ce qui constitue sans doute une maigre consolation. Vous descendez à présent le chemin qui mène vers la plaine et vous vous rendez au **127** pour continuer votre route.

263

Comme chaque matin, vous prenez soin d'inscrire dans votre *Journal de Mission* la date du jour qui vient de commencer. Vous êtes déjà assez loin d'Albuquerque et vous rejoignez une piste orientée à l'est près de laquelle vous avez campé. Si tout va bien, vous atteindrez la rivière Pecos avant la nuit. Mais pour l'instant, la piste se divise soudain en trois chemins différents. Il est impossible de continuer tout droit : vous devez choisir entre le nord-est, l'est-nord-est, ou l'est-sud-est. A l'endroit où vous vous trouvez, vous n'avez aucun moyen de deviner quel tracé suit chacun de ces chemins. Vous ne pouvez donc vous en remettre qu'à votre intuition... ou au Cheval de Brume. Si vous souhaitez prendre le chemin orienté :

Au nord-est	Rendez-vous au **130**
A l'est-nord-est	Rendez-vous au **14**
A l'est-sud-est	Rendez-vous au **151**

Enfin, si vous préférez invoquer le Cheval de Brume pour connaître le bon chemin, rendez-vous au **21**.

264

Voici comment va se dérouler cette nouvelle partie. Vous allez devoir miser au départ la *totalité* de la somme que vous avez gagnée en trichant : vous montrerez ainsi votre souci de redevenir honnête. Si vous gagnez, cette somme vous reviendra augmentée d'un certain bénéfice. Si vous perdez, elle sera empochée par vos adversaires. Par la suite vous aurez la possibilité de rejouer si tel est votre désir. Vous devrez alors miser à chaque fois une somme qui ne pourra être *inférieure* à 10 % de la somme globale que vous posséderez à ce moment-là. Si, par malchance, il ne vous restait plus que quelques dollars, vous devrez en miser au moins 1. Que vous gagniez ou que vous perdiez, vous ne pourrez pas rejouer plus de 10 fois. Agissez avec prudence, car, même si la chance vous était favorable, elle pourrait brusquement se retourner contre vous si vous vous laissiez envahir par la passion du jeu. C'est Oliver qui distribue les cartes. Si, par la suite, vous décidez de continuer à jouer, ce sera à votre tour de distribuer, puis à celui du Mexicain au tour suivant, ensuite à Stan, et ainsi de suite. Dans un premier temps, vous allez recevoir cinq cartes. Pour savoir comment va se présenter votre jeu, rendez-vous au **239**.

265

— Pitié, Sẽnor ! s'exclame le garçon avec un fort accent mexicain.

Vous remarquez alors qu'il n'est pas armé et qu'il semble réellement terrorisé.

— Pitié ! répète-t-il, je vais vous rendre ce que je vous ai volé ! Je... Nous n'avons rien à manger à la maison...

Il vous tend les dollars qu'il a vous a pris et vous les remettez dans votre poche.

— Je suis très pauvre, Sẽnor, se lamente le jeune homme, si seulement vous vouliez bien... Juste un petit billet... Pour manger...

Si vous le souhaitez, vous pouvez lui donner quelque chose, entre 1 et 5 dollars, à votre convenance. Sinon, vous le laissez là sans vous attarder davantage. Que vous acceptiez ou non de lui faire l'aumône, vous rengainez votre revolver et vous vous rendez au **83**.

266

Vous avez pris là une sage décision. Qui, en effet, pourrait être assez déraisonnable pour vouloir résister à douze Indiens armés jusqu'aux dents et manifestement résolus à faire usage de leurs arcs et de leurs tomahawks ? Vous vous laissez donc faire et les Comanches vous escortent jusqu'à leur camp, situé à quelques miles au sud de l'endroit où vous vous trouvez. Rendez-vous au **226**.

267

Bulky Joe éclate d'un rire triomphant tandis que vous grimacez sous l'effet de la blessure qu'il vous a infligée.

— Et voilà, fillette ! s'exclame le colosse. J'espère que la leçon aura été utile !

Vous vous sentez ridicule et une rage meurtrière vous saisit, mais vous n'êtes pas ici pour vous battre avec des brutes : pensez avant tout à l'objet de votre mission ! Sous les quolibets qui fusent de la salle, vous payez au barman les 2 dollars qu'il vous demande pour vous louer une chambre.

— Chambre 3 au premier étage, indique-t-il avec un rire narquois en vous tendant la clé.

Rouge de colère, vous montez l'escalier et vous poussez d'un geste brutal la porte de la chambre 3. Rendez-vous au **292** pour y pénétrer.

268

Bravo ! Vous avez réussi à dépasser la diligence et à vous porter à la hauteur des chevaux. Vous saisissez aussitôt une rêne et vous tirez doucement. Le cheval, imité par son compagnon, ralentit peu à peu l'allure, mais, avant que l'attelage ne se soit complètement arrêté, vous perdez l'équilibre et vous tombez à terre.

La diligence vous heurte alors violemment et vous perdez autant de points de FORCE que le chiffre obtenu en lançant un dé. Les chevaux finissent cependant par s'immobiliser un peu plus loin et les passagers, avec des hurlements de joie, descendent du véhicule pour venir vous serrer dans leurs bras. Mais vous n'avez vraiment pas le temps de vous livrer à ces effusions. L'un des passagers s'est proposé de remplacer le cocher et de mener la diligence jusqu'au prochain relais, vous n'avez donc plus rien à faire ici et vous pouvez continuer votre route en vous rendant au **299**.

269

Vous pressez la détente de votre revolver mais, malheureusement, vous n'avez pas été assez rapide, à moins que vous n'ayez pas su viser. Quoi qu'il en soit, vous n'avez pas réussi à tuer le serpent qui vient de vous mordre cruellement. Si vous possédez un flacon d'huile de crotale, vous pouvez essayer d'en faire usage en vous rendant au **24**. Dans le cas contraire, rendez-vous au **251**.

270

Lorsque vous montrez votre carré d'as, Nimbly Jack paraît abasourdi. D'habitude, c'est lui qui a en main d'aussi bonnes cartes – en aidant un peu la chance, bien entendu ! Mais en aucun cas, il n'aurait pu imaginer que vous ayez un tel jeu. Vous l'emportez donc haut la main, et tout le monde est si content de vous voir gagner contre ce vieux renard qu'on vous applaudit comme si vous veniez de réaliser un fantastique exploit ! Grâce aux relances successives, vous avez gagné *douze* fois votre mise de départ ! Par exemple, si vous aviez misé 10 dollars, votre bénéfice net se monte à 120 dollars. Si vous souhaitez continuer à jouer, vous recevrez de nouvelles cartes en vous rendant au **239**. Si vous préférez abandonner définitivement la partie, inscrivez votre gain et quittez la table. Vous demanderez ensuite au barman la clé de votre chambre, puis vous monterez à l'étage en vous rendant au **154**.

271

Vous vous retrouvez bientôt dans la petite pièce où sont entreposés les tonneaux. Avant de quitter le saloon, vous rebouchez, à l'aide des pierres qui l'obstruaient, l'entrée de la sépulture d'Hashkala afin que nul n'ait l'idée de la violer. Vous éteignez ensuite votre lampe et vous la raccrochez au plafond. Vous retournez alors dans la grande salle déserte et vous sortez du saloon par l'une des fenêtres à guillotine. Mais, alors que vous vous dirigez vers l'endroit où vous avez laissé votre cheval, une silhouette massive surgit soudain devant vous.

— Nous avons un petit compte à régler, fillette ! lance alors la voix éraillée de Bulky Joe. On va voir si tu dégaines si bien que ça ! Personne ne peut ridiculiser Bulky Joe et s'en tirer vivant !

Inutile d'essayer de fuir, il vous faut affronter cette brute. Mais vous pouvez retrancher de son total de FORCE (et éventuellement de MAÎTRISE) le nombre de points que vous lui avez fait perdre lorsque vous l'avez blessé dans le saloon.

BULKY JOE — MAÎTRISE : 16 — FORCE : 18

Si vous l'emportez, rendez-vous au **52**.

272

Lorsque la bombe explose, produisant une déflagration infernale, vous avez réussi à atteindre le haut de

l'escalier et vous êtes indemne. Le bateau, en revanche, a été gravement endommagé et il commence bientôt à prendre de la gîte.
— Les Sudistes ! Ce sont les Sudistes qui ont fait le coup ! s'écrie l'un des officiers nordistes.
Le lieutenant Grocer se précipite vers vous.
— Vous n'avez rien, j'espère ? s'inquiète-t-il.
— Non... Le... Le choc, simplement... répondez-vous d'un ton quelque peu balbutiant. J'ai vu les terroristes, ajoutez-vous, ils étaient deux...
— Là-bas ! Une barque ! Ah ! Les misérables ! Ils prennent la fuite ! crie quelqu'un sur le pont.
Un grand désordre s'ensuit. Le capitaine du bateau manœuvre alors pour rejoindre la rive. Les dégâts sont si importants qu'il est impossible de poursuivre le voyage. Il faut attendre un autre bateau qui n'arrive que le lendemain soir. Vous parviendrez donc à Memphis un jour plus tard que prévu, ce qu'il vous faut noter dès à présent sur votre calendrier. Aucun incident ne vient interrompre l'avance du nouveau bateau et vous atteignez enfin votre destination avec vingt-quatre heures de retard en vous rendant au **317**.

273

Malheureusement, vous n'avez pas été assez rapide et lorsque la bombe explose, produisant une déflagration infernale, vous recevez des éclats qui vous blessent sérieusement. Vous perdez en effet autant de points de FORCE que le chiffre obtenu en lançant deux dés. Quant au bateau, il a été gravement endommagé et il commence à prendre de la gîte.
— Les Sudistes ! Ce sont les Sudistes qui ont fait le coup ! s'écrie l'un des officiers nordistes.
Si votre total de FORCE est tombé à zéro à la suite de vos blessures, c'est la dernière phrase que vous

entendez. Si vous avez survécu, en revanche, vous voyez le lieutenant Grocer se pencher sur vous.

— Mon Dieu ! Ce n'est pas trop grave, j'espère ? s'inquiète-t-il.

— Je crois que je survivrai, répondez-vous d'une voix faible. J'ai vu les terroristes, ajoutez-vous, ils étaient deux...

— Là-bas ! Une barque ! Ha, les misérables ! Ils prennent la fuite ! crie quelqu'un sur le pont.

Un grand désordre s'ensuit. Le capitaine du bateau manœuvre alors pour rejoindre la rive. Les dégâts sont si importants qu'il est impossible de poursuivre le voyage. Il faut attendre un autre bateau qui n'arrive que le lendemain soir. Vous parviendrez donc à Memphis un jour plus tard que prévu, ce qu'il vous faut noter dès à présent sur votre calendrier. Aucun incident ne vient interrompre l'avance du nouveau bateau, et vous atteignez enfin votre destination avec vingt-quatre heures de retard en vous rendant au **317**.

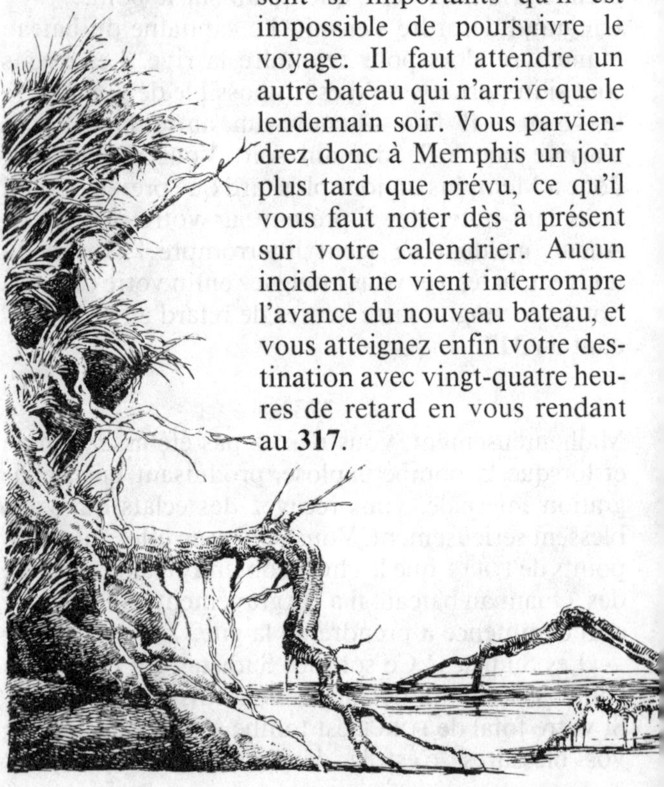

273 *La déflagration infernale a gravement endommagé le bateau.*

274

— Ha ! Ha ! Une fille ! s'exclame l'un des bandits. C'est dangereux de se promener toute seule dans le désert ma mignonne ! Donne-nous donc tes dollars, ils seront moins lourds à porter !

— Laisse-nous aussi, tes armes et tes munitions, ajoute l'autre. Ces joujoux-là, ce n'est pas fait pour les fillettes !

Qu'allez-vous faire :

Essayer de dégainer en espérant être plus rapide qu'eux ? Rendez-vous au **183**

Tenter une ruse pour les surprendre et retourner la situation à votre avantage ? Rendez-vous au **71**

275

Vous vous retrouvez bientôt dans la petite pièce où sont entreposés les tonneaux. Avant de quitter le saloon, vous rebouchez, à l'aide des pierres qui l'obstruaient, l'entrée de la sépulture d'Hashkala afin que nul n'ait l'idée de la violer. Vous éteignez ensuite votre lampe et vous la raccrochez au plafond. Vous retournez alors dans la grande salle déserte et vous sortez du saloon par l'une des fenêtres à guillotine. Votre cheval est resté à l'endroit où vous l'aviez laissé. Vous remontez aussitôt en selle, et vous quittez Passivitt-Montgayo pour vous rendre au **144**.

276

— Pas si vite, mignonne ! lance Nimbly Jack d'un ton menaçant. On n'aime pas les tricheuses à Albuquerque !

— Alors, tu ferais bien de quitter la ville, damné coyote ! répliquez-vous, prête à dégainer.

— En tout cas, un de nous deux est de trop, ici ! assure votre interlocuteur, le regard noir.
Vous allez devoir livrer *un* Assaut contre Nimbly Jack.

NIMBLY JACK MAÎTRISE : 16 FORCE : 15

Tâchez d'être la plus rapide, et quelle que soit l'issue de cet Assaut, rendez-vous au **318**.

277

Les femmes massacrées par les Indiens étaient habillées de jupes longues et larges qui vous paraissent bien mal commodes à porter si vous voulez conserver votre liberté de mouvements. Il vaut donc mieux vous vêtir plus simplement, c'est-à-dire à la manière des cow-boys. Par la suite, cependant, vous aurez peut-être besoin de retrouver une apparence plus féminine : vous décidez donc d'emporter une robe à la mode américaine que vous pourrez utiliser le cas échéant. Vous la pliez soigneusement et vous la rangez dans l'un des deux sacs accrochés à la selle du cheval. Vous vous appropriez ensuite un pantalon bleu foncé, une chemise de coton à carreaux verts et jaunes, un foulard noir, un gilet de cuir marron, une paire de bottes munies d'éperons et un Stetson pour vous protéger du soleil. Ainsi vêtue, vous avez l'air d'une aventurière de l'Ouest prête à en découdre avec quiconque vous cherchera querelle ; sachez toutefois que dans ces régions sauvages, ce sont les hommes qui font la loi : il vous faudra donc beaucoup de courage et de persévérance pour vous imposer. Dans l'immédiat, il est temps de prendre le chemin de la Montagne Blanche pour essayer de retrouver Hashkala, le chef apache qui devrait vous mettre sur la piste d'Oclock le Bon. En espérant que les Indiens ne vous feront pas subir un sort semblable à celui des malheureux qui gisent autour de vous... Rendez-vous au **63**.

278

Vous allez devoir combattre le chien à mains nues. Pas question d'utiliser votre revolver, en effet, car les détonations réveilleraient toute la maison. Si vous possédez le talent de ZOOLOGISTE, vous aurez le droit d'ajouter 1 point à votre total de MAÎTRISE pendant la durée de ce combat. Chaque coup que vous porterez à votre adversaire lui fera perdre 2 points de FORCE, et vous perdrez également 2 points s'il parvient à vous blesser.

GALLIO LE LÉVRIER MAÎTRISE : 15 FORCE : 8

Si vous parvenez à tuer le chien en 4 Assauts, rendez-vous au **73**. S'il vous faut plus de 4 Assauts pour en venir à bout, rendez-vous au **89**.

279

Vous prenez dans votre poche la petite gourde de cuir que vous a donnée Klayoka et vous buvez une gorgée du liquide qu'elle contient, ce qui vous fait perdre 2 points de FORCE. La potion produit son effet : un vertige vous saisit et vous voyez apparaître devant vous, comme dans un rêve, le Cheval de Brume tel que vous l'aviez déjà vu dans le tipi du vieil Apache. Le cheval se cabre : il semble hésiter ; il se tourne d'abord vers l'ouest, indiquant la direction du fleuve, puis vers l'est, où se trouve la gare du chemin de fer. Enfin, après avoir ainsi balancé pendant un certain temps, il fait quelques pas timides et prudents vers l'ouest, puis se ravise aussitôt et revient vers l'est. De toute évidence, des dangers vous attendent à la fois dans le train et dans le bateau, des dangers si grands qu'il lui est impossible de vous montrer un chemin vraiment sûr. Tandis que l'image du Cheval de Brume s'estompe, vous vous demandez quelle décision prendre. Allez-vous choisir le fleuve ou le rail ? Si vous souhaitez voyager par le train, rendez-vous au **181**. Si vous préférez le bateau, rendez-vous au **232**.

280

Si vous êtes le Prince du Temps, rendez-vous au **185**. Si vous êtes la Princesse du Temps, rendez-vous au **259**.

281

— Bravo ! s'exclame Jonathan Quack, je ne peux que rendre hommage à votre discernement. A présent, vous n'avez plus rien à craindre des scorpions et Dieu sait qu'ils pullulent dans la région ! L'essence de cactus efface d'un coup tous les effets de leur venin. C'est un sorcier mexicain descendant des Aztèques qui m'en a donné la recette.

Vous glissez dans votre poche la fiole qui contient la précieuse essence : se révélera-t-elle efficace le cas échéant ? Vous ne le saurez que le jour où vous aurez — peut-être — à l'utiliser. Si vous souhaitez faire d'autres achats, retournez au numéro que vous avez noté, puis rendez-vous au paragraphe correspondant au produit désiré. Si vous préférez repartir tout de suite, rendez-vous au **93**.

282

Procédez de la manière que votre mère vous a indiquée. Si vous tirez :

La Licorne	Rendez-vous au **194**
Le Poignard	Rendez-vous au **258**
La Couronne	Rendez-vous au **221**
Le Serpent	Rendez-vous au **69**
L'Ondine	Rendez-vous au **98**
L'Étoile du Nord	Rendez-vous au **295**

283

D'un geste vif, vous saisissez la plus grosse des pierres et vous la jetez de toutes vos forces à la tête de votre gardien. Malheureusement, vous n'avez pas été assez rapide : Fléau des Plaines a vu votre geste et il a eu le réflexe d'esquiver le projectile. Furieux, il se lève d'un bond et se précipite sur vous pour vous neutraliser. Vous allez devoir le combattre à mains nues, mais c'est un adversaire redoutable, et vous n'avez guère de chances de l'emporter. D'autant que dans les combats à mains nues, votre total de MAÎTRISE baisse de 2 points. Par ailleurs, l'absence d'armes modifie l'évaluation des blessures : chaque coup porté entraînera en effet une perte de 2 points de FORCE quelle que soit la partie du corps qui aura été touchée. Et maintenant, battez-vous !

FLÉAU DES PLAINES MAÎTRISE : 18 FORCE : 20

Si par extraordinaire vous parvenez à tuer votre adversaire, rendez-vous au **23**.

284

Pas de chance ! Nimbly Jack a un jeu nettement supérieur au vôtre. A-t-il triché ? Impossible de le prouver. Quoi qu'il en soit, vous avez perdu une somme qui représente le total de vos deux mises successives. Si vous souhaitez essayer de vous « refaire » en continuant à jouer, il vous suffit de vous rendre au **239** pour recevoir de nouvelles cartes. Si vous préférez abandonner définitivement la partie, vous quittez la table, vous demandez au barman la clé de votre chambre et vous montez à l'étage en vous rendant au **154**.

285

Vous ôtez à nouveau les pierres que vous aviez replacées à l'entrée du boyau et vous vous retrouvez dans la petite pièce où étaient entreposés les tonneaux. Mais ceux-ci ont été éventrés par les mégères aux parapluies et des dizaines de litres de whisky et de bière se sont répandus sur le sol, dégageant une odeur entêtante que vous avez du mal à supporter. Une petite porte latérale ouvre sur l'extérieur. Heureusement, elle n'est pas fermée à clé, mais avant de partir, vous prenez la précaution de reboucher l'entrée de la sépulture d'Hashkala afin que nul n'ait l'idée de la violer. Après quoi, vous raccrochez la lampe à huile au plafond et vous quittez la pièce. Mais, alors que vous vous dirigez vers l'endroit où vous avez laissé votre cheval, une silhouette massive surgit soudain devant vous.

— Nous avons un petit compte à régler, fillette ! lance alors la voix éraillée de Bulky Joe. On va voir si tu dégaines si bien que ça ! Personne ne peut ridiculiser Bulky Joe et s'en tirer vivant !

Inutile d'essayer de fuir, il vous faut affronter cette brute. Mais vous pouvez retrancher de son total de

FORCE (et éventuellement de MAÎTRISE) le nombre de points que vous lui avez fait perdre lorsque vous l'avez blessé dans le saloon.

BULKY JOE MAÎTRISE : 16 FORCE : 18

Si vous l'emportez, rendez-vous au **212**.

286

A la réflexion, il n'y a pas de doute : vous êtes dans la bonne direction, il vous suffit de continuer tout droit. La chaleur paraît s'intensifier à mesure que vous avancez et après avoir parcouru une trentaine de miles, vous avez l'impression que votre tête va éclater, tant elle vous fait mal. Vous avez résolu de tenir bon, cependant, et vous poursuivez votre chemin sous le soleil brûlant. Mais bientôt, la chaleur est devenue trop intense, la tête vous tourne et vous tombez soudain de votre cheval, sans connaissance. Lorsque vous vous réveillez, vous vous retrouvez sur une paillasse, dans une maison proche d'Albuquerque. Ce sont des Mexicains qui vous ont sauvé la vie en vous transportant chez eux. Grâce aux soins qu'ils vous prodiguent, vous parvenez à vous remettre de votre insolation, mais vous avez perdu 5 points de FORCE. Votre cheval, plus résistant, n'en a perdu que 2. Lorsque vous vous réveillez, la première chose que vous demandez à vos hôtes, c'est :
— Combien de temps ai-je dormi ?
— Un jour et une nuit, vous répond-on.
Autrement dit, vous avez perdu exactement une journée, ce que vous notez aussitôt sur votre calendrier. Vous levant d'un bond, vous remerciez ensuite vos sauveurs et vous vous hâtez de poursuivre votre voyage. Cette fois, vous abandonnez toute idée de découvrir une mine d'or dont vous n'avez nul besoin

et vous chevauchez sans désemparer jusqu'au soir. L'effort que vous avez ainsi demandé à votre cheval lui fait perdre 3 points de FORCE. Enfin, au moment où le soleil disparaît à l'horizon, vous atteignez la rive du Pecos. Grâce à la viande séchée du chercheur d'or, vous pouvez manger à votre faim. Mais l'épreuve que vous avez subie a été si rude qu'il vous faut manger *toute* votre viande pour reprendre tout juste 2 points de FORCE. Votre cheval, quant à lui, est épuisé et l'avoine que vous lui donnez ne lui permet de regagner que 1 seul point de FORCE. Vous vous couchez à présent à l'abri d'un rocher, puis vous vous endormez en vous laissant bercer par le doux clapotis de la rivière qui vous accompagne dans vos rêves. Lorsque le soleil se sera levé, vous vous rendrez au **53**.

287

Vous pressez juste à temps la détente de votre revolver. La balle fait exploser la tête du serpent, vous sauvant ainsi la vie, mais vous l'avez échappé belle ! Inutile, à présent, de continuer la poursuite, votre voleur est loin. Vous avez mal interprété les signes des Indiens et il ne vous reste plus qu'à rebrousser chemin pour reprendre la route d'Albuquerque. Mais pour rattraper le temps perdu, vous allez devoir galoper à bride abattue, ce qui fera perdre 2 points de FORCE à votre cheval. Il aurait été plus sage de laisser courir le jeune homme au sombrero : votre temps est infiniment plus précieux que vos dollars. Lorsque vous retrouvez enfin le chemin d'Albuquerque, vous vous rendez au **74**.

288

Voici les cartes qui vous reviennent : As de trèfle, roi de trèfle, 5 de carreau, 7 de cœur, 10 de pique. L'as et le roi sont des cartes intéressantes et vous décidez de les garder. Les trois autres, en revanche, n'ont pas grande valeur en l'occurrence, il vaut donc mieux les échanger, comme vous en avez le droit au poker. Pour obtenir trois autres cartes, lancez à nouveau un dé. Si vous faites :

1 Rendez-vous au **231**
2 Rendez-vous au **245**
3 Rendez-vous au **148**
4 Rendez-vous au **27**
5 Rendez-vous au **217**
6 Rendez-vous au **302**

Mais attention : avant de continuer, notez *soigneusement* le numéro où vous vous trouvez actuellement, il vous sera en effet indispensable pour poursuivre la partie.

289

Vous portez discrètement à vos lèvres la petite gourde de cuir que vous a donnée Klayoka et vous buvez une gorgée du liquide qu'elle contient. La potion fait son effet : vous perdez 2 points de FORCE tandis qu'un vertige vous saisit. Vous voyez alors apparaître devant vous, comme dans un rêve, le Cheval de Brume tel que vous l'aviez déjà vu dans le tipi du vieil Apache. Le cheval se cabre, puis il s'élance au galop vers la rue large et fréquentée avant de s'évanouir au lointain. C'est donc par là qu'il vous faut aller. Rendez-vous pour cela au **196**.

290

Lorsque vous montrez votre carré d'as, Oliver, Stan et le Mexicain paraissent stupéfaits. Ce n'est pas souvent qu'on voit un aussi bon jeu, même à l'ouest du

Pecos ! Grâce aux relances successives, vous avez gagné *dix* fois votre mise de départ ! Par exemple, si vous aviez misé 10 dollars, votre bénéfice net se monte à 100 dollars. Si vous souhaitez continuer à jouer, vous recevrez de nouvelles cartes en vous rendant au **239**. Si vous préférez abandonner définitivement la partie, inscrivez votre gain et quittez la table. Vous demanderez ensuite au barman la clé de votre chambre, puis vous monterez à l'étage en vous rendant au **154**.

291

Il ne reste plus qu'à vous adresser de très chaleureuses félicitations : votre époux sera en effet tendre et fidèle et fera tout son possible pour vous être toujours agréable. Un jour, vous deviendrez même femme de chef comanche, ce qui n'est peut-être pas aussi prestigieux que Princesse du Temps, mais il faut savoir se contenter ce que l'on a... Votre mission, bien entendu, se termine ici, car il n'est plus question désormais que vous quittiez ce camp. Si d'aventure il vous prenait l'envie de vous enfuir, vous seriez très vite rattrapée et mise à mort : les Indiens ne plaisantent pas avec les femmes déloyales. Pour l'instant, reposez-vous des fatigues du voyage et préparez-vous aux cérémonies qui vous uniront définitivement à votre fiancé si séduisant ! Vous pouvez vous vanter d'avoir de la chance : nombreuses sont celles qui auraient rêvé de se trouver à votre place !

292

Vous pénétrez dans une petite pièce meublée d'un lit sommaire mais relativement confortable, d'une armoire, d'une table, de deux chaises et d'une coiffeuse sur laquelle est posée une bassine qui tient lieu de cabinet de toilette. Si vous avez perdu des points de FORCE, et uniquement dans ce cas, vous pouvez vous faire monter un repas qui vous coûtera 1 dollar et 50 cents. Ce n'est qu'au bout de plusieurs heures que le brouhaha qui règne dans le saloon s'évanouit enfin, indiquant que l'établissement s'est vidé de ses clients. Il vous faut attendre encore un bon moment avant que ne règne dans la maison un silence total. C'est maintenant que vous allez pouvoir sortir et tenter de découvrir l'entrée de la sépulture d'Hashkala. Vous ouvrez précautionneusement la porte et vous vous engagez dans le couloir. Il vous faut avancer à pas très lents pour ne pas faire craquer le parquet sous vos pieds et vous parvenez en silence jusqu'à l'escalier que vous descendez avec la même lenteur. Le clair de lune, au-dehors, diffuse une faible lumière qui vous permet de vous repérer sans trop de difficultés. Vous traversez la salle vide et vous vous approchez d'une petite porte aménagée dans le mur du fond. Par bonheur, elle n'est pas fermée à clé et vous la franchissez pour entrer dans une petite pièce où sont entreposés des tonneaux. Après avoir refermé la porte derrière vous, vous craquez une allumette : vous apercevez alors une lampe à huile suspendue au plafond bas. A l'aide d'une autre allumette, vous enflammez la mèche de la lampe et vous la décrochez. Vous pouvez ainsi examiner la pièce. Vous constatez tout d'abord qu'il n'y a pas de mur de séparation entre l'arrière de la maison et la paroi rocheuse de la montagne contre laquelle elle a été construite. Cette découverte vous réjouit : le boyau qui donne accès à la caverne où repose Hashkala doit se trouver à proximité. Une rangée de tonneaux masque jusqu'à mi-hauteur la surface du roc nu. C'est sans doute là, derrière, que se situe l'ouverture que vous cherchez. Tenant la lampe à bout de bras, vous examinez la paroi rocheuse et vous distinguez bientôt derrière l'un des tonneaux des pierres de différentes grosseurs qui ont apparemment servi à obstruer un trou d'environ cinq pieds de diamètre. S'agirait-il du fameux boyau ? Vous vous hâtez de déplacer le tonneau et d'ôter les pierres. Celles-ci ne sont pas cimentées, mais simplement entassées, et, en peu de temps, vous parvenez à dégager l'entrée d'un passage étroit. Votre lampe à la main, vous vous enfoncez alors dans le boyau et vous avancez sur une courte distance, le dos courbé, l'œil aux aguets, espérant déboucher... Oui ! Voici un espace plus vaste ! Vous vous redressez, vous levez votre lampe au-dessus de votre tête pour mieux éclairer l'endroit, et vous vous retenez à grand-peine de pousser un cri de joie : vous êtes dans la caverne ! Rendez-vous au **365** pour l'explorer.

293

Vous avez bien fait de vous installer dans le wagon de queue : c'est celui qui a le moins souffert du déraillement. Parmi les voyageurs assis autour de vous, seul l'homme aux béquilles a succombé : sous le coup de l'émotion, une crise cardiaque l'a emporté. Jamais il n'ira s'installer dans une ferme du Tennessee, mais Dieu l'accueillera peut-être en ses verts pâturages. Quant à vous, ne croyez surtout pas que vous sortez totalement indemne de l'accident ; diverses contusions vous font perdre en effet 3 points de FORCE, ce qui ne vous arrange guère. Fort heureusement, la compagnie des chemins de fer fait bientôt transporter les rescapés par diligence jusqu'à Memphis où vous arrivez dans la soirée, avec deux heures de retard sur l'horaire prévu, mais c'est un moindre mal. Dès que vous aurez atteint votre destination, rendez-vous au **317**.

294

Vous voilà donc en prison pour une bonne trentaine d'heures, ce qui va vous faire perdre une journée entière ! Cette mésaventure risque de compromettre votre mission, mais pour l'instant, il n'y a rien d'autre à faire que de prendre votre mal en patience. Le shérif a veillé à ce qu'on s'occupe de votre cheval. Il est nourri et se repose une journée ce qui ramène son total de FORCE à ce qu'il était au départ de votre aventure. Voilà au moins une consolation dans votre malheur. Quant à vous, on vous nourrit également, mais si mal que les trois repas qu'on vous donne ne vous permettent de regagner que 2 points de FORCE (votre nouveau total ne peut cependant pas dépasser celui dont vous disposiez au début de votre mission). A l'aube du surlendemain, le shérif vous libère et vous rend votre cheval, ainsi que vos armes et vos munitions. Vous pouvez à présent quitter Albuquerque au plus vite et continuer votre voyage en vous rendant au **170**.

295

Le destin s'est montré clément à votre égard mais il a fait preuve de beaucoup moins d'indulgence pour votre cheval ! Vous avez en effet pris la fuite vers l'éminence boisée, mais votre monture, trébuchant contre une pierre au moment où elle allait l'atteindre, est tombée à terre, vous entraînant dans sa chute. Vous avez réussi à vous relever aussitôt et à vous mettre à l'abri, mais votre cheval a été violemment heurté par un bison qui se trouvait en bordure du troupeau et le choc lui a fait perdre 6 points de FORCE. S'il est toujours en vie, vous pourrez reprendre votre chemin après le passage des bisons en vous rendant au **158**. S'il succombe à ses blessures, en revanche, vous devrez vous rendre au **128**.

296

N'oubliez pas de noter dans votre *Journal de Mission* combien de dollars il vous reste après ce larcin. Sans doute la perte est-elle fâcheuse, mais après tout, vous estimez qu'il vaut mieux être moins riche et ne pas gaspiller votre temps plutôt que de risquer de vous égarer en pourchassant le voleur et de compromettre ainsi la réussite de votre mission. Voilà une sage décision. Vous reprenez donc votre marche le long du lit desséché de la rivière en vous rendant au **114**.

297

Votre tentative n'avait pas beaucoup de chances de réussir et comme il fallait s'y attendre, elle a échoué. Les conséquences sont douloureuses pour vous, car les deux bandits, plus rapides que vous, ont tiré en même temps et vous ont ainsi infligé deux blessures. Évaluez leur gravité, puis poursuivez le combat — si toutefois vous êtes encore en vie ! Vous affronterez vos adversaires soit l'un après l'autre, soit en même temps, en menant un Assaut contre l'un, puis l'Assaut suivant contre l'autre et ainsi de suite. Choisissez la manière qui vous convient le mieux, en sachant que vous pourrez en changer au cours du combat si cela vous chante. Pour recharger votre revolver, vous vous mettrez à l'abri d'un rocher, ce qui vous permettra d'échapper aux balles des bandits pendant l'opération. Et maintenant, battez-vous !

Premier BANDIT	MAÎTRISE : 16	FORCE : 15
Second BANDIT	MAÎTRISE : 15	FORCE : 16

Si vous parvenez à tuer l'un des desperados et à réduire le total de FORCE de l'autre à 4 ou moins, rendez-vous au **230**.

298

Vous ôtez à nouveau les pierres que vous aviez replacées à l'entrée du boyau et vous vous retrouvez dans la petite pièce où étaient entreposés les tonneaux. Mais ceux-ci ont été éventrés par les mégères aux parapluies et des dizaines de litres de whisky et de bière se sont répandus sur le sol, dégageant une odeur entêtante que vous avez du mal à supporter. Une petite porte latérale ouvre sur l'extérieur. Heureusement, elle n'est pas fermée à clé et vous pouvez sortir par là. Mais avant de partir, vous prenez la précaution de reboucher l'entrée de la sépulture d'Hashkala afin que nul n'ait l'idée de la violer. Après quoi, vous raccrochez la lampe à huile au plafond et vous quittez la pièce. A en juger par le silence qui règne alentour, tout le monde a déserté le saloon et vous vous hâtez d'aller récupérer votre cheval qui est resté attaché à l'endroit où vous l'aviez laissé. Vous remontez aussitôt en selle et vous quittez Passivitt-Montgayo au triple galop pour vous rendre au **56**.

299

Vous chevauchez jusqu'au soir sans incident. Lorsque le soleil se couche, vous cherchez un endroit pour passer la nuit mais, soudain, un cavalier surgit devant vous et vous barre le passage. Il a le chapeau rabattu sur les yeux et vous ne parvenez pas à distinguer ses traits. Seule une longue moustache tombante se dessine nettement sur son visage. Si vous êtes le Prince du Temps, rendez-vous au **314**. Si vous êtes la Princesse du Temps, rendez-vous au **59**.

300

Voici les cartes qui vous reviennent : dame de carreau, dame de cœur, 7 de pique, 5 de trèfle,

9 de pique. Les deux dames sont des cartes intéressantes et vous décidez de les garder. Les trois autres en revanchc sont sans valeur, il vaut donc mieux les échanger, comme vous en avez le droit au poker. Pour obtenir trois autres cartes, lancez à nouveau un dé. Si vous faites :

1	Rendez-vous au **231**
2	Rendez-vous au **245**
3	Rendez-vous au **148**
4	Rendez-vous au **27**
5	Rendez-vous au **217**
6	Rendez-vous au **302**

Mais attention : avant de continuer, notez *soigneusement* le numéro où vous vous trouvez actuellement, il vous sera en effet indispensable pour poursuivre la partie.

301

Le scorpion du Texas est un insecte dangereux dont la piqûre est redoutable, parfois même fatale ! Lancez deux dés. Si vous obtenez :

De 2 à 5	Vous perdez 5 points de FORCE
De 6 à 8	Vous perdez 7 points de FORCE
De 9 à 11	Vous perdez 10 points de FORCE
12	Vous mourez

Si vous avez survécu, vous allez pouvoir repartir — n'oubliez pas de remettre votre foulard — en vous rendant au **12**.

302

Voici les trois nouvelles cartes qui vous reviennent : valet de trèfle, as de carreau, roi de cœur.

Si vous venez du :

65	Rendez-vous au **356**
362	Rendez-vous au **350**
82	Rendez-vous au **344**
288	Rendez-vous au **338**
300	Rendez-vous au **332**
223	Rendez-vous au **326**

303

Lorsque le colosse s'effondre, tué par votre dernier coup de feu, Samantha Wayward se précipite sur lui et lui arrache son revolver des mains.

— Et maintenant, c'est à toi de mourir ! hurle-t-elle en vous visant.

Vous apercevez alors Jessie qui s'approche à pas de loup derrière sa maîtresse et avant que celle-ci ait pu tirer sur vous, il la frappe d'un coup de poing sur la nuque qui l'assomme net.

— Vous m'avez sauvé la vie, lui dites-vous.

— Puissiez-vous sauver celle de M. Goodman, répond-il.

— J'ai découvert la lettre. Savez-vous où se trouve Rottenwood ?

Jessie connaît l'endroit et il n'a aucun mal à vous indiquer la route à suivre. Avec un bon cheval, vous pouvez y être à l'aube. Et ce ne sont pas les bons chevaux qui manquent, dans les écuries du général Wayward ! Vous réfléchissez rapidement au moyen de délivrer Oclock le Bon et une idée vous vient bientôt : il suffit de rédiger un faux ordre de libération prétendument signé par le général Wayward. Sa signature, vous l'avez vue à des dizaines d'exemplaires, vous n'aurez donc pas de difficulté à l'imiter. Par ailleurs, le secrétaire contient du papier à en-tête qui vous permettra de fabriquer un document d'appa-

303 *« Et maintenant, c'est à toi de mourir ! » hurle Samantha Wayward en vous visant.*

rence officielle. Avec un peu d'audace et de chance, votre stratagème réussira. Jessie trouve votre idée excellente, mais il a encore mieux à vous proposer : un uniforme ayant appartenu à Herbert Wayward au temps où il était colonel ! Si vous êtes le Prince du Temps, rendez-vous au **174**. Si vous êtes la Princesse du Temps, rendez-vous au **186**.

304

L'homme arrête sa carriole et vous dévisage.

— De quoi souffrez-vous ? demande-t-il. Je peux tout guérir à condition qu'on y mette le prix. J'ai redonné la santé à des politiciens séniles — et ils sont nombreux —, à des savants fous, à des écrivains persécutés par leurs éditeurs, on fait appel à moi dans toute l'Amérique et jusqu'en Europe, bref, pour tout dire en peu de mots, si la maladie vous détraque, adressez-vous à Jonathan Quack !

— Ma santé est excellente, répondez-vous d'un ton aimable, je voudrais simplement connaître le meilleur chemin pour aller à Memphis, Tennessee.

Jonathan Quack vous contemple alors d'un air incrédule ; les yeux ronds, la bouche ouverte, il semble comme paralysé de stupeur. Enfin, il fronce les sourcils en vous lançant un regard soupçonneux.

— Vous voulez aller à Memphis à cheval ? interroge-t-il d'une voix sourde.

— C'est mon intention en effet.

— Et vous prétendez que vous n'êtes pas malade ? Ça fait combien de temps que vous chevauchez en plein soleil ?

— Moins d'une heure, et je dois me rendre à Memphis au plus vite. Par où faut-il passer ?

L'homme au chapeau rond reste un instant perplexe. La mine songeuse, il vous observe en silence.

— Après tout, pourquoi pas ? finit-il par dire. Pour

aller à Memphis, il faut passer par Albuquerque, vous avez une chance d'y arriver ce soir si votre cheval tient le coup. Ensuite, vous continuerez vers l'ouest jusqu'à la rivière Pecos. De là, vous atteindrez la frontière du Texas en une longue journée. Après, vous devrez traverser le territoire des Comanches, toujours vers l'est, en direction de Dallas. Une fois arrivé là-bas, continuez jusqu'au Mississippi, traversez-le, puis rendez-vous à Greenville où vous pourrez prendre le train pour Memphis. Surtout, ne passez pas par Vicksburg, la ville est assiégée par les Nordistes, vous resteriez bloqué pendant je ne sais combien de temps. Si les Indiens, les desperados et les armées des deux camps vous laissent passer, vous pouvez être à Memphis dans neuf jours, mais il faudra galoper sans relâche de l'aube au coucher du soleil. A mon avis, vous n'y arriverez pas. On vous aura tué avant. A ce sujet, j'ai quelques remèdes à vous proposer au cas où vous ne seriez que blessé...

Voilà au moins quelqu'un d'optimiste ! Jonathan Quack se lève à présent de son siège et va chercher à l'intérieur de la carriole une caisse remplie de flacons, de pommades et de décoctions diverses.

— Et voilà, dit-il, il y a là-dedans de quoi guérir toutes les maladies et blessures que vous aurez à subir au cours de votre voyage. La seule chose que je ne puisse pas faire, c'est vous ressusciter quand vous aurez été tué. Mais tant qu'il vous restera un souffle de vie, mes potions réaliseront des miracles ! Tout cela pour un prix ridiculement bas, car vous m'êtes sympathique.

L'homme vous présente alors ses produits. En voici la liste avec pour chacun d'eux son prix et ses vertus. Mais méfiez-vous, car Jonathan Quack exagère sans doute ses talents de guérisseur : certains de ses remèdes sont peut-être efficaces, mais d'autres inopérants. Sans compter ceux qui pourraient même vous faire du mal ! Soyez donc judicieux dans votre choix. Si vous préférez ne rien acheter à l'homme au chapeau rond, rendez-vous au **11**. Si, en revanche, l'un ou l'autre de ses produits vous intéresse, payez-en le prix, dans la mesure de vos moyens, puis rendez-vous au numéro correspondant.

HUILE DE CROTALE : contre les morsures de serpents à sonnette : 5 dollars	Rendez-vous au **192**
ESSENCE DE CACTUS : contre les piqûres de scorpions : 8 dollars	Rendez-vous au **281**
POTION DE JOUVENCE : redonne vigueur et santé : 10 dollars	Rendez-vous au **375**
HACHIS DE CHAMPIGNONS DU MEXIQUE : contre la fatigue : 12 dollars	Rendez-vous au **312**
BAUME INDIEN : guérit les blessures : 15 dollars	Rendez-vous au **102**

Si vous souhaitez faire plusieurs achats, notez bien le numéro où vous vous trouvez maintenant, car vous devrez y revenir pour savoir où vous rendre par la suite.

305

— Elle ouvre les yeux, dit une voix en espagnol.
Vous êtes allongée sur un lit, dans une pièce que vous ne connaissez pas, et trois personnes sont assises autour de vous : deux hommes et une femme. La femme a une quarantaine d'années, l'un des hommes également. L'autre est plus jeune, il doit avoir seize ou dix-sept ans. De toute évidence, ce sont des Mexicains.

— Que... Que se passe-t-il ?... bredouillez-vous.
— Ne vous inquiétez pas, Señora, répond la femme, vous êtes sauvée.
— Sauvée ?... De quoi ?... vous étonnez-vous.
Vous ne vous souvenez plus de rien, en effet, votre tête est vide et vous avez l'impression d'émerger d'un grand trou noir.
— Vous avez failli mourir, Señora, intervient le plus âgé des deux hommes. Le soleil... Il était si fort que vous vous êtes évanouie.
— C'est moi qui vous ai ramenée ici, se hâte de préciser le jeune homme. Les vautours s'approchaient dejà de vous. Je vous ai aperçue, je vous ai hissée sur votre cheval et je l'ai conduit jusque chez nous.
La mémoire vous revient, à présent : la mine d'or, la chaleur, l'éclat du soleil qui faisait briller la montagne... Vous avez été victime d'une insolation : le désert et la fièvre de l'or ont eu raison de vous.
— On a bien cru que vous n'alliez jamais vous réveiller, reprend le jeune homme. Dans votre sommeil, vous parliez d'une mine d'or dans la montagne...
— On n'a jamais trouvé d'or par ici, Señora, poursuit l'homme plus âgé. Il y a bien un vieux fou qui prétendait avoir découvert une mine, mais il avait rêvé...
— Combien de temps ai-je dormi ? vous inquiétez-vous.
— Un jour et deux nuits, dit le jeune homme, et je vous ai veillée tout ce temps-là avec ma mère, ajoute-t-il en tournant la tête vers la femme. Vous étiez si belle, dans votre sommeil...
— Manuel ! Tiens-toi bien ! s'indigne la femme.
Vous avez dormi *un jour et deux nuits !* Cela signifie que vous avez perdu une journée entière à cause de cette maudite mine d'or !

— Quelle heure est-il ? demandez-vous aussitôt.
— Le soleil vient à peine de se lever, répond le jeune homme.
D'un mouvement brusque, vous vous redressez, mais la tête vous tourne : rien d'étonnant à cela, car votre insolation vous a fait perdre 6 points de FORCE ! Ah, si seulement vous vous étiez souvenue des paroles de Klayoka ? « Ne laisse jamais la cupidité envahir ton âme, vous avait-il dit, car, dans ce cas, le cheval te montrerait la mauvaise voie. » C'est ce qui s'est passé : le Cheval de Brume vous a fait payer cher votre soif de richesse ! Progressivement, cependant, vous parvenez à retrouver suffisamment de vigueur pour vous lever. Vos hôtes vous donnent alors à manger, mais vous êtes tellement affaiblie que ce repas ne vous permet pas de regagner le moindre point de FORCE. Vous allez pouvoir repartir, maintenant, mais tout d'abord, n'oubliez pas de mettre à jour votre calendrier ! Votre cheval vous attend dehors et vous remontez en selle après avoir remercié les Mexicains. Rendez-vous au **378**.

306

Le chapeau rabattu sur les yeux, le pas vif et l'air affairé, vous vous engagez dans la rue étroite. Un peu plus loin, elle forme un coude et lorsque vous tournez l'angle, vous vous retrouvez face... au bureau du shérif ! Celui-ci est précisément en train d'examiner l'affiche mettant à prix la tête de votre sœur et avant que vous n'ayez pu tenter quoi que ce soit, il tourne les yeux vers vous et vous reconnaît aussitôt. Inutile d'essayer de fuir, vous êtes pris !
— Haut les mains, Crazy Jane ! lance le shérif en dégainant son revolver d'un geste prompt. On dirait que c'est moi qui vais toucher la récompense, pas vrai ?

Ne songez surtout pas à résister, vous ne feriez qu'aggraver votre cas ! La seule attitude raisonnable consiste à vous laisser conduire docilement en prison. Là, vous protestez de votre innocence, mais le shérif ne veut rien entendre. Un peu plus tard, vous recevez la visite du juge à qui vous expliquez que vous n'êtes pas la personne recherchée, puisque celle-ci est une femme ! Cet argument fait réfléchir le magistrat qui, dans la soirée, convoque des témoins. Ces derniers ont eu à subir les méfaits de votre sœur et ils sont formels : Crazy Jane est bel et bien une femme, ce n'est donc pas vous. Le juge se donne une nuit pour prendre une décision et au matin, il ordonne qu'on vous libère. Vous avez ainsi perdu une journée — notez-le sur votre calendrier — et le maigre repas qu'on vous a servi la veille ne vous a même pas permis de reprendre le moindre point de FORCE. Hâtez-vous, à présent : ce stupide incident vous a déjà fait perdre trop de temps, il vous faut au plus vite quitter la ville et poursuivre votre voyage vers l'est. La diligence vous attend au **207**. Dépêchez-vous d'aller la prendre.

307

L'un des officiers nordistes, voyant que vous êtes seule, s'approche de votre table et vous propose de vous offrir un verre. Bien que vous n'ayez guère l'habitude de vous laisser aborder ainsi par des inconnus, vous acceptez. Non que ce militaire vous paraisse particulièrement séduisant, mais en engageant la conversation avec lui, vous pourrez peut-être recueillir des informations utiles à la poursuite de votre mission. L'homme se présente : c'est un lieutenant d'infanterie du nom de Tom Grocer. Après les politesses d'usage, vous lui demandez s'il se rend à Memphis.

— Oui, répond-il. De là, nous rejoindrons l'armée du général Rosencrans à Murfreesboro, au cœur du Tennessee. Ces satanés Sudistes n'en ont plus pour très longtemps, mais ils s'acharnent. Ils croient que leurs généraux parviendront à redresser la situation. Ils comptent sur des hommes comme Bragg ou Wayward pour regagner le terrain perdu.
Le nom de Wayward vous fait dresser l'oreille. Herbert Wayward : c'est chez lui que vous allez vous rendre dès votre arrivée à Memphis. Herbert Wayward, l'homme qui sait ce qu'il est advenu d'Oclock le Bon.
— Enfin, tout cela doit vous sembler bien ennuyeux, poursuit le lieutenant Grocer.
— Oh non, au contraire, protestez-vous, c'est passionnant ! Qui est donc, ce Wayward ?
— Un général sudiste. C'est un bon soldat, mais un homme cruel et sans pitié. Avec lui, il n'y a pas de quartier : quand il fait des prisonniers, c'est pour mieux les fusiller après la bataille.
Cette remarque vous fait froid dans le dos : Oclock le Bon aurait-il été passé par les armes ?
— Vous avez l'air toute retournée, se désole l'officier en observant votre mine soucieuse. Je n'aurais jamais dû évoquer devant une aussi jolie femme des choses aussi terribles.
Non, mais pour qui vous prend-il ? Il croit sans doute que vous n'êtes qu'une oie blanche trop fragile et écervelée pour supporter d'entendre parler de la guerre. Alors que vous dégainez sûrement plus vite que lui !
— Parlons plutôt de vous, reprend le lieutenant. Que faites-vous donc seule sur ce bateau ?
Bien évidemment, vous n'avez pas la moindre intention de lui raconter votre vie : par chance, l'un de ses camarades vient fort à propos lui annoncer que le

colonel le demande. A regret, il doit quitter la table et vous restez seule en vous demandant si le cruel général Wayward a laissé la vie sauve à Oclock le Bon. N'est-il pas déjà trop tard ? C'est la question que vous vous posez en vous rendant au **118**.

308

Il y a beaucoup de maisons en construction à Dallas et les services d'un charpentier sont toujours appréciés. Vous travaillez dur pendant toute une journée au terme de laquelle vous recevez un salaire de 20 dollars. Vous avez même tellement travaillé que vous n'avez pas eu le temps de manger. La fatigue et la faim vous ont fait perdre 3 points de FORCE. Rendez-vous à présent au **111**.

309

Voici la liste des armes et objets que vous avez été contraint d'abandonner aux Comanches :

Votre colt, votre carabine, toutes vos munitions
La couverture et le lasso
Le couteau et la gourde d'eau

En revanche, il vous reste vos dollars, vos allumettes, les potions et remèdes que vous avez éventuellement achetés à Jonathan Quack, votre chapeau et vos bottes, ainsi qu'une touffe de poils de putois, si toutefois l'Apache nommé Ours Mou vous en a donné une. Traverser le Texas sans armes serait considéré comme une véritable folie par la plupart des habitués de l'Ouest américain. C'est pourtant ce que vous allez être obligé de faire en priant le ciel pour qu'il ne vous arrive pas malheur. Dans l'immédiat, vous chevauchez pendant une bonne heure, puis vous décidez de vous arrêter pour camper jusqu'à l'aube. Profitez des dernières heures de la nuit pour bien dormir, avant de vous rendre au **261**.

310

Vous vous changez en hâte à l'abri d'un rocher et vous rangez vos vêtements de « cow-boy » et votre revolver dans votre sac de selle. Vous vous doutez que dans une ville comme Passivitt-Montgayo, on doit considérer d'un œil étrange et probablement hostile une femme qui voyage seule. Vous avez donc l'intention de vous livrer à une petite mise en scène pour justifier votre arrivée et avoir une bonne raison de passer la nuit au saloon. Avant de remonter en selle, vous répandez de la poussière sur votre robe, vous ébouriffez vos cheveux et vous vous maculez le visage d'un peu de terre. Vous avez l'air ainsi d'une pauvre femme sans défense qui serait la seule rescapée d'une caravane... attaquée par les Apaches. Lorsque vous jugez votre apparence satisfaisante, vous remontez en selle et vous galopez en direction de Passivitt-Montgayo, la mine défaite et le regard épouvanté. Votre apparition dans la grande rue de la ville ne passe pas inaperçue : les passants sont rares mais ceux que vous croisez s'arrêtent pour vous considérer d'un œil interrogateur tandis que vous vous précipitez chez le shérif dont une enseigne indique le bureau. Vous vous laissez tomber à terre et vous vous ruez sur la porte que vous poussez d'un geste brusque avant de vous écrouler sur le sol. Vous êtes une excellente comédienne : on vous croirait véritablement terrassée par la souffrance et l'épuisement. Le shérif, un robuste moustachu à l'œil bovin et au visage rougeaud, se lève d'un bond pour vous porter secours. Par chance, il est du genre chevaleresque et débonnaire, et l'idée ne l'effleure pas que vous pourriez être en train de lui jouer la comédie.

— Que se passe-t-il ? s'enquiert-il en vous relevant pour vous conduire vers l'une des deux chaises installées devant son bureau.

— Les... Les Indiens... murmurez-vous dans un souffle.

Vous vous effondrez sur la chaise en faisant semblant de vous trouver mal. Ne sachant comment réagir, le shérif vous tapote la main, puis sort de la poche arrière de son pantalon une flasque de whisky dont il vous colle le goulot entre les lèvres. Vous avalez malgré vous quelques gouttes du breuvage et vous vous mettez à tousser. Il s'agit là d'une toux bien réelle qui ne doit rien à l'artifice. Les larmes vous montent aux yeux, ce qui rend plus convaincante encore votre interprétation de la malheureuse ingénue rescapée d'un épouvantable massacre.

— La... La caravane a été attaquée... bredouillez-vous, les... les Indiens ont tué tout le monde... Ce... C'était tellement affreux... J'ai réussi à m'échapper sur un cheval... Oh, mon Dieu...

Le shérif est visiblement ému par votre récit entrecoupé de sanglots.

— N'ayez crainte, c'est fini, maintenant, vous êtes sauvée, dit-il d'un ton protecteur. Ces damnés Peaux-Rouges ne vous feront plus de mal. Vous allez rester ici cette nuit. Vous logerez au saloon, il y a des chambres libres, et demain, je vous ferai escorter jusque chez vous.

Votre stratagème a parfaitement réussi : vous avez obtenu du premier coup ce que vous vouliez. Le plus dur reste cependant à faire mais il vous faudra attendre la nuit pour agir. En attendant, le shérif vous conduit lui-même au saloon. Il a pris soin d'emmener votre cheval qu'il attache à la balustrade prévue à cet effet avant de pousser la double porte battante qui donne accès à l'intérieur de l'établissement. L'arrivée du shérif ne semble pas soulever l'enthousiasme des consommateurs. En revanche, votre présence les intéresse au plus haut point. La salle est comble et les

cow-boys assis autour des tables ou accoudés au comptoir vous dévorent des yeux. A en juger par l'avidité de leurs regards, ce n'est pas souvent qu'on voit entrer en ce lieu une aussi belle femme que vous. Un colosse installé au bar devant une bouteille qu'il tient fermement par le goulot émet un sifflement admiratif en vous apercevant.
— Eh ben, shérif, s'exclame-t-il, vous, au moins, on peut dire que vous avez des relations ! Pas vrai, les gars ? ajoute-t-il en prenant les autres clients à témoin.
— Pour sûr ! répondent plusieurs voix dans la salle. Un sacré tombeur, le shérif !
— Et où est-ce que vous avez dégotté cette petite merveille ? reprend le colosse. C'est votre petite cousine ?
— Silence, Bulky Joe ! Cette jeune femme est sous ma protection, réplique le shérif, elle a été attaquée par des Indiens et...
— Ils ont du goût, les Indiens ! l'interrompt le dénommé Bulky Joe en ponctuant sa remarque d'un rire gras.
— Tais-toi, Bulky, ou je te boucle ! menace le shérif. Je réquisitionne une chambre pour cette jeune femme, ajoute-t-il à l'adresse du barman qui remplit des verres derrière son comptoir.
— T'en as de la chance, Sam ! lance Bulky Joe au barman, c'est pas tous les jours qu'on voit des clientes comme celle-là, à Passivitt-Montgayo !
— Et qui est-ce qui va me payer ma chambre ? se plaint le barman.
— J'ai de l'argent, assurez-vous d'une voix timide.
— Dans ce cas, ce sera 2 dollars, répond le barman avec un sourire. Payables d'avance, naturellement ! Vous lui donnez les 2 dollars et il remet alors au shérif la clé de la chambre numéro 3.

— Premier étage, troisième porte à gauche, indique le barman.
— Et si vous avez besoin d'un garde du corps... commence Bulky Joe.
— Son garde du corps, c'est moi ! coupe le shérif. Venez, Mademoiselle, ajoute-t-il en se tournant vers vous, je vais vous conduire à votre chambre.
Vous suivez le shérif qui monte l'escalier et vous mène à une petite pièce meublée d'un lit sommaire mais relativement confortable, d'une armoire, d'une table, de deux chaises et d'une coiffeuse sur laquelle est posée une bassine qui tient lieu de cabinet de toilette.
— Et voilà, vous allez pouvoir prendre un peu de repos, dit le shérif. Demain, à l'aube, j'enverrai un détachement sur les lieux où votre caravane a été attaquée. En attendant, essayez de bien dormir, et n'ayez crainte, vous serez en sécurité, ici : je resterai devant votre porte toute la nuit pour veiller à ce qu'on ne vous dérange pas.
Fort heureusement, le shérif n'est pas assez observateur pour avoir remarqué le léger tressaillement qui vient de trahir votre contrariété : s'il reste devant votre porte jusqu'à l'aube, comment allez-vous faire pour sortir de la chambre et chercher l'entrée de la sépulture d'Hashkala ?
— Je ne veux pas vous obliger à passer la nuit devant ma porte... assurez-vous en espérant le convaincre de rentrer chez lui.
— C'est mon devoir, Mademoiselle, réplique-t-il sur un ton de père noble, la clientèle de ce saloon compte pas mal de vauriens, ce Bulky Joe que vous avez vu en bas, par exemple, et sans ma protection, vous seriez en danger.
Inutile d'insister : le bougre est fermement décidé à surveiller votre porte ! Il va falloir trouver le moyen

de détourner son attention. En attendant, vous faites mine d'être épuisée et le shérif, en parfait gentleman, se retire pour vous laisser vous reposer en paix. Vous vous retrouvez donc seule et vous en profitez pour aller jeter un coup d'œil par la fenêtre. Elle donne sur un toit en pente qui permet d'atteindre une autre fenêtre un peu plus loin. C'est peut-être là une issue possible, mais cette promenade sur le toit risque de se révéler périlleuse. Quoi qu'il en soit, il est trop tôt pour agir ; il vous faut attendre que la nuit soit suffisamment avancée pour que tout le monde soit endormi alentour. Vous restez donc ainsi enfermée pendant quelques heures. Si vous avez perdu des points de FORCE — et uniquement à cette condition —, vous pouvez vous faire monter un repas qui vous coûtera 1 dollar et 50 cents. Enfin, vers deux heures du matin, alors que le saloon s'est vidé depuis déjà un certain temps, vous entendez derrière la porte de votre chambre un ronflement sonore : le shérif a fini par s'endormir. C'est le moment de tenter une sortie. Vous pouvez essayer de passer par la porte si vous pensez que le shérif dort suffisamment profondément pour ne pas vous entendre (rendez-vous alors au **48**) ou par la fenêtre si vous craignez de le réveiller (dans ce cas, vous vous rendrez au **179**).

311

Misez la somme qui vous convient, puis distribuez les cartes, car c'est votre tour. Cette fois, vous avez eu plus de facilité encore pour vous donner un bon jeu, mais vous avez pris la précaution de distribuer également de bonnes cartes à vos adversaires. Ainsi, chacun croyant pouvoir gagner, les relances se succèdent et lorsque vous finissez par montrer le jeu imbattable que vous avez en main, vous empochez *douze* fois la somme que vous avez misée ! Étant donné l'importance de vos gains, vous avez tout intérêt à présent à abandonner la partie, et vous vous levez donc en vous apprêtant à remercier Oliver et ses amis pour l'excellente idée qu'ils ont eue de vous inviter à jouer avec eux. Ces derniers n'ont cependant pas l'intention de vous laisser partir aussi facilement ! Si vous êtes le Prince du Temps, rendez-vous au **45**. Si vous êtes la Princesse du Temps, rendez-vous au **323**.

312

— Voilà qui est judicieux ! s'exclame Jonathan Quack. Les champignons mexicains sont souverains contre la fatigue et grâce à cette préparation dont la recette m'a été confiée par un vieil ermite retiré dans la Sierra de la Madera, vous dormirez comme un loir et vous vous réveillerez en pleine forme !
Vous glissez dans votre poche le petit sachet qui contient le précieux hachis en espérant qu'il se révélera utile au cours de votre voyage. Mais tant que vous n'aurez pas essayé la mixture, il vous sera impossible de connaître exactement ses effets. Si vous souhaitez faire d'autres achats, retournez au numéro que vous avez noté, puis rendez-vous au paragraphe correspondant au produit désiré. Si vous préférez repartir tout de suite, rendez-vous au **93**.

313

Pour mener à bien votre mission, vous aurez besoin d'une somme minimum de 120 dollars. Si vous possédez déjà cette somme, tout va pour le mieux : rendez-vous directement au **368** si vous êtes le Prince du Temps, ou au **92** si vous êtes la Princesse du Temps. Si vous avez moins de 120 dollars en poche, vous pourrez gagner ce qui vous manque soit en vendant vos biens, soit en travaillant — ou les deux. Ainsi, vous pouvez vendre votre carabine pour 15 dollars et votre couteau pour 5 dollars. Mais peut-être souhaiterez-vous également vous séparer de votre cheval ? Désormais, en effet, vous aurez, si vous le désirez, la possibilité de poursuivre votre voyage en diligence. Le prix de votre cheval dépend de son total de MAÎTRISE. Voici le barème qui vous permettra d'estimer sa valeur :

POINTS DE MAÎTRISE	PRIX DE VENTE
Moins de 15 points	15 dollars
De 16 à 18 points	20 dollars
De 19 à 21 points	30 dollars
22 points	50 dollars

Si le total de FORCE de votre cheval est inférieur à 10, il ne pourra vous emmener jusqu'au terme de votre voyage : vous serez donc dans l'obligation de le vendre et de prendre la diligence. Mais son état de fatigue diminue sa valeur et vous devrez, dans ce cas, ôter 10 dollars de son prix de vente. Vous n'avez aucun mal à trouver acquéreur pour l'un ou l'autre de vos biens ; notez par conséquent ce que vous avez vendu et la somme que vous en avez tirée. Si vous avez réussi à rassembler suffisamment d'argent pour porter votre pécule à 120 dollars, rendez-vous au **368** si vous êtes le Prince du Temps, ou au **92** si vous êtes la Princesse du Temps. Si vous n'avez pas atteint cette somme, ou si vous préférez ne pas vendre tout ce que vous possédez, il vous faudra travailler pour gagner de l'argent supplémentaire en vous rendant au **78**.

314

— C'est la fin de la route pour toi, Crazy Jane ! dit l'homme. Dans quelques instants, je serai plus riche de 500 dollars...

Un chasseur de primes ! Et cet imbécile vous prend pour votre sœur dont il a vu la tête mise à prix ! En tout cas, vous voilà dans de mauvais draps : le moustachu refusera de vous croire si vous lui dites que vous n'êtes pas la personne qu'il cherche et il va falloir livrer un combat acharné pour sauver votre peau ! Par ailleurs, il est inutile de songer à fuir, ce charognard n'hésiterait pas à vous tirer dans le dos. Préparez-vous à dégainer et à livrer un duel sans pitié : l'un de vous deux doit disparaître !

CHASSEUR
DE PRIMES MAÎTRISE : 16 FORCE : 18

Si vous l'emportez, rendez-vous au **370**.

315

Bravo ! Votre bluff a réussi ! Additionnez votre première et votre deuxième mise : vous avez gagné *deux* fois cette somme. Par exemple, si le total de vos deux mises est de 10 dollars, votre bénéfice net est de 20 dollars. Si vous souhaitez continuer à jouer, vous recevrez de nouvelles cartes en vous rendant au **239**. Si vous préférez abandonner définitivement la partie, inscrivez votre gain et quittez la table. Vous demanderez ensuite au barman la clé de votre chambre, puis vous monterez à l'étage en vous rendant au **154**.

316

L'homme arrête sa carriole et vous dévisage.
— Qu'est-ce que vous faites dans ce désert ? s'étonne-t-il.
— Et vous ? répliquez-vous du tac au tac.
L'homme au chapeau rond reste interdit quelques instants.

— Ce n'est pas souvent qu'on voit une femme voyager seule dans cette région, reprend-il. Mais après tout, libre à vous, et si vous souffrez de quoi que ce soit, rassurez-vous, je peux tout guérir à condition qu'on y mette le prix. J'ai redonné la santé à des politiciens séniles — et ils sont nombreux —, à des savants fous, à des écrivains persécutés par leurs éditeurs, on fait appel à moi dans toute l'Amérique et jusqu'en Europe, bref, pour tout dire en peu de mots, si la maladie vous détraque, adressez-vous à Jonathan Quack !

— Ma santé est excellente, répondez-vous d'un ton aimable, je voudrais simplement connaître le meilleur chemin pour aller à Memphis, Tennessee.

Jonathan Quack vous contemple alors d'un air incrédule ; les yeux ronds, la bouche ouverte, il semble comme paralysé de stupeur. Enfin, il fronce les sourcils en vous lançant un regard soupçonneux.

— Vous voulez aller à Memphis à cheval ? interroge-t-il d'une voix sourde.

— C'est mon intention en effet.

— Et vous prétendez que vous n'êtes pas malade ? Ça fait combien de temps que vous chevauchez en plein soleil ?

— Moins d'une heure et je dois me rendre à Memphis au plus vite. Par où faut-il passer ?

L'homme au chapeau rond demeure perplexe. La mine songeuse, il vous observe en silence.

— Décidément, on voit de drôles de choses dans ce pays, soupire-t-il enfin, mais ce n'est pas mon affaire. Pour aller à Memphis, il faut passer par Albuquerque, vous avez une chance d'y arriver ce soir si votre cheval tient le coup. Ensuite vous continuerez vers l'ouest jusqu'à la rivière Pecos. De là, vous atteindrez la frontière du Texas en une longue journée. Après, vous devrez traverser le territoire des Comanches,

toujours vers l'est, en direction de Dallas. Une fois arrivée là-bas, continuez jusqu'au Mississippi, traversez-le, puis rendez-vous à Greenville où vous pourrez prendre le train pour Memphis. Surtout, ne passez pas par Vicksburg, la ville est assiégée par les Nordistes, vous resteriez bloquée pendant je ne sais combien de temps. Si les Indiens, les desperados et les armées des deux camps vous laissent passer, vous pouvez être à Memphis dans neuf jours, mais il faudra galoper sans relâche de l'aube au coucher du soleil. A mon avis, vous n'y arriverez pas, surtout pas vous.
— Et pourquoi pas moi ? vous indignez-vous.
— Je veux dire : une femme. Je vous donne au maximum quarante-huit heures à vivre, et encore, si vous avez de la chance... Le moins que l'on puisse dire, c'est que la région n'est pas sûre... Une femme seule ne peut pas survivre aux dangers du désert !
— Eh bien moi, je survivrai ! répliquez-vous d'un ton pincé, je suis aussi résistante qu'un homme et je dégaine plus vite que les cow-boys de pacotille qui traînent leurs bottes dans les environs !
— Dégainer est une chose, viser juste en est une autre. Croyez-moi, vous ne ferez pas de vieux os. Dans deux jours tout au plus, quelqu'un ou quelque chose vous aura tuée, mais si, par miracle, vous n'étiez que blessée, j'ai quelques remèdes à vous proposer pour vous remettre d'aplomb.
Jonathan Quack se lève de son siège et va chercher à l'intérieur de la carriole une caisse remplie de flacons, de pommades et de décoctions diverses.
— Et voilà, dit-il, il y a là-dedans de quoi guérir toutes les maladies et blessures que vous aurez à subir dans les heures et les jours qui viennent — si jamais ils ont le temps de venir avant que vous n'ayez succombé ! La seule chose que je ne puisse pas

faire, c'est vous ressusciter quand vous aurez été tuée. Mais tant qu'il vous restera un souffle de vie, mes potions réaliseront des miracles ! Tout cela pour un prix ridiculement bas, car vous êtes une femme et je suis galant.

L'homme au chapeau rond vous présente alors ses produits. En voici la liste avec pour chacun d'eux son prix et ses vertus. Mais méfiez-vous, car Jonathan Quack exagère sans doute ses talents de guérisseur : certains de ses remèdes sont peut-être efficaces, mais d'autres inopérants. Sans compter ceux qui pourraient même se révéler nocifs ! Soyez donc judicieuse dans votre choix. Si vous préférez ne rien acheter, rendez-vous au **225**. Si, en revanche, un ou plusieurs de ces produits vous intéressent, payez-en le prix, dans la mesure de vos moyens, puis rendez-vous aux numéros correspondants pour en savoir plus sur votre achat.

HUILE DE CROTALE : contre les morsures de serpents à sonnette 5 dollars	Rendez-vous au **192**
ESSENCE DE CACTUS : contre les piqûres de scorpions 8 dollars	Rendez-vous au **281**
POTION DE JOUVENCE : redonne vigueur et santé 10 dollars	Rendez-vous au **375**
HACHIS DE CHAMPIGNONS DU MEXIQUE : contre la fatigue 12 dollars	Rendez-vous au **312**
BAUME INDIEN : guéri les blessures 15 dollars	Rendez-vous au **102**

Si vous souhaitez faire plusieurs achats, notez bien le numéro où vous vous trouvez maintenant, car vous devrez y revenir pour savoir où vous rendre par la suite.

317

Et voilà ! Enfin, vous êtes à Memphis ! Il s'agit à présent de vous rendre au 30, University Street, dans la maison du général Wayward. *« Il m'a engagé comme précepteur de sa fille Samantha »*, a écrit Oclock le Bon dans sa lettre. Il y a peu de chance pour que le général soit chez lui, mais peut-être y trouverez-vous sa fille. A vous alors de lui arracher les informations qui vous permettront de retrouver la trace du Messager du Temps et de le délivrer des Sudistes. Le 30, University Street n'est pas difficile à trouver : un fiacre vous y amène en quelques minutes pour la modique somme de 2 dollars, pourboire compris. Mais avant de sonner à la porte de la propriété, vous allez devoir consulter votre calendrier. Quelle est la date d'aujourd'hui, jour de votre arrivée à Memphis ?

Le 30 juin ?	Rendez-vous au **218**
Le 1er juillet ?	Rendez-vous au **132**
Le 2 juillet ?	Rendez-vous au **240**
Le 3 juillet ?	Rendez-vous au **38**
Le 4 juillet ou au-delà ?	Rendez-vous au **145**

318

Vous vous apprêtez à tirer une deuxième fois, mais, une fraction de seconde avant que vous n'ayez à nouveau pressé la détente, un coup de feu retentit et le revolver de Nimbly Jack lui saute des mains comme par enchantement. Le tricheur, l'air ahuri, regarde quelqu'un derrière vous. En vous retournant, vous voyez un jeune cow-boy coiffé d'un Stetson blanc et vêtu d'une chemise jaune, d'un foulard rouge et d'un gilet noir. Une mèche de cheveux bruns dépasse de son chapeau et lui donne un air juvénile qui contraste avec l'extraordinaire assurance émanant de sa personne. C'est lui qui vient de tirer en visant avec une telle précision que le revolver de Nimbly Jack a littéralement explosé sous le choc de la balle.

— Je n'aime pas qu'on tire sur une femme, dit alors l'homme au chapeau blanc en se roulant une cigarette.

— Mais, Lucky, proteste Nimbly Jack, c'est une tricheuse !

Le cow-boy éclate de rire.

— Si on devait tirer sur tous les tricheurs, il y a longtemps que tu ne serais plus de ce monde, lance-t-il d'un air amusé.

— C'est bon, Lucky, répond Nimbly Jack, mais qu'elle me rende au moins mon argent !

— Non, qu'elle le garde ! déclare votre sauveur d'un ton sans réplique. Ce sera une bonne leçon pour toi !

Nimbly Jack ouvre la bouche, comme s'il voulait répondre, mais il se ravise, tourne les talons, puis quitte le saloon, une expression de fureur sur le visage.

— Quant à vous, Mademoiselle, reprend le cow-boy au chapeau blanc, ne jouez pas trop à ce petit jeu-là. Je ne serai pas toujours derrière vous pour vous tirer d'affaire !

Il porte deux doigts à son chapeau en guise de salut, puis quitte à son tour le saloon, sans attendre que vous l'ayez remercié. Quelque peu décontenancée, vous rangez soigneusement l'argent que vous avez gagné et vous prenez la clé de votre chambre. Ensuite, il ne vous reste plus qu'à monter à l'étage en vous rendant au **154**.

319

L'un des officiers nordistes porte un cigare à ses lèvres et cherche dans ses poches des allumettes. Voyant qu'il n'en trouve pas, vous lui en proposez. En réalité, votre geste n'est pas complètement désintéressé : vous aimeriez en effet engager la conversation avec l'un ou l'autre de ces militaires pour essayer de recueillir des informations utiles à la poursuite de votre mission. L'homme au cigare se présente : c'est un lieutenant d'infanterie du nom de Tom Grocer.

— Vous allez à Memphis ? lui demandez-vous.

— Oui. De là, nous rejoindrons l'armée du général Rosencrans à Murfreesboro, au cœur du Tennessee. Ces satanés Sudistes n'en ont plus pour très longtemps, mais ils s'acharnent. Ils croient que leurs généraux parviendront à redresser la situation. Ils comptent sur des hommes comme Bragg ou Wayward pour regagner le terrain perdu.

Ce nom de Wayward vous fait dresser l'oreille. Herbert Wayward : c'est chez lui que vous allez vous rendre dès votre arrivée à Memphis. Herbert Wayward, l'homme qui sait ce qu'il est advenu d'Oclock le Bon.

— Wayward est un bon soldat, poursuit le lieutenant Grocer, mais il sera battu, comme les autres. Il payera pour ses cruautés.

— Ses cruautés ? répétez-vous avec inquiétude.

— Avec lui, il n'y a pas de quartier : quand il fait des prisonniers, c'est pour mieux les fusiller après la bataille.

Cette remarque vous fait froid dans le dos : Oclock le Bon aurait-il été passé par les armes ?

— Mais excusez-moi, on m'appelle, dit le lieutenant en se levant.
Il vous salue, puis s'éloigne pour rejoindre ses camarades qui lui font signe à l'autre bout du bar. Ce que cet homme vient de vous dire vous tracasse et c'est en remuant de sombres pensées que vous vous rendez au **118**.

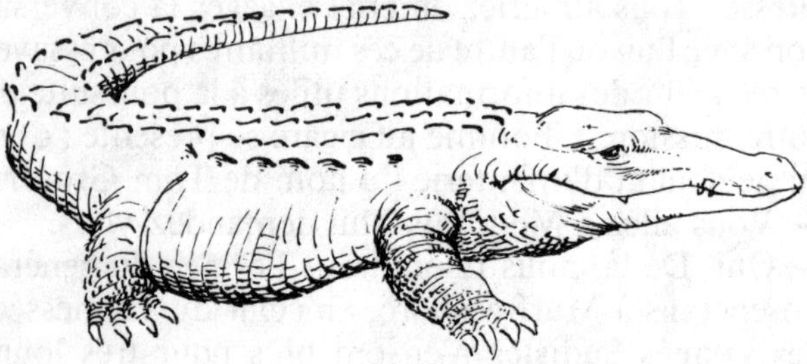

320

Voici la liste des armes, objets et vêtements que vous avez été contrainte d'abandonner aux Comanches :

Votre colt, votre carabine, toutes vos munitions
La couverture et le lasso
Le couteau et la gourde d'eau
Votre robe

En revanche, il vous reste vos dollars, vos allumettes, les potions et remèdes que vous avez éventuellement achetés à Jonathan Quack, votre chapeau et vos bottes, ainsi qu'une touffe de poils de putois, si toutefois l'Apache nommé Ours Mou vous en a donné une. Traverser le Texas sans armes serait considéré comme une véritable folie par la plupart des habitués de l'Ouest américain, surtout si l'on est une femme. C'est pourtant ce que vous allez être obligée de faire en priant le ciel pour qu'il ne vous arrive pas malheur. Dans l'immédiat, vous chevauchez pendant une bonne heure, puis vous décidez de vous arrêter pour camper jusqu'à l'aube. Profitez des dernières heures de la nuit pour bien dormir, avant de vous rendre au **261**.

321

Vous voici donc au bord du fleuve Mississippi, de l'autre côté de cette frontière naturelle qui sépare l'Est et l'Ouest des États-Unis. Vous êtes à présent à cent cinquante miles environ de Memphis où vous pourrez vous rendre par train ou par bateau. Mais avant cela, il est temps de changer de tenue et de vous débarrasser de menus objets dont vous n'aurez plus l'usage. Si, en effet, vous avez toujours votre carabine, votre lasso, votre couverture et votre gourde, vous pouvez les vendre dès maintenant pour une somme forfaitaire de 20 dollars. Il vaut mieux en revanche conserver votre couteau qui se révélera peut-être utile par la suite. Et bien entendu, il n'est pas question de vous séparer de votre revolver ! De ce côté du Mississippi, on ne voit guère de cow-boys et les vêtements que vous portez actuellement seraient très déplacés à partir de maintenant. Ils ont d'ailleurs tant pris la poussière des chemins que vous pouvez tout aussi bien les jeter, non sans avoir acheté auparavant chez un bon tailleur de Greenville un costume qui vous coûte 25 dollars. Dans vos nouveaux habits, vous êtes beaucoup plus élégant et vous pourrez vous présenter à votre avantage dans la maison du général Wayward dès que vous serez arrivé à Memphis. Dans l'immédiat, il vous faut choisir le moyen de transport qui vous semblera le meilleur pour vous y rendre. Le train qui y mène part demain matin et arrive à Memphis en fin d'après-midi. Mais vous pouvez également prendre un bateau à roue qui partira ce soir et arrivera demain à peu près à la même heure que le train. Si vous voyagez par chemin de fer, il vous en coûtera 20 dollars. Si vous préférez le bateau, vous aurez 15 dollars à débourser. A vous de choisir ! Si vous souhaitez prendre le train, rendez-vous au **181**. Si vous préférez le bateau, rendez-vous au **232**. Enfin, si vous hésitez, vous avez la possibilité de faire appel au Cheval de Brume — à condition de ne l'avoir pas déjà invoqué par deux fois — afin qu'il vous indique le meilleur choix. Rendez-vous pour cela au **279**.

322

La flatterie est certainement le meilleur moyen d'obtenir des renseignements. Vous engagez donc la conversation en vous forçant à faire un compliment.

— Votre père est un héros... commencez-vous.

— Un héros, c'est vrai, vous interrompt aussitôt Samantha, mais sachez que chacune de ses victoires est aussi la mienne ! Car même si je suis loin de lui, je reste présente à ses côtés sur le champ de bataille. Depuis qu'il est parti au front, il m'a envoyé des dizaines de lettres : dans chacune d'elles il m'écrit que c'est d'abord à moi qu'il pense lorsqu'il combat ces chiens de Yankees. Ma mère est morte il y a trois ans, il n'a plus que moi au monde : je suis sa fille unique.

Cette pimbêche égocentrique commence à vous irriter singulièrement. Dans quelques instants, elle vous expliquera qu'en réalité, c'est elle qui commande l'armée de son père !

— Voulez-vous voir quelques-unes de ces lettres ?

demande alors Samantha. Je vous autorise même à en citer des passages dans votre article.
Elle se lève de son hamac, puis vous emmène à l'intérieur de la maison. Là, elle vous précède dans une pièce qui sert de bibliothèque et s'approche d'un secrétaire dont elle ouvre l'abattant. Des piles de lettres sont rangées à l'intérieur. Elle prend l'une des missives et vous en fait lire un passage. Herbert Wayward semble en effet porter à sa fille un amour immodéré, si l'on en juge par les termes excessifs qu'il emploie pour lui exprimer son affection. Ces débordements sentimentaux n'ont aucun intérêt à vos yeux, mais vous demandez malgré tout l'autorisation à Samantha de lire d'autres lettres en espérant y découvrir cette fois des éléments utiles. La fille du général ne se fait pas prier : elle prend l'une des piles rangées dans le secrétaire et vous invite à revenir sous la véranda où vous pourrez les lire plus confortablement. Après avoir repris place dans le rocking-chair, vous parcourez les missives du général Wayward, tandis que le Noir au banjo joue un petit air pour distraire sa maîtresse. Les fadaises que le général Wayward envoie à sa fille vous semblent bien fastidieuses. Soudain, pourtant, une phrase retient votre attention : « Ce traître de John Goodman, est-il écrit, recevra le moment venu le châtiment qu'il mérite. » John Goodman ! C'est le nom que Oclock le Bon avait adopté au cours de sa mission à la surface de la Terre.
— Qui est donc ce traître dont votre père parle dans cette lettre ? demandez-vous du ton le plus innocent.
— Vous voulez dire John Goodman ? Ce misérable ! s'écrie Samantha avec fureur. Il a réussi à gagner la confiance de mon père, alors qu'en fait, il l'espionnait pour le compte des Nordistes. Figurez-vous que Papa

l'avait même engagé comme précepteur pour me donner des leçons de philosophie ! La philosophie de la trahison !
Vous avez du mal à conserver votre calme : entendre parler ainsi de Oclock le Bon vous met en fureur, mais vous vous efforcez de n'en rien laisser paraître.
— Et où se trouve ce John Goodman, à présent ?
— Quelque part dans un camp de prisonniers, je ne me souviens plus où exactement. En tout cas, mon père m'a raconté son arrestation dans l'une de ses lettres.
— Pourrais-je lire cette lettre ? demandez-vous aussitôt.
— Bah, à quoi bon ? C'est sans importance... Tout ce que je peux vous dire, c'est que John Goodman sera fusillé le 4 juillet, jour de la fête nationale. Ainsi en a décidé mon père afin de faire un exemple.
Le 4 juillet, c'est-à-dire demain ! Vous n'avez plus que quelques heures pour le délivrer !
— Et maintenant, excusez-moi, dit Samantha, mais je dois partir. Je suis invitée à une soirée. Revenez demain, si vous le désirez, je vous montrai d'autres documents. Jessie va vous raccompagner à votre hôtel, ajoute-t-elle en montrant d'un signe de tête le Noir qui continue de jouer du banjo.
Vous vous levez, vous saluez votre hôtesse et vous vous dirigez vers la porte. Vous vous trouvez alors nez à nez avec un colosse qui tient en laisse un lévrier.
— Gallio, mon trésor ! s'écrie Samantha.
Le colosse lâche aussitôt le lévrier qui se précipite dans les bras de la jeune femme.
— Zénon, va préparer le dîner de Gallio, dit Samantha au colosse. Cette pauvre bête meurt de faim.
— Bien, Madame, répond le dénommé Zénon en tournant les talons.

322 *Sous la véranda, le Noir au banjo joue un petit air pour distraire sa maîtresse.*

Cet homme immense et ce lévrier d'apparence si fragile forment un couple étrange, à la fois inquiétant et ridicule. Vous avez cependant d'autres soucis en tête : comment faire pour délivrer Oclock le Bon en si peu de temps ? C'est ce que vous vous demandez, tandis que le joueur de banjo vous emmène au-dehors et vous fait monter dans un tilbury découvert. Il s'assied ensuite sur le siège du cocher et le cabriolet s'élance dans l'allée. Vous avez donné au cocher l'adresse de votre hôtel, mais il ne semble pas se hâter de vous y conduire. Il vous lance par moments des regards gênés, comme s'il voulait vous parler sans oser le faire.

— Je... J'aurais voulu vous dire... balbutie-t-il enfin.

— Oui ? Allez-y, parlez sans crainte.

— C'est... C'est à propos de John Goodman...

L'homme s'interrompt un instant.

— Vous le connaissiez ? lui demandez-vous.

— Oui, bien sûr... C'est... C'est un homme très bon... Je regrette que... qu'on le fusille demain...

Le destin vous sourit : cet homme pourrait vous être d'une aide précieuse !

— Il y a peut-être un moyen de le sauver, lui répondez-vous.

— Mais... Comment ? Le général Wayward est...

Il hésite à poursuivre.

— Un homme très cruel, achevez-vous à sa place.

Jessie paraît alors soulagé, comme s'il était sûr, à présent, qu'il peut vous faire confiance.

— Connaissez-vous l'endroit exact où il est prisonnier ? interrogez-vous.

— Non, répond Jessie, mais le général a parlé de ce camp dans l'une de ses lettres. La lettre se trouve dans le secrétaire... Je... Je pourrais laisser la porte de derrière ouverte, cette nuit...

— Ce serait une très bonne idée... approuvez-vous.
— A partir de dix heures, tout le monde dort et la fille du général ne sera sans doute pas rentrée avant minuit... Mais il faut se méfier de Gallio, le lévrier... La nuit, il reste en liberté dans la maison, et c'est un chien méchant... Et puis surtout, il y a Zénon... Mais il sera avec la maîtresse. C'est lui qui conduit son carrosse. Il y aura une lampe à pétrole sur la table, près de la porte de derrière...
Vous êtes à présent arrivés devant l'hôtel : il ne vous reste plus qu'à attendre dix heures du soir, heure à laquelle vous retournerez dans la maison du général Wayward pour essayer coûte que coûte de retrouver cette lettre. Si vous y parvenez, peut-être réussirez-vous à accomplir l'impossible. Vous remerciez Jessie qui repart dans le tilbury et vous rentrez à l'hôtel. Si c'est aujourd'hui que vous avez atteint Memphis — et à cette condition seulement — vous pouvez prendre un repas qui vous coûtera 2 dollars et vous permettra de regagner 2 points de FORCE. Enfin, vers dix heures, vous revenez devant la maison de Samantha Wayward et vous vous glissez dans le jardin. Jessie a dit vrai : tout le monde dort et la porte de derrière est ouverte. A l'endroit indiqué, vous trouvez la lampe à pétrole que vous allumez en ne laissant brûler qu'une flamme minuscule. Le premier obstacle surgit alors : Gallio le lévrier a senti votre présence et il se précipite sur vous.
Si vous avez une touffe de poils de putois, rendez-vous au **16**. Si vous avez du hachis de champignons du Mexique, rendez-vous au **164**. Si vous avez un poignard, rendez-vous au **197**. Enfin, si vous n'avez rien de tout cela, rendez-vous au **278**. Si vous possédez plusieurs des objets indiqués, choisissez celui que vous souhaitez utiliser, puis rendez-vous au numéro correspondant.

323

— Tramposa ! lance le Mexicain d'une voix sourde.

Vous n'avez aucune difficulté à comprendre les langues étrangères et vous savez donc que « tramposa » signifie : tricheuse !

— Que dis-tu, Pipo ? s'étonne Oliver. La demoiselle est une tricheuse ? Entends-tu, Stan ?

— J'ai entendu, Oliver. Mais de toute façon, pour moi, ça ne change rien : je perds toujours au poker...

Stan se gratte le sommet du crâne en souriant niaisement.

— D'ailleurs, ajoute-t-il, je n'ai jamais réussi à comprendre les règles...

Oliver pousse un profond soupir.

— Quel idiot tu fais, Stan ! dit-il en hochant la tête d'un air désolé.

— J'ai toujours été idiot, Oliver, réplique Stan, c'est pour ça que nous nous entendons si bien !

Si vous n'aviez affaire qu'à ces deux farfelus, vous pourriez sans doute vous tirer à votre avantage de cette situation. Malheureusement, le Mexicain semble beaucoup moins naïf et il est bien décidé à récupérer l'argent que vous vous êtes frauduleusement approprié.

— Tramposa ! répète-t-il en se levant d'un bond. Rends-nous l'argent !

— Pipo a raison, intervient alors Nimbly Jack, j'ai vu la demoiselle tricher. Elle s'est distribué les meilleures cartes et au tour d'avant, elle a pris discrètement dans le talon celles qui l'arrangeaient.

— Et c'est un connaisseur qui parle ! fait remarquer quelqu'un.

— Ouais, Pipo et Nimbly Jack ont raison ! L'étrangère est une tricheuse ! s'exclame un cow-boy.

— Une tricheuse, pour sûr ! répètent plusieurs voix.
— Allez chercher le goudron et les plumes les gars, on va s'amuser un peu !
— Ouais, on va lui faire passer le goût du poker !
— Le poker, c'est pas pour les filles !
Vous voilà dans une situation tout à fait désagréable. Sans possibilité de fuir ni de résister, compte tenu du nombre de vos adversaires, vous n'avez plus qu'à accepter votre sort qui s'annonce peu enviable. On va en effet vous rouler dans le goudron, puis ensuite dans un tas de plumes. On vous promènera alors en ville, à cheval sur une barre de fer. Vous allez être malmenée, brutalisée, humiliée, bref, vous allez subir la rude loi de l'Ouest où la galanterie n'existe guère... A moins que...
— Personne ne touchera à cette jeune fille !
L'homme a parlé d'une voix calme, sans hausser le ton. Vous vous tournez vers lui : il est jeune, coiffé d'un Stetson blanc et vêtu d'une chemise jaune, d'un foulard rouge et d'un gilet noir. Une mèche de cheveux bruns qui dépasse de son chapeau lui donne un air juvénile qui contraste avec l'extraordinaire assurance dont il fait preuve. Lorsqu'il a parlé, tout le monde s'est tu et ceux qui s'apprêtaient à aller chercher le goudron et les plumes semblent avoir brusquement renoncé à leur projet.
— Elle a triché, c'est au shérif de s'en occuper, reprend le cow-boy au chapeau blanc.
— Ne t'énerve pas, Lucky, dit quelqu'un dans la salle, on voulait simplement s'offrir un peu de bon temps.
— Je ne m'énerve pas, réplique le cow-boy en se roulant une cigarette. Mais il y a d'autres manières de s'offrir du bon temps et celui qui touchera à cette jeune fille aura des embêtements, pour sûr.

Il s'approche alors de vous et vous prend par le bras.

— Venez, dit-il, on va chez le shérif.

Il y a un tel ton d'autorité dans sa voix que vous ne songez même pas à discuter. Ce cow-boy est probablement le meilleur tireur de la région, peut-être même du pays, et vous avez l'intuition qu'un duel avec lui aurait tôt fait de vous mener six pieds sous terre ! Sans un mot, l'homme au chapeau blanc vous emmène au bureau du shérif. Celui-ci, apprenant que vous avez triché au jeu, vous condamne à un jour et deux nuits de prison. Vous vous retrouvez donc derrière les barreaux après avoir été délestée de *tout* l'argent que vous aviez gagné en trichant, *plus* vos deux mises successives, à titre d'amende. Au cours de la journée, il se peut que vous ayez poursuivi et rattrapé un jeune Mexicain qui vous avait volé de l'argent. Si tel est le cas, peut-être lui avez-vous donné, par compassion, quelques dollars ? Si vous lui avez fait l'aumône *d'au moins* 3 dollars, rendez-vous au **37**. Si vous n'avez pas eu affaire à ce Mexicain, ou si vous lui avez donné *moins* de 3 dollars, rendez-vous au **294**.

324

D'une voix timide, vous demandez aux quatre Indiens s'ils n'ont pas vu un jeune garçon à cheval s'enfuir sur l'un des chemins qui se croisent en cet endroit. Les Indiens ne vous répondent pas, ou plutôt, ils vous répondent à leur manière : par gestes. Chacun d'eux en effet, d'une ou des deux mains, vous fait un signe qui veut sans doute dire quelque chose, mais vous ne savez pas quoi.

L'un d'eux signifie que votre voleur a emprunté le chemin devant lequel se trouve l'Indien qui vous adresse ce signe. Les autres signes n'ont aucun rapport avec votre question. A vous de décider à présent quelle direction prendre. Voici ces quatre signes

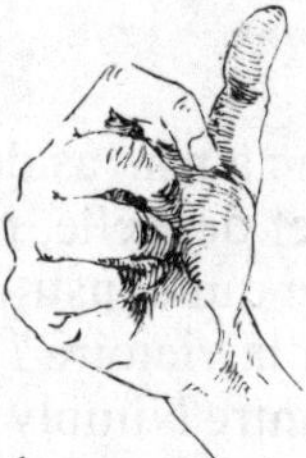

1

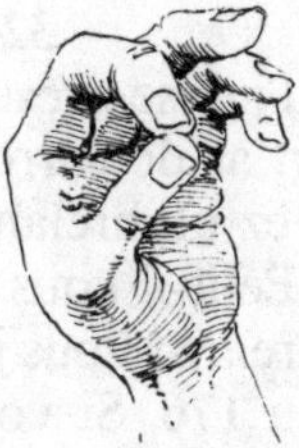

2

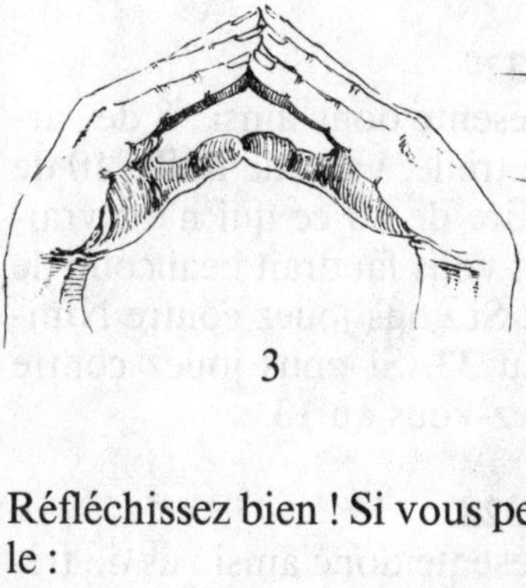

3

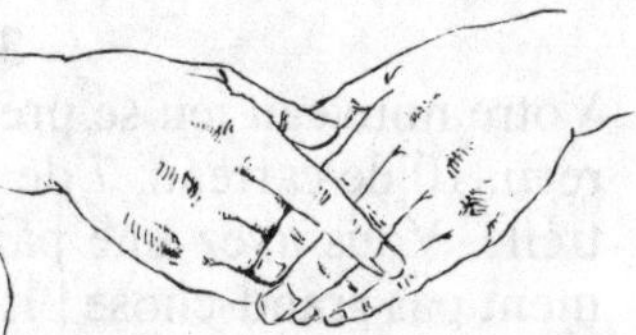

4

Réfléchissez bien ! Si vous pensez que le bon signe est le :

1 Rendez-vous au **35**
2 Rendez-vous au **46**
3 Rendez-vous au **77**
4 Rendez-vous au **171**

325

Votre nouveau jeu se présente donc ainsi : 8 de carreau, 10 de carreau, as de pique, as de carreau, 3 de cœur. Vous avez une paire d'as, ce qui est mieux que rien, mais ne saurait vous garantir la victoire. Il vous faudrait même beaucoup de chance pour l'emporter ! Si vous jouez contre Nimbly Jack, rendez-vous au **33**. Si vous jouez contre Oliver et ses amis, rendez-vous au **22**.

326

Votre nouveau jeu se présente donc ainsi : as de trèfle, as de cœur, as de carreau, valet de trèfle, roi de cœur. Vous avez un brelan d'as, ce qui constitue un assez bon jeu. Peut-il vous garantir la victoire ? C'est une autre affaire... Si vous jouez contre Nimbly Jack, rendez-vous au **176**. Si vous jouez contre Oliver et ses amis, rendez-vous au **79**.

327

Votre nouveau jeu se présente donc ainsi : 8 de carreau, 10 de carreau, 7 de trèfle, valet de trèfle, 10 de trèfle. Vous avez une paire de 10 ce qui n'est vraiment pas grand-chose ! Il vous faudrait beaucoup de chance pour l'emporter ! Si vous jouez contre Nimbly Jack, rendez-vous au **33**. Si vous jouez contre Oliver et ses amis, rendez-vous au **13**.

328

Votre nouveau jeu se présente donc ainsi : as de trèfle, as de cœur, 9 de trèfle, dame de pique, valet de trèfle. Vous avez une paire d'as, ce qui est mieux que rien mais ne saurait vous garantir la victoire ! Il vous faudrait même beaucoup de chance pour l'emporter ! Si vous jouez contre Nimbly Jack, rendez-vous au **33**. Si vous jouez contre Oliver et ses amis, rendez-vous au **22**.

329

Votre nouveau jeu se présente donc ainsi : 8 de carreau, 10 de carreau, valet de trèfle, valet de carreau, 10 de cœur. Vous avez une paire de valets et une paire de 10, ce qui constitue un jeu honorable. Peut-il vous garantir la victoire ? C'est une autre affaire... Si vous jouez contre Nimbly Jack, rendez-vous au **176**. Si vous jouez contre Oliver et ses amis, rendez-vous au **79**.

330

Votre nouveau jeu se présente donc ainsi : as de trèfle, as de cœur, dame de trèfle, 9 de carreau, 9 de cœur. Vous avez une paire d'as et une paire de 9, ce qui constitue un jeu fort honorable. Peut-il vous garantir la victoire ? C'est une autre affaire... Si vous jouez contre Nimbly Jack, rendez-vous au **176**. Si vous jouez contre Oliver et ses amis, rendez-vous au **79**.

331

Votre nouveau jeu se présente donc ainsi : 5 de trèfle, 2 de trèfle, as de pique, as de carreau, 3 de cœur. Vous avez une paire d'as, ce qui est mieux que rien, mais ne saurait vous garantir la victoire. Il vous faudrait même beaucoup de chance pour l'emporter ! Si vous jouez contre Nimbly Jack, rendez-vous au **33**. Si vous jouez contre Oliver et ses amis, rendez-vous au **22**.

332

Votre nouveau jeu se présente donc ainsi : dame de carreau, dame de cœur, valet de trèfle, as de carreau, roi de cœur. Vous avez une paire de dames, ce qui ne représente pas grand-chose ! Il vous faudrait beaucoup de chance pour l'emporter ! Si vous jouez contre Nimbly Jack, rendez-vous au **33**. Si vous jouez contre Oliver et ses amis, rendez-vous au **22**.

333

Votre nouveau jeu se présente donc ainsi : 5 de trèfle, 2 de trèfle, valet de trèfle, 10 de trèfle. Vous avez une couleur, ce qui constitue un très bon jeu. Si vous jouez contre Nimbly Jack, rendez-vous au **50**. Si vous jouez contre Oliver et ses amis, rendez-vous au **15**.

334

Votre nouveau jeu se présente donc ainsi : dame de carreau, dame de cœur, dame de pique, 9 de trèfle, valet de trèfle. Vous avez un brelan de dames, ce qui constitue un jeu fort honorable. Peut-il vous garantir la victoire ? C'est une autre affaire... Si vous jouez contre Nimbly Jack, rendez-vous au **176**. Si vous jouez contre Oliver et ses amis, rendez-vous au **79**.

335

Votre nouveau jeu se présente donc ainsi : 5 de trèfle, 2 de trèfle, valet de trèfle, valet de carreau, 10 de cœur. Vous avez une paire de valets, ce qui ne représente pas grand-chose ! Il vous faudrait beaucoup de chance pour l'emporter ! Si vous jouez contre Nimbly Jack, rendez-vous au **33**. Si vous jouez contre Oliver et ses amis, rendez-vous au **22**.

336

Votre nouveau jeu se présente donc ainsi : dame de carreau, dame de cœur, dame de trèfle, 9 de carreau, 9 de cœur. Vous avez un full aux dames par les 9, ce qui constitue un très bon jeu. Vous avez toutes les chances de gagner ! Si vous jouez contre Nimbly Jack, rendez-vous au **50**. Si vous jouez contre Oliver et ses amis, rendez-vous au **15**.

337

Votre nouveau jeu se présente donc ainsi : as de cœur, as de pique, as de carreau, valet de cœur, 3 de cœur. Vous avez un brelan d'as, ce qui constitue un assez bon jeu. Peut-il vous garantir la victoire ? C'est une autre affaire... Si vous jouez contre Nimbly Jack, rendez-vous au **176**. Si vous jouez contre Oliver et ses amis, rendez-vous au **79**.

338

Votre nouveau jeu se présente donc ainsi : as de trèfle, as de carreau, roi de trèfle, roi de cœur, valet de trèfle. Vous avez une paire d'as et une paire de rois, ce qui constitue un jeu fort honorable. Peut-il vous garantir la victoire ? C'est une autre affaire... Si vous jouez contre Nimbly Jack, rendez-vous au **176**. Si vous jouez contre Oliver et ses amis, rendez-vous au **79**.

339

Votre nouveau jeu se présente donc ainsi : as de cœur, valet de cœur, 7 de trèfle, valet de trèfle, 10 de trèfle. Vous avez une paire de valets, ce qui ne représente pas grand-chose ! Il vous faudrait beaucoup de chance pour l'emporter ! Si vous jouez contre Nimbly Jack, rendez-vous au **33**. Si vous jouez contre Oliver et ses amis, rendez-vous au **22**.

340

Votre nouveau jeu se présente donc ainsi : as de trèfle, roi de trèfle, 9 de trèfle, dame de pique, valet de trèfle. C'est là un jeu très mauvais qui ne vous donne pratiquement aucune chance de gagner ! Si vous jouez contre Nimbly Jack, rendez-vous au **33**. Si vous jouez contre Oliver et ses amis, rendez-vous au **13**.

341

Votre nouveau jeu se présente donc ainsi : as de cœur, valet de cœur, valet de trèfle, valet de carreau, 10 de cœur. Vous avez un brelan de valets, ce qui constitue un jeu honorable. Peut-il vous garantir la victoire ? C'est une autre affaire... Si vous jouez contre Nimbly Jack, rendez-vous au **176**. Si vous jouez contre Oliver et ses amis, rendez-vous au **79**.

342

Votre nouveau jeu se présente donc ainsi : as de trèfle, roi de trèfle, dame de trèfle, 9 de carreau, 9 de cœur. Vous avez une paire de 9, ce qui ne représente vraiment pas grand-chose. Il vous faudrait beaucoup de chance pour l'emporter ! Si vous jouez contre Nimbly Jack, rendez-vous au **33**. Si vous jouez contre Oliver et ses amis, rendez-vous au **13**.

343

Votre nouveau jeu se présente donc ainsi : as de trèfle, as de pique, as de carreau, roi de trèfle, 3 de cœur. Vous avez un brelan d'as, ce qui constitue un bon jeu. Peut-il vous garantir la victoire ? C'est une autre affaire... Si vous jouez contre Nimbly Jack, rendez-vous au **176**. Si vous jouez contre Oliver et ses amis, rendez-vous au **79**.

344

Votre nouveau jeu se présente donc ainsi : as de cœur, valet de cœur, valet de trèfle, as de carreau, roi de cœur. Vous avez une paire d'as et une paire de valets, ce qui constitue un jeu fort honorable. Peut-il vous garantir la victoire ? C'est une autre affaire... Si vous jouez contre Nimbly Jack, rendez-vous au **176**. Si vous jouez contre Oliver et ses amis, rendez-vous au **79**.

345

Votre nouveau jeu se présente donc ainsi : as de trèfle, roi de trèfle, 7 de trèfle, valet de trèfle, 10 de trèfle. Vous avez une couleur, ce qui constitue un très bon jeu. Si vous jouez contre Nimbly Jack, rendez-vous au **50**. Si vous jouez contre Oliver et ses amis, rendez-vous au **15**.

346

Votre nouveau jeu se présente donc ainsi : as de cœur, valet de cœur, 9 de trèfle, dame de pique, valet de trèfle. Vous avez une paire de valets, ce qui ne représente pas grand-chose ! Il vous faudrait beaucoup de chance pour l'emporter ! Si vous jouez contre Nimbly Jack, rendez-vous au **33**. Si vous jouez contre Oliver et ses amis, rendez-vous au **22**.

347

Votre nouveau jeu se présente donc ainsi : as de trèfle, roi de trèfle, valet de trèfle, valet de carreau, 10 de cœur. Vous avez une paire de valets, ce qui ne représente pas grand-chose ! Il vous faudrait beaucoup de chance pour l'emporter ! Si vous jouez contre Nimbly Jack, rendez-vous au **33**. Si vous jouez contre Oliver et ses amis, rendez-vous au **22**.

348

Votre nouveau jeu se présente donc ainsi : as de cœur, valet de cœur, dame de trèfle, 9 de carreau, 9 de cœur. Vous avez une paire de 9, ce qui ne représente vraiment pas grand-chose ! Il vous faudrait beaucoup de chance pour l'emporter ! Si vous jouez contre Nimbly Jack, rendez-vous au **33**. Si vous jouez contre Oliver et ses amis, rendez-vous au **13**.

349

Votre nouveau jeu se présente donc ainsi : dane de carreau, dame de cœur, as de pique, as de carreau, 3 de cœur. Vous avez une paire d'as et une paire de dames, ce qui constitue un jeu fort honorable. Mais peut-il vous garantir la victoire ? C'est une autre affaire... Si vous jouez contre Nimbly Jack, rendez-vous au **176**. Si vous jouez contre Oliver et ses amis, rendez-vous au **79**.

350

Votre nouveau jeu se présente donc ainsi : 5 de trèfle, 2 de trèfle, valet de trèfle, as de carreau, roi de cœur. C'est là un jeu très mauvais qui ne vous donne pratiquement aucune chance de gagner ! Si vous jouez contre Nimbly Jack, rendez-vous au **33**. Si vous jouez contre Oliver et ses amis, rendez-vous au **13**.

351

Votre nouveau jeu se présente donc ainsi : dame de carreau, dame de cœur, 7 de trèfle, valet de trèfle, 10 de trèfle. Vous avez une paire de dames, ce qui ne représente pas grand-chose ! Il vous faudrait beaucoup de chance pour l'emporter ! Si vous jouez contre Nimbly Jack, rendez-vous au **33**. Si vous jouez contre Oliver et ses amis, rendez-vous au **22**.

352

Votre nouveau jeu se présente donc ainsi : 5 de trèfle, 2 de trèfle, 9 de trèfle, dame de pique, valet de trèfle. C'est là un jeu très mauvais qui ne vous donne pratiquement aucune chance de gagner ! Si vous jouez contre Nimbly Jack, rendez-vous au **33**. Si vous jouez contre Oliver et ses amis, rendez-vous au **13**.

353

Votre nouveau jeu se présente donc ainsi : dame de carreau, dame de cœur, valet de trèfle, valet de carreau, 10 de cœur. Vous avez une paire de dames et une paire de valets, ce qui constitue un jeu honorable. Peut-il vous garantir la victoire ? C'est une autre affaire... Si vous jouez contre Nimbly Jack, rendez-vous au **176**. Si vous jouez contre Oliver et ses amis, rendez-vous au **79**.

354

Votre nouveau jeu se présente donc ainsi : 5 de trèfle, 2 de trèfle, dame de trèfle, 9 de carreau, 9 de cœur. Vous avez une paire de 9, ce qui ne représente vraiment pas grand-chose ! Il vous faudrait beaucoup de chance pour l'emporter ! Si vous jouez contre Nimbly Jack, rendez-vous au **33**. Si vous jouez contre Oliver et ses amis, rendez-vous au **13**.

355

Votre nouveau jeu se présente donc ainsi : as de trèfle, as de cœur, as de pique, as de carreau, 3 de cœur. Vous avez un carré d'as ! C'est un jeu pratiquement imbattable ! Vous avez eu une chance exceptionnelle ! ! ! Si vous jouez contre Nimbly Jack, rendez-vous au **270**. Si vous jouez contre Oliver et ses amis, rendez-vous au **290**.

356

Votre nouveau jeu se présente donc ainsi : 8 de carreau, 10 de carreau, valet de trèfle, as de carreau, roi de cœur. C'est là un jeu très mauvais qui ne vous donne pratiquement aucune chance de gagner ! Si vous jouez contre Nimbly Jack, rendez-vous au **33**. Si vous jouez contre Oliver et ses amis, rendez-vous au **13**.

357

Votre nouveau jeu se présente donc ainsi : as de trèfle, as de cœur, 7 de trèfle, 10 de trèfle. Vous avez une paire d'as, ce qui est mieux que rien, mais ne saurait vous garantir la victoire. Il vous faudrait même beaucoup de chance pour l'emporter ! Si vous jouez contre Nimbly Jack, rendez-vous au **33**. Si vous jouez contre Oliver et ses amis, rendez-vous au **22**.

358

Votre nouveau jeu se présente donc ainsi : 8 de carreau, 9 de trèfle, 10 de carreau, valet de trèfle, dame de pique. Vous avez une quinte, c'est-à-dire cinq cartes qui se suivent par ordre de valeur croissante. Voilà un très bon jeu qui vous donne toutes les chances de gagner ! Si vous jouez contre Nimbly Jack, rendez-vous au **50**. Si vous jouez contre Oliver et ses amis, rendez-vous au **15**.

359

Votre nouveau jeu se présente donc ainsi : as de trèfle, as de cœur, valet de trèfle, valet de carreau, 10 de cœur. Vous avez une paire d'as et une paire de valets, ce qui constitue un jeu très honorable. Peut-il vous garantir la victoire ? C'est une autre affaire... Si vous jouez contre Nimbly Jack, rendez-vous au **176**. Si vous jouez contre Oliver et ses amis, rendez-vous au **79**.

360

Votre nouveau jeu se présente donc ainsi : 8 de carreau, 10 de carreau, dame de trèfle, 9 de carreau, 9 de cœur. Vous avez une paire de 9, ce qui n'est vraiment pas grand-chose ! Il vout faudrait beaucoup de chance pour l'emporter ! Si vous jouez contre Nimbly Jack, rendez-vous au **33**. Si vous jouez contre Oliver et ses amis, rendez-vous au **13**.

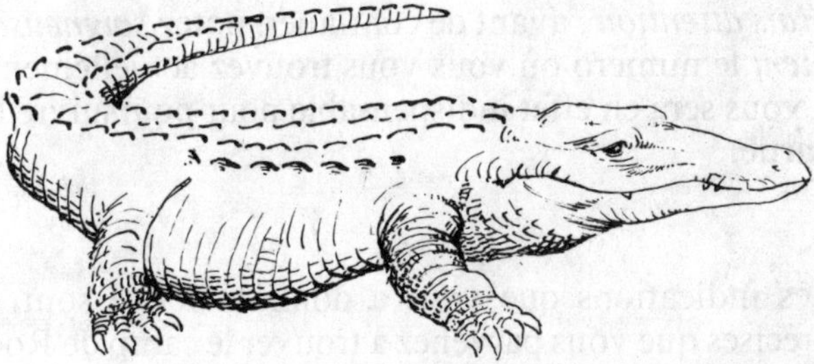

361

Vous vous couchez et vous passez une bonne nuit jusqu'à l'aube. Dès les premières lueurs du jour, vous vous réveillez, vous vous habillez et vous quittez l'hôtel pour continuer votre voyage en vous rendant au **141**.

362

Voici les cartes qui vous reviennent : 6 de carreau, 5 de trèfle, 8 de cœur, 2 de trèfle, 10 de pique.

Ce n'est pas un jeu très favorable et vous décidez, comme vous en avez le droit au poker, d'échanger certaines de vos cartes. Vous ne gardez que le 2 et le 5 de trèfle en espérant obtenir trois autres cartes de même couleur, ce qui constituerait alors un bon jeu. Vous demandez donc trois cartes. Lancez à nouveau un dé. Si vous faites :

1	Rendez-vous au **231**
2	Rendez-vous au **245**
3	Rendez-vous au **148**
4	Rendez-vous au **27**
5	Rendez-vous au **217**
6	Rendez-vous au **302**

Mais attention : avant de continuer, notez *soigneusement* le numéro où vous vous trouvez actuellement, il vous sera en effet indispensable pour poursuivre la partie.

363

Les indications que vous a données Jessie sont si précises que vous parvenez à trouver le camp de Rottenwood au moment où les premières lueurs du soleil apparaissent à l'horizon. Vous avez galopé toute la nuit et votre cheval est fourbu, mais il n'a pas faibli. Derrière les grilles du camp, vous apercevez les prisonniers qui sont déjà levés. Et soudain... Oui ! C'est lui ! Là-bas ! C'est Oclock le Bon ! Vivant ! Il n'est pas trop tard ! Lorsqu'elle voit surgir un colonel confédéré, la sentinelle postée à l'entrée ne fait aucune difficulté pour vous laisser entrer. Vous mettez aussitôt pied à terre et vous vous ruez dans le bureau du commandant en brandissant votre ordre de libération. Le moment crucial est venu : l'officier

363 *Derrière les grilles du camp, vous apercevez soudain... Oclock le Bon !*

va-t-il croire à la réalité de votre document ? Si vous possédez le talent de DESSINATEUR, rendez-vous au **384**. Dans le cas contraire, rendez-vous au **383**.

364

Il vous semble apercevoir un nuage de poussière au loin et vous galopez dans cette direction. Le terrain, cependant est très inégal et votre cheval a du mal à aller aussi vite que vous le souhaiteriez. Quelques instants plus tard, le nuage de poussière a disparu. Sans doute le garçon au sombrero a-t-il bifurqué derrière l'une des nombreuses collines qui se dressent alentour. Vous arrivez alors à un croisement et vous vous arrêtez net : quatre Indiens sont assis aux quatre coins de cette croisée des chemins. Immobiles, silencieux, ils paraissent ne pas vous voir et vous vous demandez ce qu'il convient de faire. Si vous souhaitez demandez aux Indiens de vous indiquer dans quelle direction votre voleur s'est enfui, rendez-vous au **324**. Si vous souhaitez faire appel au Cheval de Brume pour qu'il vous montre le bon chemin, rendez-vous au **156**. Enfin, si vous estimez préférable de renoncer à poursuivre le garçon au sombrero, de peur de perdre trop de temps, revenez vers le lit asséché de la rivière, puis continuez votre route en vous rendant au **114**.

365

Vous éprouvez en ces lieux une étrange impression de bien-être, comme si une force mystérieuse vous enveloppait d'un cocon protecteur. La caverne est grande et chaque bruit que vous faites est amplifié par l'écho dans des profondeurs que vous ne pouvez distinguer à la seule clarté de votre lampe. Prudemment, vous avancez sous la voûte hérissée de stalactites : vous avez le sentiment qu'on guide vos pas diat, c'est de vous rendre au plus tôt à Memphis, chez le général Wayward. Là, vous essaierez de retrouver la piste du Messager du Temps. C'est un très long chemin que vous allez devoir parcourir et il faudra vous hâter. Le moment est d'ailleurs venu de quitter la caverne. Par respect pour la mémoire d'Hashkala, vous remettez le poignard à l'endroit où vous l'avez découvert, puis vous basculez la pierre dans l'autre sens pour la replacer dans sa position d'origine. Bien qu'il soit impossible aux hommes de déchiffrer le langage codé dans lequel Oclock le Bon a rédigé son message, vous prenez la précaution de brûler le morceau de papier à la flamme de votre lampe. Il vaut mieux effacer toute trace des révélations que ces lignes contiennent. Avant de repartir, vous restez un instant immobile, contemplant le fond de la caverne dans laquelle Hashkala repose : vous sentez alors naître en vous un espoir d'une étrange intensité ; vous avez soudain la certitude qu'il n'est pas trop tard : Oclock le Bon est vivant, il suffit d'agir avec rapidité et discernement pour réussir à le sauver. Cet espoir est si fort qu'il vous anime d'une énergie nouvelle qui vous fait gagner 3 points de FORCE, *même si votre total de Force n'a subi aucune diminution depuis votre arrivée à la surface de la Terre.* Lentement, vous ramassez votre lampe, puis vous revenez sur vos pas pour sortir de la caverne. Si vous êtes le Prince du Temps, rendez-vous au **131**. Si vous êtes la Princesse du Temps, rendez-vous au **85**.

366

— Tu peux dire adieu à tes dollars, étranger ! s'exclame le dénommé Oliver tandis que vous vous installez à une table face à Nimbly Jack.

— Silence, Oliver, réplique ce dernier, cette partie sera loyale, comme toujours avec moi !

Un éclat de rire général salue cette déclaration, et vous commencez à vous demander si vous avez bien fait d'accepter de jouer avec l'homme à la redingote noire. Il est cependant trop tard pour reculer. Si vous avez le talent de PRESTIDIGITATEUR, rendez-vous au **143**. Dans le cas contraire, rendez-vous au **379**.

367

Vous attrapez par la bride un cheval blanc sur lequel vous sautez d'un bond. Vous lancez l'animal au galop en jetant de temps à autre des regards derrière vous et vous constatez avec satisfaction que personne ne vous poursuit. Les Comanches sont-il toujours perdus dans leur hallucination collective ? Vous n'en savez rien et peu importe. Après avoir parcouru une vingtaine de miles sans désemparer, vous ralentissez quelque peu l'allure pour faire le point de la situation. Tout d'abord, il vous faut calculer le total de MAÎTRISE et de FORCE de votre nouveau cheval. Procédez pour cela de la manière habituelle. Ensuite, vous devrez faire l'inventaire de tout ce que vous avez perdu en renonçant à retrouver votre propre cheval. Rendez-vous pour cela au **86** si vous êtes le Prince du Temps ou au **100** si vous êtes la Princesse du Temps.

368

La chambre d'hôtel dans laquelle vous allez passer la nuit vous coûte 3 dollars. Si vous n'avez plus de revolver, vous devrez obligatoirement en acheter un au prix de 30 dollars, holster et ceinturon compris. Vous aurez aussi besoin de munitions (30 cartouches) que vous payerez 10 dollars. Notez dès à présent cet achat, si nécessaire. Lorsque vous serez arrivé à Greenville, avant-dernière étape de votre voyage, il vous faudra des vêtements plus élégants que ceux que vous portez actuellement. Il vous en coûtera 25 dollars que vous avez intérêt à mettre de côté dès maintenant. Sans doute avez-vous faim après celle longue journée : pour 2 dollars vous ferez un solide repas qui vous rapportera 2 points de FORCE. Si vous avez toujours votre cheval, un employé de l'hôtel lui donnera un sac d'avoine qui lui permettra de regagner également 2 points de FORCE. Il se peut que votre voyage ait été particulièrement éprouvant : dans ce cas, si votre total de FORCE est tombé à un niveau inquiétant, vous pouvez essayer de l'améliorer, à la condition expresse que vous ayez acheté à Jonathan Quack de la potion de jouvence ou du hachis de champignons du Mexique. Mais attention : sachez que si vous décidez d'utiliser l'un ou l'autre de ces produits, ce sera *à vos risques et périls ;* ils sont peut-être efficaces, peut-être pas... Si vous avez de la potion de jouvence et que vous souhaitiez en boire, rendez-vous au **373**. Si vous avez du hachis de champignons du Mexique et que vous souhaitiez en manger, rendez-vous au **202**. Enfin, si votre total de FORCE est satisfaisant, ou si vous préférez ne pas vous risquer à absorber les produits de Jonathan Quack, rendez-vous au **361**.

369

Vous dégainez votre revolver et vous pressez la détente. Bravo ! Vous avez été suffisamment rapide : la balle fait exploser la tête du serpent, vous sauvant ainsi la vie, mais vous l'avez échappé belle ! Vous rengainez votre arme et vous jetez un coup d'œil autour de vous : dans ce désert, tout paraît à la fois semblable et différent. Tout à coup, vous vous demandez si vous êtes dans la bonne direction pour retourner vers Albuquerque. D'après la position du soleil, il devrait vous suffire de continuer tout droit, mais vous n'en avez pas la certitude. Après tout, peut-être risquez-vous de perdre trop de temps en cherchant cette mine ? D'un autre côté, une jolie quantité d'or ne vous ferait pas de mal... Cruel dilemme ! Il vous faut prendre une décision. Si vous souhaitez :

Continuer à chercher la mine	Rendez-vous au **286**
Renoncer à la trouver et reprendre la direction du Pecos	Rendez-vous au **49**
Invoquer le Cheval de Brume pour qu'il vous indique le chemin qui mène à la mine d'or	Rendez-vous au **200**

370

Ouf ! Vous avez réussi à vous débarrasser de ce vautour ! Son cadavre servira à présent de pâture aux nécrophages, juste retour des choses ! Quelques miles plus loin, vous trouvez une ferme dans laquelle on vous accueille volontiers. La maîtresse de maison vous sert pour 2 dollars un copieux repas qui vous permet de regagner 2 points de FORCE. Au cours de la journée, votre cheval a tant galopé qu'il a perdu 5 points de FORCE, mais l'avoine que le fermier lui donne lui en rend 2. Vous passez la nuit dans la grange et, au matin, vous vous remettez en chemin après avoir pris soin de noter la date du jour sur votre calendrier. Lorsque vient le soir, vous arrivez enfin à Greenville, avant-dernière étape de votre voyage. Votre cheval a dû fournir un effort considérable pour vous amener de la ferme jusqu'ici en si peu de temps et il a à nouveau perdu 5 points de FORCE. Vous n'avez plus besoin de lui, cependant, car vous irez à Memphis en train ou en bateau. Vous pouvez donc le vendre, mais votre voyage a été si épuisant pour lui qu'il risque fort d'être quelque peu déprécié. Voici, en tout cas, le barême qui vous permettra d'estimer sa valeur :

POINTS DE MAÎTRISE	POINTS DE FORCE	PRIX DE VENTE
	Moins de 10	5 dollars
Moins de 15	10 ou plus	15 dollars
	Moins de 10	10 dollars
De 16 à 18	10 ou plus	20 dollars
	Moins de 10	20 dollars
De 19 à 21	10 ou plus	30 dollars
	Moins de 10	40 dollars
22	10 ou plus	50 dollars

Si votre cheval n'a plus que 4 points de FORCE — ou moins — sachez que vous ne pourrez en tirer plus de 5 dollars, et cela, *quel que soit son total de* MAÎTRISE. Vous n'avez aucune difficulté à vendre votre monture — les marchands de chevaux sont nombreux à Greenville — et vous pouvez donc conclure dès maintenant la transaction. Dès que vous aurez votre argent en poche, vous vous rendrez — à pied — au **321** si vous êtes le Prince du Temps, ou au **215** si vous êtes la Princesse du Temps.

371

— Pas si vite, étranger ! lance Nimbly Jack d'un ton menaçant. On n'aime pas les tricheurs, à Albuquerque !
Un éclat de rire général salue cette déclaration.
— Dans ce cas, il y a longtemps que tu aurais dû quitter la ville, vieux coyote ! s'exclame quelqu'un.

— Rends-moi mon argent, étranger ! ordonne Nimbly Jack sans prêter attention aux autres.
— Ne lui rends rien du tout ! conseille le dénommé Oliver. Ce sera une bonne leçon pour ce damné coyote de se faire délester de quelques dollars !
— Tais-toi, Oliver, ne te mêle pas de ça ! s'écrie Nimbly Jack en se tournant vers le gros cow-boy jovial.
— Laisse donc l'étranger tranquille ! réplique ce dernier. C'est bien le seul qui ait réussi à gagner contre toi, tu devrais plutôt le féliciter ! D'ailleurs, tout le monde en a assez de te voir tricher dans ce saloon ! Va donc tricher dans une autre ville !
— Ouais, il a raison ! approuve un autre cow-boy. Laisse l'étranger tranquille, Nimbly Jack, et va au diable !
La situation évolue en votre faveur : bientôt, en effet, Nimbly Jack est pris à partie par les clients du saloon qui finissent par l'entraîner dehors en lui annonçant qu'ils vont le rouler dans le goudron et les plumes. Vous êtes donc sauvé et vous pouvez tranquillement conserver l'argent que vous a rapporté cette brève partie de poker. Le barman vous a remis la clé de votre chambre, il ne vous reste donc plus qu'à monter à l'étage en vous rendant au **154**.

372

— Pitié, Señora ! s'exclame le garçon avec un fort accent mexicain.
Vous remarquez alors qu'il n'est pas armé et qu'il semble réellement terrorisé.
— Pitié ! répète-t-il, je vais vous rendre ce que je vous ai volé ! Je... Nous n'avons plus rien à manger à la maison...
Il vous tend les dollars qu'il vous a pris et vous les remettez dans votre poche.

— Je suis très pauvre, Señora, se lamente le jeune homme, si seulement vous vouliez bien... Juste un petit billet... Pour manger...
Si vous le souhaitez, vous pouvez lui donner quelque chose, entre 1 et 5 dollars, à votre convenance. Sinon, vous le laissez là sans vous attarder davantage. Que vous acceptiez ou non de lui faire l'aumône, vous rengainez votre revolver et vous vous rendez au **83**.

373

Jonathan Quack est un charlatan et les potions de jouvence sont un mythe. Jamais vous n'auriez dû acheter ce produit, encore moins le boire ! Car il est non seulement inefficace, mais nocif, provoquant des brûlures d'estomac qui vous coûtent 2 points de FORCE. Si vous avez du hachis de champignons du Mexique, vous pouvez en manger, toujours à vos risques et périls, en vous rendant au **202**. Si vous préférez arrêter là vos expériences, rendez-vous vous plutôt au **361**.

374

Vous avez sans doute eu raison de ne pas insister. Mieux vaut se méfier d'un adversaire aussi retors que Nimbly Jack ! En prenant cette décision, vous avez perdu votre mise de départ et rien de plus. Si vous souhaitez continuer à jouer, vous recevrez de nouvelles cartes en vous rendant au **239**. Si vous préférez abandonner définitivement la partie, vous quittez la table, vous demandez au barman la clé de votre chambre et vous montez à l'étage en vous rendant au **154**.

375

— Toutes mes félicitations ! Vous ne pouviez pas faire un meilleur choix ! s'écrie Jonathan Quack.

Avec ce produit, vous resterez jeune à tout jamais et vous ne craindrez plus la fatigue. C'est un mélange que j'ai moi-même mis au point à partir de plantes rares. Vous avez de la chance qu'il m'en reste un échantillon.
Vous rangez soigneusement dans votre poche le flacon qu'il vous tend. Vous aimeriez en savoir davantage sur les « plantes rares » qui composent cette mixture, mais l'homme au chapeau rond ne vous révélera pas son secret et pour savoir si la potion est efficace, il vous faudra l'essayer. A vos risques et périls ! Si vous souhaitez faire d'autres achats, retournez au numéro que vous avez noté, puis rendez-vous au paragraphe correspondant au produit désiré. Si vous préférez repartir tout de suite, rendez-vous au **93**.

376

Vous posez malencontreusement le pied sur une tuile cassée et vous glissez sur la pente du toit. Fort heureusement, celui-ci n'est pas très haut mais la chute est quand même rude et vous fait perdre 3 points de FORCE. Vous vous relevez péniblement, vous frottez la partie de votre anatomie qui a subi le choc et vous examinez les environs. Un peu plus loin, vous apercevez l'écurie dans laquelle le shérif a fait conduire votre cheval. Rendez-vous au **95**.

377

Un riche habitant de la ville organise ce soir une petite fête au cours de laquelle vont être présentées diverses attractions. Or, on cherche justement un bon prestidigitateur pour réaliser des tours devant les invités. Vous tombez donc à pic. Après avoir exercé votre talent tout au long de la soirée, vous recevez un salaire de 10 dollars qui est largement mérité. La fatigue vous a cependant fait perdre 2 points de FORCE. Rendez-vous à présent au **61**.

378

Vous quittez la maison de vos sauveurs et vous chevauchez sans désemparer jusqu'au soir. Au moment où le soleil disparaît à l'horizon, vous parvenez enfin sur la rive du Pecos. Grâce à la viande séchée du chercheur d'or, vous pouvez manger à votre faim et reprendre de 2 à 4 points de FORCE, selon vos besoins. Si votre total de FORCE est encore élevé, mangez frugalement afin de conserver des provisions pour demain : elles seront les bienvenues ! Avant de vous coucher, vous allez devoir vous occuper de votre cheval. Celui-ci a perdu 3 points de FORCE au cours de cette journée, en raison de la longue distance qu'il a eu à parcourir, mais l'avoine que vous lui donnez lui permet de regagner 2 points de FORCE. Vous vous étendez ensuite à l'abri d'un rocher, puis vous vous endormez en vous laissant bercer par le doux clapotis de la rivière qui vous accompagne dans vos rêves. Lorsque le soleil se sera levé, vous vous rendrez au **53**.

379

Voici comment va se dérouler la partie : vous miserez à chaque donne une certaine somme dont vous êtes libre de fixer le montant. Sachez cependant que vous ne pourrez miser *moins* de 10 % de la somme globale que vous possédez. Si, par extraordinaire, il ne vous restait que quelques dollars, vous devrez en miser au moins 1. Selon que vous gagnerez ou que vous perdrez, cette somme vous reviendra augmentée d'un certain bénéfice ou, au contraire, sera empochée par votre adversaire. Il est obligatoire de jouer au moins un tour, mais vous pourrez rejouer jusqu'à

10 fois, à condition qu'il vous reste de l'argent à miser. Agissez avec prudence, toutefois, car même si la chance vous était favorable, elle pourrait brusquement se retourner contre vous si vous vous laissiez gagner par la passion du jeu. C'est Nimbly Jack qui distribue les cartes. Si, par la suite, vous décidez de continuer à jouer, ce sera à votre tour de distribuer et ainsi de suite. Dans un premier temps, vous allez recevoir cinq cartes. Pour savoir comment va se présenter votre jeu, rendez-vous au **239**.

380

Au moment où vous dépassez la diligence, l'une de ses roues heurte soudain une grosse pierre et le véhicule se renverse alors sur vous. Le choc est effroyable, vous tombez de cheval, le poids de la diligence disloquée vous écrase et vous mourez sur le coup. Un dramatique accident de la route vient de mettre fin à votre mission : dommage, car vous approchiez du but !

381

Si vous avez perdu beaucoup de choses chez les Comanches, au moins n'avez-vous pas perdu trop de temps — juste un peu, mais vous le rattrapez facilement en demandant à votre cheval un petit effort qui lui coûte 2 points de FORCE. Lorsque vient le soir, vous avez parcouru une longue distance : vous n'êtes plus qu'à deux jours de Dallas, l'une des principales étapes de votre voyage. Quand vous vous arrêtez pour camper, votre cheval a perdu 4 autres points de FORCE, mais fort heureusement, vous vous trouvez à présent dans une région où l'herbe abonde et il peut brouter un repas qui lui permet de regagner 2 points. Quant à vous, n'ayant plus d'armes, vous ne pouvez chasser et vous devez vous contenter de manger quelques baies qui vous redonnent tout juste 1 point de FORCE. Le moment est venu, maintenant, de vous endormir et de passer une bonne nuit avant de vous rendre au **261**.

382

Lancez deux dés. Si vous faites 7 (4 et 3, 5 et 2 ou 6 et 1, indifféremment), rendez-vous au **138**. Si vous obtenez tout autre chiffre, rendez-vous au **284**.

383

Le commandant examine attentivement le papier, puis il lève les yeux vers vous.

— Ce papier est un faux, dit-il. Qui êtes-vous, Monsieur ?

Inutile d'insister, votre stratagème a échoué. Ah, si seulement vous aviez eu la bonne idée d'acquérir le talent de DESSINATEUR, vous auriez su imiter l'écriture du général Wayward de manière plus convaincante ! Hélas ! il est trop tard, à présent. Le commandant ordonne qu'on vous mette aux arrêts et vous allez rejoindre les autres prisonniers dans le camp. L'exécution d'Oclock le Bon doit avoir lieu dans quelques minutes. Vous ne réussirez donc pas votre mission. Et pourtant, vous étiez si près du but ! Que deviendrez-vous désormais ? Nul ne le sait, sans doute finirez-vous également votre vie sous les balles d'un peloton d'exécution. Quel dommage d'échouer ainsi à la toute dernière minute !

384

Le commandant examine attentivement le papier. Votre talent de DESSINATEUR est tel que vous avez parfaitement imité l'écriture et la signature du général Wayward.

— Je ne comprends pas, dit alors l'officier, ce papier est bien de la main du général, et pourtant, John Goodman devait être fusillé dans quelques minutes.

Mais soit, puisque le général Wayward a donné l'ordre de le libérer, je n'ai plus qu'à obéir.
— Le général m'a demandé de lui ramener ce prisonnier, affirmez-vous avec aplomb, et je dois partir sans attendre.
— Très bien, allons-y.
Le commandant fait alors venir dans son bureau Oclock le Bon qui vous reconnaît bientôt et parvient à rester impassible malgré sa stupéfaction. De toute évidence, il ne s'attendait pas à être délivré. Quelques minutes plus tard, on donne au Messager du Temps un cheval et vous sortez tous deux du camp. Sans dire un mot, vous chevauchez côte à côte pen-

dant plusieurs miles, puis Oclock le Bon parle enfin.

— Je croyais vraiment que j'allais connaître la mort, dit-il. Comment pourrais-je jamais vous remercier ?

— Votre liberté sera ma seule récompense, répondez-vous noblement.

— Vous avez donc trouvé la lettre que j'avais laissée à Hashkala, le chef apache ?

 Les Sudistes sont sur vous en quelques instants et une bataille acharnée s'engage.

Vous lui racontez alors toute votre aventure, tandis que vous vous éloignez vers le nord, en direction du Kentucky.
— Et voilà comment j'ai retrouvé l'Homme au Cheval de Brume, concluez-vous.
— Le Cheval de Brume, répète Oclock le Bon d'un air rêveur. Sa perte m'a tant affligé... Le général Wayward m'avait surpris alors que je transmettais des renseignements aux forces nordistes. Il m'a fait arrêter, mais j'ai tenté de m'enfuir. Je pensais que le Cheval de Brume parviendrait à distancer mes poursuivants. Hélas ! on nous a tiré dessus et le cheval a fait alors volte-face, puis s'est cabré comme s'il avait voulu faire un rempart de son corps pour me protéger des balles. Il m'a ainsi sauvé la vie, mais il a été tué. Pourquoi a-t-il agi ainsi ? Je ne le saurai jamais... Et peut-être vaut-il mieux que certains mystères ne soient jamais éclaircis.
Afin d'éviter tout malentendu lorsque vous aurez atteint les lignes nordistes, vous vous débarrassez de la veste de votre uniforme. Bien vous en prend, car, quelques miles plus loin, vous rencontrez un détachement nordiste qui se déploie en lisière d'un bois. Oclock le Bon se fait connaître et l'officier commandant le détachement vous explique alors qu'il a pour mission de retarder le plus longtemps possible l'avance d'un escadron sudiste qui fait mouvement vers le nord. Les Nordistes attendent des renforts, mais ils ignorent le moment où ils arriveront. A peine a-t-il fini de parler qu'une salve de coups de feu éclate : les Sudistes attaquent ! En quelques instants, ils sont sur vous et une bataille acharnée s'engage. Par malheur, les Sudistes sont supérieurs en nombre et les Nordistes cèdent bientôt du terrain.
— Il vous faut fuir, Excellence ! vous exclamez-vous à l'adresse d'Oclock le Bon.

— Non, je veux combattre avec les défenseurs de la liberté ! répond-il en saisissant un fusil.
Il ne vous reste plus qu'à en faire autant. Allez-vous tomber sous les balles ennemies après avoir si brillamment réussi votre mission ? Ce serait un sort trop cruel ! Fort heureusement, le destin a pitié de vous et bientôt vous entendez les notes martiales d'un clairon qui sonne la charge : les renforts nordistes sont arrivés ! Et ils sont si puissants que moins d'une demi-heure plus tard, les Sudistes hissent le drapeau blanc : l'ennemi capitule ! Un officier nordiste s'avance alors vers vous.
Si vous êtes le Prince du Temps, rendez-vous au **385**.
Si vous êtes la Princesse du Temps, rendez-vous au **386**.

385

Cet officier, vous connaissez son visage. Il vous est même très familier puisque c'est celui de... votre sœur !
— Eh bien, on dirait que j'arrive à temps ! déclare-t-elle d'un ton quelque peu ironique. Mon cher frère n'allait pas tarder à se faire tuer ! Quant à vous, Excellence, ajoute-t-elle à l'adresse d'Oclock le Bon, je ne saurais vous dire à quel point je suis heureuse de vous voir en vie, et libre de surcroît.
— Maintenant, pourrais-tu m'expliquer comment il se fait qu'on t'ait confié le commandement d'une troupe de soldats nordistes alors qu'il y a quelques jours, à Dallas, ta tête était mise à prix pour meurtre et attaque à main armée ? demandez-vous à votre sœur.
— Ah, la vie réserve parfois bien des surprises, répond celle-ci, surtout en temps de guerre. Mais je te raconterai tout cela un jour, si tu y tiens vraiment. Pour l'instant, mieux vaut partir d'ici au plus vite.

L'intervention inespérée de votre sœur vous a certes sauvé la vie, mais vous n'en éprouvez pas moins une certaine amertume. Car il faut bien se rendre à l'évidence : à quoi aurait scrvi dc délivrer Oclock le Bon s'il avait dû mourir sous les balles des Sudistes ? Votre sœur partage donc votre succès et vous voici à nouveau à égalité. Il ne reste plus qu'une mission pour vous départager, et vous espérez que, cette fois, l'un ou l'autre l'emportera enfin d'une manière indiscutable ! Bien entendu, il ne fait aucun doute dans votre esprit que cette victoire vous reviendra ! Mais en attendant, vous devrez d'abord retourner au Royaume du Temps en vous rendant au **387**.

386

Cet officier, vous connaissez son visage. Il vous est même très familier, puisque c'est celui de... votre frère !

— Eh bien, on dirait que j'arrive à temps ! déclare-t-il d'un ton quelque peu ironique. Ma chère sœur n'allait pas tarder à se faire tuer ! Quant à vous, Excellence, ajoute-t-il à l'adresse d'Oclock le Bon, je ne saurais vous dire à quel point je suis heureux de vous voir en vie, et libre de surcroît.

— Maintenant, pourrais-tu m'expliquer comment il se fait qu'on t'ait confié le commandement d'une troupe de soldats nordistes alors qu'il y a quelques jours, à Dallas, ta tête était mise à prix pour meurtre et attaque à main armée ? demandez-vous à votre frère.

— Ah, la vie réserve parfois bien des surprises, répond celui-ci, surtout en temps de guerre. Mais je te raconterai tout cela un jour, si tu y tiens vraiment. Pour l'instant, mieux vaut partir d'ici au plus vite.

L'intervention inespérée de votre frère vous a certes sauvé la vie, mais vous n'en éprouvez pas moins une certaine amertume. Car il faut bien se rendre l'évidence : à quoi aurait servi de délivrer Oclock le Bon s'il avait dû mourir sous les balles des Sudistes ? Votre frère partage donc votre succès et vous voici à nouveau à égalité. Il ne reste plus qu'une mission pour vous départager, et vous espérez que cette fois, l'un ou l'autre l'emportera enfin d'une manière indiscutable ! Bien entendu, il ne fait aucun doute dans votre esprit que cette victoire vous reviendra ! Mais en attendant, vous devrez d'abord retourner au Royaume du Temps en vous rendant au **387**.

387

Il existe dans le nord du Tennessee une grotte par laquelle il est possible de rejoindre le Royaume du Temps et vous vous hâtez de vous y rendre tous les trois.

— Les Sudistes ont pratiquement perdu la guerre, vous dit Oclock le Bon au cours de votre chevauchée vers la grotte. Ils ont perdu hier à Gettysburg, et leur capitulation à Vicksburg n'est plus qu'une question d'heures. Puisse un jour cette terre d'Amérique connaître enfin la paix et la liberté pour tous. J'aurai fait en tout cas mon possible pour y contribuer. J'étais venu ici pour essayer de porter secours aux Indiens : les circonstances m'ont amené à combattre l'esclavage. Je regrette cependant d'avoir été contraint de me faire espion : la dissimulation n'est pas mon fort, mais au moins, j'ai rendu ainsi de grands services à la cause nordiste.

Lorsque vous arrivez enfin devant l'entrée de la grotte, vous y pénétrez tous les trois, mais un hennissement retentit alors derrière vous. D'un même mouvement, vous vous retournez : c'est le Cheval de Brume qui vient d'apparaître sous vos yeux, comme dans un rêve. Son hennissement ressemble à un cri de joie : on dirait qu'il a tenu à vous exprimer son bonheur de voir Oclock le Bon vivant et libre.

— Le dernier salut du Cheval de Brume, murmure celui-ci. Que ton esprit aille en paix, toi qui m'as sauvé la vie au prix de la tienne. Peut-être nous reverrons-nous un jour, dans un autre monde...

Un nouveau hennissement, comme un rire joyeux, s'élève dans les airs et la silhouette du cheval disparaît au loin. Vous restez tous les trois immobiles un instant, puis vous vous enfoncez dans la grotte. Bientôt, vous serez de retour dans le Royaume du Temps, mais jamais vous n'oublierez l'image du Cheval de Brume venu vous dire un dernier adieu.

Lorsque vous remonterez à la surface de la Terre pour votre quatrième et ultime mission, la guerre de Sécession aura depuis longtemps pris fin. Vous entrerez alors dans un monde tout différent où il vous faudra combattre plus que jamais la folie des hommes. Cette aventure vous ramènera en Amérique, mais au XXe siècle, cette fois. Vous la vivrez en lisant le quatrième volume de la série des Messagers du Temps qui portera pour titre :

OBJECTIF : APOCALYPSE

Achevé d'imprimer
le 7 avril 1988
sur les presses de
l'Imprimerie Hérissey
à Évreux (Eure)

N° d'imprimeur : 45072
Dépôt légal : Avril 1988
ISBN 2-07-033424-4

Imprimé en France

43406